来自基层的伟大创造
——竹山『十星』创建三十年

本书为湖北省社科基金一般项目（后期资助项目）『来自基层的伟大创造——竹山"十星"创建三十周年调研』（立项号：HBSK2022YB608）的结项成果

本书出版得到了湖北汽车工业学院学术专著资助出版基金、竹山县档案馆资助

刘明辉　杜余荣　著

武汉大学出版社
WUHAN UNIVERSITY PRESS

图书在版编目(CIP)数据

来自基层的伟大创造：竹山"十星"创建三十年/刘明辉，杜余荣著.—武汉：武汉大学出版社,2023.9
ISBN 978-7-307-23977-7

Ⅰ.来… Ⅱ.①刘… ②杜… Ⅲ.农村—社会管理—研究—竹山县 Ⅳ.C912.82

中国国家版本馆 CIP 数据核字(2023)第 170772 号

责任编辑：唐 伟　　责任校对：李孟潇　　版式设计：马 佳

出版发行：武汉大学出版社　（430072　武昌　珞珈山）
（电子邮箱：cbs22@whu.edu.cn　网址：www.wdp.com.cn）
印刷：武汉邮科印务有限公司
开本：720×1000　1/16　印张：15.5　字数：252 千字　插页：1
版次：2023 年 9 月第 1 版　　2023 年 9 月第 1 次印刷
ISBN 978-7-307-23977-7　　定价：68.00 元

版权所有，不得翻印；凡购我社的图书，如有质量问题，请与当地图书销售部门联系调换。

序　言

1996年7月5日,时任中共中央政治局委员、中央书记处书记、中宣部部长丁关根同志在新华社"国内动态清样"刊登的《竹山县推行"十星牌"管理 加强精神文明建设》上,亲笔批示:"请派人去了解情况,学习经验。"2012年7月5日,时任中共中央政治局委员、中央书记处书记、中宣部部长刘云山在《关于湖北省竹山县深化"十星级文明户"创建活动的调研报告》上批示:"竹山县坚持不懈、与时俱进深化'十星级文明户'创建活动的经验很好,可组织新闻媒体宣传报道。明年适当时候召开会议,推广介绍竹山的做法,以推动农村精神文明创建活动。"2013年3月13日,时任中共中央政治局委员、中央书记处书记、中宣部部长刘奇葆对竹山"十星"创建作出重要批示:"开展'十星级文明户'创建活动,对于促进农村移风易俗、乡风文明,促进农村经济社会全面发展进步,具有重要作用。要认真落实云山同志批示精神,总结推广好竹山的经验和做法,推动农村精神文明建设工作再上新台阶。"竹山县"十星级文明户"创建活动究竟有什么魅力,能够让三任中共中央政治局委员、中央书记处书记、中宣部部长都作出重要批示?

竹山县地处鄂西北边陲、秦巴山腹地,是《史记·五帝本纪》记载的女娲炼石补天、抟土造人之地,是堵河文化的发源地,是古庸国建都之地,风云际会、沧海横流。巍巍大巴山、滔滔堵河水,哺育了勤劳、淳朴、智慧的竹山人,造就了辛亥首义元勋张振武、近代湖北名人郭肇明、"劳工大律师"施洋等历史名人,俊采星驰、人文荟萃。竹山是湖北省竹房城镇带城乡一体化试验区核心区、南水北调中线工程重要水源区、中国绿松石之乡、中国高香型生态绿茶之乡、中国肚倍之乡、华中地区中药材宝库,物华天宝,人杰地灵。

序　言

1993年，竹山人以敢为人先、勇于创新的精神，点燃了"十星"创建的星星之火，经过四年的创建，成燎原之势，经过三十年的坚持和创新，造就了星辰大海的绚烂业绩。竹山荣膺全国创建文明村镇活动示范点和全国文明县城，涌现出了全国第六届孝老爱亲道德模范刘学举、"全国美德少年"徐航、"最美姑娘"周丽、"全国最美乡村医生"王焕云等一大批弘扬社会正能量的道德模范。"十星"创建活动这一"来自基层的伟大创造"，是农村精神文明建设的伟大实践，是基层社会治理的伟大实践，是推进社会主义新农村建设，打赢脱贫攻坚战，继而推进乡村振兴战略的伟大实践。调研竹山"十星"创建活动，总结"竹山模式""竹山经验"，对于竹山创建"建功绿色低碳发展示范区、建设乡村振兴示范县"具有重要的价值，对于推动社会主义精神文明建设、推进基层社会治理体系和治理能力现代化、推动实施乡村振兴战略具有重大的意义。

目　录

第一章　"十星"创建活动的星路历程 …………………… 1
 第一节　星火燎原（1993年至1996年） ………………… 1
 第二节　星汉灿烂（1997年至2011年） ………………… 11
 第三节　星辰大海（2012年至今） ……………………… 20

第二章　"十星"创建活动的实践创新 …………………… 29
 第一节　"十星级文明农户"创建的创建内容和创建标准 …… 29
 第二节　"十星级文明农户"创建的评定程序和奖励机制 …… 40
 第三节　"十星级文明农户"创建的组织领导和共建机制 …… 46

第三章　聆听明星故事，感受星光灿烂 ………………… 54
 第一节　重大事件亲历者、"十星级文明农户"示范户代表的
    确定原则和采访提纲 ……………………………… 54
 第二节　"十星级文明农户"的魅力星光 ………………… 70

第四章　"十星"创建与社会主义精神文明建设 ………… 84
 第一节　中共中央关于社会主义精神文明建设的决策部署 …… 84
 第二节　"十星"创建与农村精神文明建设 ……………… 89
 第三节　"十星"创建与培育和践行社会主义核心价值观 …… 96

第五章　"十星"创建与基层社会治理 ····················· 105
第一节　中共中央关于基层社会治理的决策部署 ············ 105
第二节　"十星"创建是推进基层社会治理的伟大实践 ······ 110
第三节　"十星"创建深入推进基层社会治理的新思考 ······ 118

第六章　"十星"创建与乡村振兴战略 ······················ 124
第一节　中共中央关于乡村振兴战略的决策部署 ············ 124
第二节　"十星"创建与竹山社会主义新农村建设 ·········· 128
第三节　"十星"创建与竹山县脱贫攻坚战 ················ 134
第四节　"十星"创建与竹山县乡村振兴战略 ·············· 142

附录：调研、采访成果 ···································· 147

后记 ·· 243

第一章 "十星"创建活动的星路历程

竹山"十星级文明农户"创建活动，首创于1993年。30年来，创建活动先后得到了丁关根、刘云山、刘奇葆三位中宣部部长的重要批示和高度肯定，八届县委书记一茬接着一茬干、一棒接着一棒跑，竹山47万人民群众积极参与、奋勇争先。竹山30年坚持不懈、与时俱进的创建，终于成就了"十星"的"星辰大海"。

第一节 星火燎原（1993年至1996年）

一、腰缠万贯的"精神乞丐村"引发的思考与探索

1989年7月15日，《人民日报》以配发长篇评论的方式，刊登了题为《腰缠万贯的精神乞丐村》的文章。文中指出："竹山县麻家渡镇罗家坡村，利用本地资源，开采、加工绿松石，远销国内外，使这个村成为全县最富裕的村。全村390户，万元以上的有71户，其中50万元的1户、10万元以上的5户，1至9万元的65户。建新房的140多户，高档家用电器都进了农家。还有20家农户雇有保姆、厨师。"行文至此，竹山县麻家渡镇罗家坡村乘着改革开放东风，充分挖掘本土优势资源，发展特色产业，"先富"的形象跃然纸上。1987年，时任湖北省委书记关广富到竹山视察时，到罗家坡村农户家中走访，都对罗家坡村的"先富"赞不绝口，"了不起！真没想到咱鄂西北竟有这样的富裕村"。但是，"先富"起来的罗家坡村却在社会主义精神文明建设上迷失了方向。文章笔锋一转："由于这个村削弱了思想政治工作，放松了对农民的教育，一些农民的思想

道德水准却下降了，成为腰缠万贯、思想空虚的'精神乞丐。"什么叫"精神乞丐"？具体表现在哪里方面呢？

一是国家意识、集体意识淡薄。罗家坡村1979年以前向国家贷款4.2万元，至1989年还没有归还，5年"合同兑现款"13.5万元，也分文不交。集体成了空架子，村干部工资和村活动经费靠收来的超生子女费垫支。1988年12月，有关部门一次查出这个村偷漏税1.9万元；当年全村农户欠国家电费3200元。供电部门将这个村停电达半年之久，原任村书记张宗凤是年收入20万元的大户，却连13.5元电费都不交。新任村书记、村主任到职后，拿出自己的钱交清了全村拖欠的电费，供电部门才恢复供电。

二是基层组织软弱涣散。从1980年至1989年，村里的班子更换了11次，最短的一年换了3任村党支部书记，最长的也只当了一年多。原因是，当村干部的收入不如跑一趟绿松石生意挣钱多，干部中流传着"要想富，莫当村干部"的口头禅。

三是社会秩序混乱。20世纪80年代后期，罗家坡村每年平均发生治安、民事案件100多起。有的农民富裕之后参与赌博、嫖娼等违法活动。仅1988年，这个村因赌博、嫖娼被审、处罚的就有32人。

四是集体公共设施损坏严重，无人管理。1989年，罗家坡村有堰渠、溢洪道4700米，全部被破坏和私占。这个村的公路，也被村民建房占用和挖毁，运输全靠肩挑背驮，村民怨声载道。

五是计划外生育现象普遍。1989年，全村没有一户领取独生子女证。240对育龄夫妇，生三、四胎的有54对，超生现象十分普遍。

六是乱建私房，耕地锐减。1978年罗家坡村有耕地1120亩，人均0.88亩。1988年减少到1006亩，人均0.62亩，建私房占地114亩。

七是人际关系冷漠。这个村有38家贫困户，其中特困户16家。这些人家中，有的是智障者、残疾人，有的无劳力、无技术。富裕的人们不仅不带不帮，还歧视他们。

客观来讲，这种物质富裕、精神贫穷的社会问题并不仅仅存在于罗家坡村，它是20世纪80年代农村社会主义精神文明建设在实践中的困境。改革开放解放和发展了生产力，让人民群众的腰包鼓了起来。但固有的封建思想并没有随着生产力的提升而遁迹，而且随着国门洞开，西方资产阶级自由化思想趁机而入，个人主义、拜金主义、享乐主义等错误思潮不可避免地销蚀着中国人民的社会主义价值观和道德观。中共中央意识到了这一问题的严重性，在20世纪80年代初提出社会主义精神文明建设，确定了"两手抓、两手都要硬"的方针，一手抓物质文明，一手抓精神文明，并在人民群众开展了"五讲四美三热爱"活动①，培养有理想、有道德、有文化、有纪律的社会主义"四有新人"，成效还是比较显著的。但对于处于地理位置偏僻的鄂西北，又是骤然暴富的罗家坡人民来说，社会主义精神建设的影响还是比较有限的。腰包鼓起来了，但脑袋还没有富起来。快速致富的背后是部分农民精神空虚，道德滑坡，法纪观念淡漠，唯利是图，见利忘义，集体意识不强，竟然上演了一对亲兄弟为了争夺绿松石矿产资源而反目成仇、手足相残、一个被杀一个入狱的人间悲剧。这一切都要求罗家坡村必须在社会主义精神文明建设上有更大的决心和更实的举措，切实解决社会主义建设物质文明"一手硬"，精神文明"一手软"的问题。

《腰缠万贯的精神乞丐村》发表后，在罗家坡人民中引起了强烈的反响，大家感到羞耻，脸上无光。村民张永发不识字，把从县城找回的报纸让儿子念给他听，他问儿子啥叫"精神乞丐"，儿子告诉他：乞丐，就是"叫花子"的意思，"精神乞丐"就是精神上的"叫花子"。时任村主任张永刚13岁的姑娘张文超，看到爸爸拿回的报纸后，责问道："我们有吃、有穿、有钱花，报上为什么说是'叫花子'，你让我们咋好意思去上学？"知耻后勇，知弱图强，罗家坡人民在反思。

1989年6月23日至24日，党的十三届四中全会召开。江泽民同志在讲话中指出："几年来，物质生活水平提高了，但是'一切向钱看'，追求高消费，追求眼前实惠而放弃远大理想，计较个人私利而不顾国家、民族整体利益，鄙薄自己的祖国和人民而崇洋媚外等思想倾向滋长了，甚至腐化、堕落的不良风气发生

---

① "五讲"是指"讲文明、讲礼貌、讲卫生、讲秩序、讲道德"；"四美"是指"心灵美、语言美、行为美、环境美"；"三热爱"是指"热爱祖国、热爱社会主义、热爱中国共产党"。"五讲四美三热爱"是在改革开放时期，中国共产党领导人民群众首创的群众性活动。

了，建国初期就早已绝迹的种种丑恶现象再度出现了。面对这个严峻的现实，我们必须认真思考小平同志所指出的坚持四项基本原则缺乏一贯性、十年最大的失误是教育的问题，并从中引出深刻的教训。"① 学习贯彻党的十三届四中全会精神，尤其结合人民日报对罗家坡村"精神乞丐"现象的批评，竹山县各级领导干部、群众开始探索解决精神文明建设与物质文明建设相悖问题的方法和模式。

麻家渡镇委将学习贯彻党的十三届四中全会精神与《人民日报》的长篇报道结合起来开展。镇党委将《人民日报》的报道加上按语，转发全镇学习，派出工作组到村上帮助工作，连续两次在罗家坡村召开群众大会宣传党的十三届四中全会精神，宣读《人民日报》的报道，进行现身说法的教育。8月10号，时任镇人大常委会主任刘德银在罗家坡村作了坚持四项基本原则和党的基本路线的专题报告，专题报告后放映了电影《先驱者讴歌》，进行艰苦奋斗的革命传统教育。罗家坡村党支部和村民们对照党的十三届四中全会精神，进行了热烈的学习讨论。他们回顾近几年全村出现的问题，寻找导致罗家坡村成为"精神乞丐村"的根源。村主任张永刚说："罗家坡的教训，不是改革不好，不是富了不好，主要是我们缺乏思想教育，放松了政治工作，光抓物质富，没抓精神富，两个文明一分家，不能不出大偏差。"原村党支部书记张宗凤说："我张宗凤能有今天，一靠党的领导，二靠党的政策。回想起党培养我二十多年，我感到无地自容。我不仅没有把罗家坡村带好，还起了消极作用，出了这大问题，不能原谅啊！幸亏上级及时发现了我的不好苗头，不然的话，我会走上刘介梅②忘本变质的路啊！"时任村党支部书记吴建斌说："四项基本原则是立国之本，今后我们一定要坚持党的领导，坚持社会主义道路，只顾个人发财，不壮大集体经济不行。"在广泛深入学习党的十三届四中全会的精神中，罗家坡村的精神面貌发生了很大的变化。一直是"老大难"的粮油征购任务顺利完成，村里的学校也被翻修一新，村里的

---

① 中共中央文献研究室：《十三大以来重要文献选编》（中），人民出版社1991年版，第551页。

② 刘介梅，土地改革运动期间，黄冈地区批评的"翻身忘本"的反面典型。

文化生活也得到活跃。这些初步解决"没抓精神富"问题的做法，为后来创建"十星"活动，打开了思路，积累了经验。

1991年4月，竹山县委召开全县精神文明建设工作会议，县委宣传部组建工作组进驻罗家坡村指导文明创建。1993年春，时任竹山县委常委、宣传部部长章先友带领县委宣传部、文明办在深入调查研究的基础上，结合罗家坡村存在的问题及初步探索的做法，亮出了"十星级文明农户"创建这一方案，即以五爱星①、致富星、法纪星、计生星、科技星、文教星、新风星、义务星、团结星、卫生星为主要内容，以为每颗星制定的便于量化考核的具体标准组织群众对标创建，按照平时争创、集中评选的原则，遵循"自报自评——群众评议——评审委员会审定——张榜公布——星牌定星"的步骤，每年对"十星级文明农户"进行年中、年末两次集中评选（见表1-1-1）。"精神乞丐村"带来的耻辱感，和在学习党的十三届四中全会精神中开展社会主义精神文明建设所带来的振奋感，让"十星级文明农户"的创建方案得到顺利实践。

表1-1-1　　　　"十星级文明农户"创建内容设置的依据

农村主要不良风气	设星内容	引领方向
自私自利，不热爱集体，干群关系差	五爱星	充满爱心，做有道德的人
缺衣少穿，温饱问题突出，贫困户多	致富星	依靠勤劳致富
打架滋事，赌博打牌，偷鸡摸狗	法纪星	遵纪守法，用法守法
重男轻女，多生快生，超生常态化	计生星	计划生育，树立正确生育观
延续传统耕作模式，思想不解放	科技星	自觉学科技，用科技
读书无用论思想严重，文盲较多，儿童辍学，失学率高	文教星	扫盲，普及义务教育
封建迷信思想严重，红白喜事大操大办	新风星	讲文明，树新风

---

① "五爱"是指爱祖国、爱人民、爱劳动、爱科学、爱社会主义，是社会主义道德建设的基本要求。

续表

农村主要不良风气	设星内容	引领方向
拒绝参加公用工，拒交"三提五统"①	义务星	强化责任，履行义务
婆媳、妯娌、邻里不和，不赡养老人	团结星	家庭和睦，邻里团结
不讲卫生，居室和村容脏乱差现象严重	卫生星	亮化、净化、美化环境

由表1-1-1不难看出，"十星级文明农户"的创建内容契合了当时农村精神文明建设存在的痛点和堵点，点燃了群众对建设富裕和谐文明幸福生活的兴奋点，内容涉及国家意识和集体意识，摆脱思想贫困，树立自强意识，通过辛勤劳动和科技创新实现对富裕生活的追求，追求精神富足等内容，其最终目的就是引导村民做有理想、有文化、有道德、有纪律的社会主义新人。

仅仅经过一年的实践，罗家坡村干部群众的思想面貌和精神面貌就发生了巨变。"十星"成了罗家坡村人民新的道德标准和行为规范，全村22名党员带头，村民义务投工投资数十万元修建村学校，整修13口废弃的水塘，新建20余亩速生茶园，村里每年该交的公粮、税费等，只要一广播，村民都自觉上门缴纳。麻家渡镇5户纳税大户，罗家坡村占了3户。过去连13.5元电费也不愿交的张宗凤，年纳税万余元，成为全镇纳税首户。农民党员张世根办起绿松石工艺厂，吸纳村里富余劳力百余人，上缴利税13万元，被树为全省"优秀农民企业家"，并当选为省党代表。在罗家坡村，交友嫁娶看"十星"、合作创业看"十星"、评先表模看"十星"的风气蔚然成风，追星成为时髦，"借星娶媳妇""哑巴争十星"的故事，一时传为佳话。

罗家坡村的巨大变化引起了社会的高度关注。1994年4月24日，中央电视台以"昔日精神乞丐村，今日户户创文明"为主题，报道了罗家坡村"十星级文明

---

① "三提五统"是指村级三项提留和五项乡统筹。村提留是村级集体经济组织按规定从农民生产收入中提取的用于村一级维持或扩大再生产、兴办公益事业和日常管理开支费用的总称。包括三项，即公积金、公益金和管理费。乡统筹费，是指乡（镇）合作经济组织依法向所属单位（包括乡镇、村办企业、联户企业）和农户收取的，用于乡村两级办学（即农村教育事业费附加）、计划生育、优抚、民兵训练、修建乡村道路等民办公助事业的款项。2006年农业税取消后，"三提五统"成为了一个历史名词。

农户"创建活动,将其作为农村社会主义精神文明建设的典型。1996年冬,中央电视台采访了罗家坡村评"十星"的报道,并在《焦点访谈》上专题探讨其具有的重大现实意义,在全国产生了深远的影响。1997年,麻家渡镇被中宣部定为全国精神文明建设示范点之一。2005年10月,罗家坡村被中宣部、中央文明委授予"全国创建文明村镇工作先进村镇",罗家坡人民一洗"精神乞丐村"前耻。

二、从"十星级文明农户"到"十星"系列,实现创建的"三位一体"

罗家坡村从"精神乞丐村"到农村社会主义精神文明建设典型的转变,让竹山县意识到了"十星"创建是农村社会主义精神文明建设、农村社会基层治理的重要抓手。1995年,竹山县委、县政府在罗家坡村试点的基础上,及时总结经验,优化创建方案,完善创建措施,并按照"试点—延伸—辐射"三步走的思路,将"十星级文明农户"创建活动在全县铺开。1996年,对于"十星级文明农户"创建活动来说是一个具有特殊意义的年份。在这一年,"十星级文明农户"创建从罗家坡村延伸到全县各个乡镇,从农村辐射到社会各个群体、各个领域,形成了"十星"系列创建活动的新格局。示范创建、全域创建、立体创建"三位一体"的创建模式正式形成(见表1-1-2)。

表1-1-2　　　　　　　　"十星"系列创建内容

创建主体	创建内容
十星级文明农户	五爱星、法纪星、致富星、计生星、科技星、文教星、新风星、义务星、团结星、卫生星
十星级居民户	五爱星、法纪星、致富星、文明星、道德星、文教星、新风星、团结星、卫生星、计生星
十星级个体经营户	五爱星、法纪星、税费星、道德星、信誉星、致富星、新风星、卫生星、文教星、计生星
十星级集镇	(市政)建设星、文化(事业)星、教育(发展)星、体育(活动)星、综(合)治(理)星、(优质)服务星、环(境)卫(生)星、(落实)国策星、(经济)发展星、领导(落)实星

第一章 "十星"创建活动的星路历程

续表

创建主体	创建内容
十星级企业	党建星、改革星、管理星、职教星、文体星、综治星、计生星、环卫星、信誉星、效益星。
十星级窗口行业	道德星、信誉星、质量星、文明星、卫生星、职教星、法纪星、税费星、管理星、效益星
十星级学校	"两全"① 落实星、德育教育星、教学质量星、体育达标星、普及教育星、校园文化星、校务管理星、队伍建设星、安全卫生星、校园建设星

通过表1-1-2，不难发现，"十星"创建活动实现了创建主体和创建内容的多样化、广泛性，而且根据行业（领域）特点，有所区别，实现了创建主题的针对性。相比于"十星级文明农户"，"十星级居民户"将"科技星""义务星"改为了"文明星"和"道德星"。因为对于城镇居民而言，不存在科技种田和"三提五统"的义务，故改为"道德星"和"文明星"，突出城市精神文明建设的要求。相比于"十星级文明农户"，"十星级个体经营户"更加突出"税费星""道德星""信誉星""文教星"。1992年党的十四大指出我国经济体制改革的重点是建立社会主义市场经济体制，社会主义市场经济是信用经济、法治经济。作为个体经营者要突出信誉星、道德星。与农户要追义务星，为国家工业化做贡献一样，个体经营户要自觉纳税，追税费星。

体现广泛性的创新主体和体现针对性的创新内容，使得"十星"创建在各行各业迸发出了活力和生机，营造了"行行业业创十星，村村户户奔小康"的浓厚氛围。至此，"十星"系列创建活动雏形已现，"三位一体"的创建模式基本形成。

中共竹山县委、县政府在《政策》1997年第1期上发表《十万农户奋起追"星"》，介绍了"十星"创建成绩和经验。截至1996年11月，全县501个村中已有326个村的75万农户挂牌授星，其中"十星农户"10626户，占

---

① "两全"是指全面发展教育与全面提高教育质量。

14.16%，六至九星的60925户，占81.24%，五星以下的3449户，占4.6%。还有175个村的25000余农户，正在积极争创，计划在1996年底前，全部挂牌授星。

作为农村精神文明建设的典型，竹山县"十星"创建活动着眼培养"四有"农民这一根本目标，紧密联系山区农村工作和农民的思想实际，采用丰富多彩、生动活泼的形式，坚持不懈地进行爱国主义、集体主义、社会主义教育，坚持不懈地进行社会主义公德、职业道德、家庭美德建设，坚持不懈地进行科学文化知识教育，使农民群体的整体素质有了较大的提高，也为破解农村社会主义精神文明建设存在的深层次问题积累了经验。一是解决了农村物质文明建设和精神文明建设难以有机结合的问题。竹山县以脱贫致富和培养"四有"农民为"十星"创建的核心内容，用十颗"星"把两个文明建设的内容融为一体，催生了物质文明和精神文明相互依托、协调并进的局面。二是解决了基层党组织"一手硬、一手软"的问题。竹山县确定"十星"内容，颗颗都是具体的、实在的、量化的。一个地方的领导，哪只手硬，老百姓家哪方面的星就多，哪只手软，老百姓家哪方面星就少。"十星"就像是一面镜子，既把农户的创建情况照得一清二楚，也把领导的工作情况照得一清二楚。这就要求一把手必须做到"两手抓，两手都要硬"。三是解决了如何有效激活农村精神文明建设主体积极性的问题。竹山通过开展争创"十星"活动，使精神文明建设同物质文明建设一样，也变成看得见、摸得着、实实在在的东西。比如，你不孝敬老人，你家星牌上就少颗义务星；你搞封建迷信，你家就没有新风星；你和邻里不睦，你家就得不到团结星。星牌是要挂在门口的，这样就把"家丑"外扬了，老百姓就坐不住了，就会千方百计争星、创星，这就真正把农村精神文明建设的主体激活了。四是解决了农村精神文明建设难以形成齐抓共创、齐抓共建局面的问题。竹山县"十星"创建是个系统工程，创建内容涉及各个部门的工作，对各个部门的工作都提出了很高的要求。所以，在县委县政府的统一领导下各个部门都十分投入地参与其中。许多农民说："'十星'连着我们的心，也连着好多部门的心。"总的来说，竹山县"十星"创建在内容、主体、载体、机制等方面，为农村精神文明建设拓展了思路，创新了模式，积累了经验。

"十星"创建活动真正实现了物质文明和精神文明"两手抓，两手都要硬"，有效地激发起农民群众穷则思变、穷则思干,卧薪尝胆、抢前争先的创业激情。到1995年,竹山全县农村人均收入达到846元,比"七五"末期(1990年)增长1.67倍,1996年突破千元;人均粮食产量年年都达到400公斤以上;农村贫困人口由"七五"末期的26万减少到1995年的122万1996年可减少到8万。①竹山真正实现了"富口袋"和"富脑袋"的结合。

"十星"创建引起了各级媒体的关注,得到了各级领导的重视。1996年7月5日,时任中共中央政治局委员、中央书记处书记、中宣部部长丁关根同志在新华社"国内动态清样"刊登的《竹山县推行十星牌管理 加强精神文明建设》上,亲笔批示:"送达(刘)云山、(李)长春同志阅。请派人去了解情况,学习经验"。随后,《人民日报》《光明日报》《农民日报》《中国青年报》《党建》《半月谈》《湖北日报》等中央级、省级各大媒体相继来竹山报道"十星"创建活动。

发表于1996年11月28日《人民日报》头版的《文明耀农家——湖北竹山县文明农户创建活动纪实》以充沛的感情、生动的案例、细腻的笔触记载了竹山县在创建"十星"创建活动后,人民精神面貌的显著变化。在"十星"创建活动的推动下,农民的精神面貌发生了质的变化,追星、比星、学星成为新风尚。"星星虽小,在庄户人心目中的分量却特别重:家里没有卫生星,连请客吃饭都没人来;缺了法纪星,全家人在乡亲们面前抬不起头;有的姑娘上门相亲,瞧见牌子上少颗团结星,一肚子别扭。细心的小学老师还发现,以往学生们喜欢比谁家的钱多,谁家的房子大,现在变成比谁家的星星多。""十星"创建活动还创新了基层治理模式,"一个个由农民自我教育、自我管理、自我约束的群众组织,在竹山各村成立了"。婚丧嫁娶、邻里团结、赡养父母、打牌赌博、诚信经营等方面的工作,都有各种群众自治组织管理,农民们自豪地说:"不该法院判的、不该公安局管的、干部管不过来的,我们自己说了算"。"十星"创建活动激活了文明建设的"细胞","以前乡村干部最头疼的计划生育、催粮催款、合同兑现、社会治理'四大难题',现在变得不那么难了"。"评选'十星级文明农户'活动,使竹山县的两个文明建设直接延伸到千家万户,成为深受农民欢迎的好'抓手'、好载体,激活了农户这个农村两个文明建设的'细胞',给山乡带起朴

---

① 中共竹山县委、县政府:《十万农户奋起争"星"》,《政策》2017年第1期。

实清新的文明之风"。①

高规格的新闻报道让竹山"十星"创建活动飞出山窝窝,走向神州,星耀神州。1996年11月27至28日,时任中宣部副部长刘云山在武汉东湖组织召开全国农村精神文明建设座谈会,重点推广竹山"十星"创建经验。1997年初,竹山县被中宣部确定为"全国文明村镇创建活动示范点",随后来自全国各地的参观学习团队蜂拥而至,"十星"创建开始在全国广大农村生根开花。至此,"十星"活动正式完成了创建阶段。

第二节 星汉灿烂（1997年至2011年）

1996年11月28日,发表在《人民日报》上的评论《愿广大农村群星灿烂》,总结了竹山"十星"创建活动的三点启示。"一、两个文明建设代表了人民群众的根本利益,人民群众是两个文明建设主力军,开创两个文明建设新局面的思路和办法,从根本上说,蕴藏在群众中。我们在两个文明建设中,必须始终把着眼点放在群众的主动性和创造性上。二、建设两个文明需要形成一个良好的、可以充分调动和发挥群众积极性的机制,真正将两个文明建设的任务落到实处。三、有了制度就要认真去执行,要在'认真'二字上下功夫,一点不能马虎。认真一点就办成了,马虎一点就办不成;马虎上几次,就会使整个活动流于形式"。② 正是得益于这三条启示,从1997年开始,"十星级文明户"创建活动进入了"星汉灿烂"阶段。这一时期的创建活动又可分为三个阶段,即：提高延伸阶段（1997年至1999年）、巩固探索阶段（2000年至2002年）、创新拓展阶段（2003年至2012年）。

一、提高延伸阶段（1997年至1999年）：拓展创建主体,形成激励机制,增强"十星"创建活动的活力

1997年,竹山县委宣传部组织开展了"十星"十大系列创建活动,全面启动"十百工程"。即：①开展理论百题学习、宣传、研究竞赛活动；②总结推广

---

① 《文明耀农家——湖北竹山县文明农户创建活动纪实》,《人民日报》1996年11月26日。
② 《愿广大农村群星灿烂》,《人民日报》,1996年11月26日。

百个具有时代精神的先进典型；③建设百个"十星级文明农户"创建示范村；④每个乡镇培养百个"十星级文明农户"创建示范户；⑤培养百个"十星级文明窗口"创建示范点；⑥建设百个标准较高的村级文化活动中心；⑦努力抓好《竹山公民精神文明百问百答》的编印、学习活动；⑧开展《竹山县农民文明修身百首新歌谣》的学习、诵唱活动；⑨创作发表百篇再现全县"十星"系列创建活动的具有一定艺术水准的文学艺术作品；⑩组织百场具有一定影响力的文艺演出。在"十百工程"的推动下，竹山"十星"创建活动如火如荼地开展了起来。为了表彰先进，形成带动示范效应。这年年初，竹山县文明委表彰了2287户"十星级文明农户"示范户、102个"十星级文明户"示范村、100个"十星级"文明行业示范单位和12个文明城镇示范小区。

这一时期，竹山"十星"创建活动的主体进一步拓展，形成了系列创建活动。其中，包括以促进社会、经济全面进步为主题的"十星级文明乡镇"的争创评选活动，以增强服务意识、提高工作技能和效率为主题的"十星级文明机关（团体）"的争创评选活动，以及"十星级党员""十星级"文明小区、文明楼院，以及提出创建卫生县城、文明县城等，进一步拓展了创建场域，让"十星"文明新风浸染到各领域各行业（见表1-2-1）。

表1-2-1　　　　　　　　"十星"系列文明创建活动

序号	创建主体	创建内容	创建文件
1	十星级文明乡镇	党的建设星、农民致富星、集体经济星、社会治安星、计划生育星、文教事业星、科技应用星、卫生保健星、道德风尚星、文明创建星	《关于开展争创"十星级文明乡镇"的决定》，竹山文明委〔1997〕4号文件
2	十星级文明机关（团体）	党的建设星、廉政建设星、工作绩效星、文明行政星、机关治安星、机关管理星、机关建设星、计划生育星、职工教育星、文明创建星	《关于开展争创"十星级文明机关（团体）"的决定》，竹山文明委〔1997〕6号文件

续表

序号	创建主体	创建内容	创建文件
3	十星级党员	信念星、双学星、双带星、法纪星、计生星、科技星、求实星、群信星、团结星、新风星	《县委组织部关于在全县农村党员中开展争创评选"十星级党员"活动的通知》，竹山县委组织部，1997年11月7日
4	十星级文明小区、文明楼院		《县文明委关于在城关地区广泛开展争创"十星级"文明小区、文明楼院活动的通知》，竹文明委〔1998〕4号文件

有明确创建内容的"十星级文明乡镇""十星级文明机关（团体）""十星级党员"，都将党的建设星（信念星）放在首位，突出了党的全面领导和坚定理想信念。创建内容也与20世纪90年代后期，党和政府推行的依法治国、科教兴国、计划生育、全面建设小康社会等战略相契合，是党和国家治国理政思想、理念、战略在基层的贯彻落实。

在拓展创建主体的同时，"十星"创建活动还形成了激励机制。20世纪90年代，农民群众需要承担做义务工、缴"三提五统"等诸多义务，"十星"系列文明创建活动通过引导群众争创义务星、五爱星、计生星、法纪星等来提高群众的集体意识，又通过给"十星级文明农户"优先招工、转干、入伍、"三提五统"减免等政策优惠来增强凝聚力，从而调动农民创星热情，使群众在创星追星中树立义务第一、权利第二的思想，让个人利益统一于集体利益之中，使精神文明与物质文明实现同步发展、协调演进。

这一时期，"十星"创建活动的"五性"特性越来越凸显。即：一是着眼新形势提出的新要求，更加注重创建主题的时代性；二是着眼创建活动的基本特征，更加注重创建主体的广泛性；三是着眼推动两个文明的协调发展，更加注重引导基层干部和创建主体坚持创建内容的全面性；四是着眼创建活动的深入开展，更加注重创建措施的多样性；五是着眼保持创建活动的生机与活力更加注重创建机制的科学性。在"五性"凸显的基础上，"十星"创建活动逐渐形成了一套适应内在要求的规范化、制度化、条理化的工作运行程序，归纳起来就是"十化"。即：创建主题鲜明化、创建目标明晰化、宣传创建形象化、创建活动主体化、评星定级程序化、评星过程理性化、星级管理动态化、创建档案规范化、激励政策具体化、督导检查制度化。

这一阶段的创建活动成果显著。1999年9月，竹山县秦古镇被中央文明委授予全国创建文明村镇活动先进单位。竹山县先后在全国精神文明建设成就座谈会、湖北省创建"十星级文明农户"活动经验交流会、全国精神文明建设工作会议、湖北省精神文明建设工作会议、全国农村精神文明建设工作座谈会上作典型发言或经验交流。全国多个省市的参观者来竹山取经学习，呈现了山内开花山外香的局面。其中，1998年1月，全国精神文明建设工作会议在北京召开，时任竹山县委书记何世学应邀出席会议，并作了题为《深入开展十星级文明农户创建活动加快摆脱两个贫困的进程》的典型发言，15日下午，何世学同与会代表一起在人民大会堂受到江泽民等中央领导的亲切接见。竹山"十星"创建活动的风采呈现在全国人民的面前。

二、巩固探索阶段（2000年至2002年）：形成"突出致富星、一星带九星"格局，推动"十星"创建活动进入新的探索阶段

21世纪初期，随着社会主义市场经济体制的逐渐完善，对外开放的层次和水平越来越高，人民的利益诉求越来越多元化，这给"十星"创建提出了需要不断激活创建活力、丰富创建内容、提升创建质量的要求。这段时间，原先起到驱动力的优先招工、转干、入伍、"三提五统"和义务工减免等的政策手段逐渐弱化，"十星"创建活动的外在驱动力逐渐弱化。寻求"十星"创建的内在驱动力，成为竹山县委、县政府需要开动脑筋，解放思想，认真解决的问题。这时候，党中央关于全面建设小康社会的战略部署成为了竹山县委、县政府破解"十星"创建内在动力不足问题的战略和政策依据。

"小康"是一个富有中国文化色彩的词汇。1979年12月，邓小平在会见日本首相大平正芳时，第一次用小康来描述中国式的现代化。1982年9月，党的十二大确定，从1981年到20世纪末的20年，我国经济建设的总目标是在不断提高经济效益的前提下，实现工农业总产值翻两番，使人民的生活达到小康水平。

第二节 星汉灿烂（1997年至2011年）

1987年邓小平明确提出"三步走"的发展战略，即在20世纪的最后20年，头10年要解决温饱问题，后10年要使中国迈入小康社会，到21世纪中叶实现国民生产总值翻两番，使中国达到中等发达国家水平。1990年12月，党的十三届七中全会明确提出奔小康的战略目标，要求用10年时间实现从温饱社会向小康社会的第二个战略目标。经过十年努力，2000年10月，党的十五届五中全会指出："我们已经实现了现代化建设的前两步战略目标，经济和社会全面发展，人民生活总体上达到了小康水平，开始实施第三步战略部署。"① 2002年5月，江泽民同志在出席中央党校省部级干部进修班毕业典礼时进一步指出："进入新世纪，我国进入了全面建设小康社会，加快推进社会主义现代化的新的发展阶段。"② 全面建设小康社会，是我国新的发展阶段、发展任务和发展目标，是各级党组织解决问题、推进改革、促进发展的出发点和落脚点。

竹山县贯彻落实中央重大决策部署，以激发农民致富奔小康、追求美好生活的内生动力为抓手，在"十星"创建中，将致富星放在首位，形成了"突出致富星，一星带九星"格局，引导群众牢固树立"创星就是创业"的理念，让群众在参与"十星"创建中成为有文化、讲道德、守法纪、善经营的新型农民，通过文明的方式走向富裕，达到"十星"创建让群众既争荣誉受教育又得实惠能致富的目标。对于这一与时俱进的创建内容，发表于《湖北经济报》的《群星辉映大巴山》曾做了生动报道。报道说，竹山县主攻致富星，不断提高致富星的内容和标准，不仅引导农户重点争创，还将富民效果纳入村镇、机关、党团组织等"十星"活动的重要内容。报道讲述了"上访村"潘口乡小漩村在"十星"创建活动中发生变化的故事。潘口乡小漩村曾是一个远近闻名的"上访村"，因干部作风不实，经济发展不快等问题，这个村村民专门组成了一个"上访小组"，有组织、有计划、有分工地长年上访不断。1998年，乡政府为农民请来科技人员发展蔬菜大棚生产，以前每年每户收入不足千元，现在仅种2分地的蔬菜一季就可以收入近千元。2001年3月，"上访组"的主要成员为乡政府送去一块大匾，

---

① 中共中央文献研究室：《十五大以来重要文献选编》（中），人民出版社2001年版，第1369页。

② 中共中央文献研究室：《十五大以来重要文献选编》（下），人民出版社2003年版，第2412页。

上书"人民政府一心为民"八个大字,敲锣打鼓送到乡政府。报道说,"十星"架起了干群之间的桥梁,共同的目标大大加快了竹山农业结构调整的步伐。据麻家渡镇党委书记殷世山介绍,五年前,很多农民都不想在地里多花功夫,致富星标准提高后,很多农民积极响应政府号召,种茶、种黄姜、种朝天椒,订单农业迅速发展,农民人均纯收入从五年前的950元增加到目前的1500多元,镇级财政也由五年前赤字40万元变为现在盈余80多万元。① 这是"十星"创建突出致富星带来的实实在在的发展。竹山县将这一创建内容的效果最大化,在2001年,创办了10个"两个文明建设综合示范村",2002年再拓展为23个,并且在此基础上开展了城乡强强共建小康村活动,推动"十星"创建活动进入新的探索阶段。

这个阶段的创建引起了较好的反响。2000年7月5日至7日,由中央电视台录制的《重访竹山星满天》在中央电视台播出,而这段时间正好是全国思想政治工作会议召开的时间。2002年4月,中宣部组织中央电视台拍摄的《伟大的创造——创建文明村镇巡礼》将竹山"十星"创建经验作为献礼工程,在党的十六大之前在中央电视台播放。《伟大的创造——创建文明村镇巡礼》将农村精神文明建设的成功经验概括为四点:一是坚持以提高农民素质、奔小康和建设社会主义新农村为目标;二是坚持以农户为基础,以小城镇为重点,以加强思想道德建设为中心环节,以改善村镇环境、活跃文化生活和移风易俗为主要内容;三是坚持把工作的着眼点放在与农民利益密切相关的那些事情上,为农民多办好事、实事,吸引农民广泛参与,使他们在参与当中受到教育,得到提高。四是坚持以城带乡,城乡共建和齐抓共管。② 这也是竹山"十星"创建具有持续生命力和活力的重要原因所在。

三、创新拓展阶段(2003年至2011年):形成了"以实施'六大工程'为载体,以深化'十星级文明农户'创建为品牌,以建设绿色小康村为目标"的新创建格局

2002年11月,党的十六大系统总结了党的十三届四中全会以来的奋斗历程

---

① 《群星辉映大巴山》,《湖北经济报》,2001年8月14日。
② 《伟大的创造——创建文明村镇巡礼》,《中国建设报》,2002年11月1日。

和基本经验。报告指出，这些经验，归结起来就是，我们党始终代表中国先进生产力的发展要求，代表中国先进文化的前进方向，代表中国最广大人民的根本利益。大会还正式提出了全面建设小康社会的奋斗目标，要求全党要抓住21世纪头20年大有可为的重要战略机遇期，集中力量，全面建设惠及十几亿人口的更高水平的小康社会，使经济更加发展、民主更加健全、科教更加进步、文化更加繁荣、社会更加和谐、人民生活更加殷实。

竹山县学习贯彻党的重要理论创新成果和重大战略部署，经过不断探索和创新，形成了"以实施'六大工程'为载体，以深化'十星级文明农户'创建为品牌，以建设绿色小康村为目标"的新创建格局。

（1）全面实施"六大工程"，不断探索农村社会主义精神文明建设的新形式和新载体。2003年初，在不断总结和探索的基础上，竹山县全面实施了以扶贫、信用、文化、生态、平安、健康为内容的"六大工程"，在更大范围、更宽领域、更高层次深化"十星"创建活动，不断探索农村社会主义精神文明建设的新形式和新载体。

实施扶贫工程，为稳步实现小康目标创造物质条件。通过推进产业扶贫、智力扶贫、科技扶贫、基础扶贫、社会扶贫、联动扶贫，为扶贫夯实物质基础，创新了机制，提供了智力支撑。实施信用工程，为农村经济发展营造诚信环境。通过开展信用村、信用户评选活动，规范农村经济秩序，营造良好投资环境，使"爱国守法、明礼诚信"在农村蔚然成风。实施文化工程，不断满足人民群众日益增长的精神文化生活需求。通过大力加强农民思想道德建设、农村文化基础设施建设和科普工作，发展各类群众文化体育事业和广播电视事业，满足人民群众日益增长的精神文化需求。实施生态工程，促进人与自然的和谐发展。以启动能源建设为重点，在农村大力实施"五改四化"① 生态家园建设，促进农村生态环境、生态经济、生态文化的和谐统一。实施平安工程，切实保障人民群众安居乐业。通过加强法制宣传和法制教育，加大综合治理力度，严厉打击违法犯罪行为，切实维护农村的稳定，保障农民群众安居乐业。实施健康工程，全面提高农民身体素质。加大对农村卫生基础设施建设和医疗设备投入力度，不断改善农村

---

① "五改四化"是指改水、改路、改厕、改厨、改圈和绿化、美化、亮化、净化。

就医环境，保障人民群众身体健康。

"六大工程"的实施，进一步促进了"十星"创建内容与民生福祉的融通，党政干部和普通群众作为两层创建主体的上下贯通，进一步提升了"十星"创建质量。"实施扶贫工程时，将农户水、电、路、房等9项建设目标纳入'十星'中的致富星、科技星评比。卫生星原来只考评农户环境和个人卫生，实施健康工程后，全县建起34个示范卫生所、126个甲级村卫生室，消灭了不合格村卫生室，大大丰富了卫生星的内涵。在实施文化工程中，相关部门为农民捐赠科技图书，投资1000多万元在宝丰等4个中心乡镇建起文化娱乐中心。原来一家一户创'十星'，现在成了政府与农户共同创星。实施'六大工程'一年来，竹山县新建生态家园5000多户，解决了1.38万人的饮水困难，9000余农户被评为信用农户；小学、初中适龄儿童入学率达到99%和95%，全县村村通电、通路、通电视电话，图书室、卫生室、运动场进村率达到80%；全县社会治安明显好转，被评为全国社会治安综合治理先进县。"① 一幅10个重点乡镇、100个重点村和1万农户参与的百里文明走廊画卷跃然纸上。

(2) 构建"一主两翼"的农村精神文明建设和社会主义新农村建设新格局。

在深入开展"六大工程"的基础上，竹山县启动了绿色小康村创建活动，进一步丰富了"十星"创建载体，形成了以"六大工程"和"十星级文明农户"为"两翼"，以建设绿色小康村为"一主"的"一主两翼"农村精神文明建设和社会主义新农村建设格局。

2003年始，竹山县先后发布了《县委关于深化"十星级"文明创建工作的决定》《县文明委关于进一步做好"十星级文明农户"创评工作的意见》《县文明委关于命名"十星级文明农户"示范户的决定》《县文明委关于深入开展"十星级"乡镇、村（场）创评活动的通知》《县委县政府关于进一步深化"十星级党员"争创评选活动的意见》《县委县政府关于实施六大工程、深化"十星"创建、建设绿色小康村的意见》《县委县政府关于进一步深化信用工程创建 全力打造信用竹山的意见》《县文明委、综治委关于表彰"十星级文明农户示范户"（十户联防中心户长）的决定》《县文明委关于开展"十星级文明新村""十星级

---

① 《竹山六大工程增星光》，《湖北日报》，2004年9月25日。

文明示范农户"创评活动的通知》《县文明委关于印发〈竹山县"十星级文明农户"创建管理办法〉的通知》《县文明委、新农办、爱卫会关于在全县城镇乡村广泛开展环境卫生集中整治活动的通知》等文件，对于"十星"创建的创建主体、创建内容、创建标准、创建流程、激励机制、组织管理等作了详细规定，进一步推动了创建活动的规范化和科学化。

这一时期，竹山县围绕着主题性活动，开展实践养成，提高创建水平。竹山县先后开展了"十星级少先队员"争创活动、"关爱女孩行动""告别陋习、净化家园"活动、"文明竹山"建设、社会主义新农村建设宣讲活动、"十星级示范农户"评选活动、"十大文明市民"表彰暨"文明督导员"聘任大会、2007年感动竹山十大人物颁奖典礼、"我与文明同行——创建省级文明县城"等活动，进一步提升了"十星"创建的水平和品牌效应。

2005年10月，党的十六届五中全会提出了推动社会主义新农村建设的重大决策，并且对社会主义新农村作了全景式描绘——生产发展、生活富裕、乡村文明、村容整洁、管理民主。12月，《中共中央 国务院关于推进社会主义新农村建设的若干意见》印发，对建设社会主义新农村作了战略部署。竹山县委、县政府立足农村建设发展和竹山实际，开展了具有竹山特色的社会主义新农村即绿色小康村建设。经过调研和试点，竹山把绿色小康村建设标准定位为：生态环境良好，绿色产业发展，基础设施完善，人际关系和谐，群众生活富裕。"十星"创建围绕着绿色小康村进行了调整，优化了创建内容，发挥了道德引领作用。比如，生态星的创建要求必须完成"三改一建"① 等，使"十星"创建与群众的切身利益挂钩，起到了较好的效果。

（3）"十星"系列文明创建活动在移民安置区的开展。竹山是鄂西北水电资源富县，2010年前后，以潘口水电站建设为主体的水电大开发如火如荼，移民安置成为竹山的中心工作。竹山县委、县政府高瞻远瞩，将移民安置区纳入全县"十星"创建"一区两带"② 之中，深入开展"十星级文明乡镇""十星级文明村""十星级文明社区""十星级文明农户""十星级党员"等系列创建活动，有

---

① "三改一建"是指改厨、改厕、改圈、建沼气池。

② "一区两带"，即移民安置区和305省道、236省道沿线。

效地提高了移民安置区的社会文明程度，创优了发展环境，夯实了发展基础。

激发群众热情，不断拓展"十星"文明创建领域。竹山县结合移民群众的所思所想，因势利导，将"发展星""致富星"放在首位，通过充分整合相关政策资源向移民安置区倾斜，夯实了安置区的发展基础；通过大力开展驾驶、针织、茶叶加工等技能培训，为每个移民户培养1~2名技术能手，一大批移民开始自主创业；通过招商引资和兴业办厂，一大批移民实现就地安置，摇身变成产业工人；通过向移民发放"十星"创建明白袋和创建资料，实施绿化净化行动，组织县直单位开展送知识、送法律、送文艺、送科技下乡等"十星"系列文明创建活动，极大激发了广大移民移风易俗、艰苦创业、建设美好家园的热情。在整个移民过程中，移民安置区没有发生一起恶性上访和治安案件，6000移民户达到"十星级文明（农）户"标准。移民数量最多的上庸镇通过集中安置、移民建镇的方式，用了不到两年的时间就在昔日的荒山野岭上建起一座生态文化旅游新镇，刷新了国内同类水电站库区移民搬迁速度的新纪录。

整合社会力量，不断创新"十星"文明创建机制。竹山县委、县政府高度重视"十星"文明创建，形成了以县委、县政府主要领导亲自挂帅、相关部门主要负责人亲自参与的"十星"系列文明创建指挥部，从县四大家领导到部门、乡镇、村各级领导干部都形成了用"十星"系列文明创建推动各项工作的共识，从而整合了各方面的力量，并着重从强化创评机制、强化投入机制、强化考评与激励机制等三个方面进一步强化工作机制，将移民区和非移民区的创建进行分类指导，进一步增强了创建活动的针对性和实效性，确保"十星"品牌常创常新。

通过"十星"创建活动，群众综合素质明显增强，城乡文明程度明显提高，经济发展步伐明显加快，群众生活条件明显改善，生态宜居环境明显优化，党群干群关系融洽和谐，实现了"和谐移民"，成功地破解了移民搬得出、稳得住、能致富的难题。

第三节　星辰大海（2012年至今）

党的十八大以来，在党的坚强领导下，在习近平新时代中国特色社会主义思想的指导下，党和国家事业发生了历史性变革、取得了历史性成就。竹山"十星"创建活动也与时俱进,围绕着党和国家事业大局、服务竹山县政治经济文化社会生态发展,不断提升创建水平,达到了"星辰大海"的广阔天地。

一、十星文化凝练和推广(2012—2015年):将"十星"创建与系列地域文化活动深度融合,形成群众文化品牌

党的十八大以来,中国特色社会主义进入新时代,党和政府提出"四个全面"战略布局,"五位一体"总体布局,文化建设在其中扮演着凝神聚力、铸魂育人的重要作用。竹山县贯彻落实中央的重大决策部署,将"十星"创建与系列地域文化活动深度融合,形成了群众参与度最广泛的新的群众文化品牌——十星文化,催生追"星"之旅再铸辉煌。

(1)坚持不懈、与时俱进推进"十星"创建活动。结合中央重大决策部署和区域发展实际,竹山"十星"创建在探索中呈现新亮点、新特色。

一是设星更具时代性。2012年,竹山县文明委第11次调整完善了"十星"内容标准。即:致富星、道德星、信用星、法纪星、计生星、义务星、卫生星、科教星、文体星、生态星。这些内容标准更贴近时代脉搏和农村实际,更符合农村脱贫攻坚的要求。2014年,竹山县文明委在2012年调整的基础上,对致富星、法纪星、义务星、生态星的创建内容进行了充实完善。这是第12次调整。2015年,竹山县围绕着社会主义核心价值观的要求,第13次对"十星级文明农户"进行了大幅度调整。即:爱党爱国星、勤劳致富星、诚实守信星、团结友善星、孝老敬贤星、遵规守法星、生态建设星、计划生育星、环境卫生星、科教文体星,这十颗五字星名,是竹山版的社会主义核心价值观,将国家层面、社会层面、个人层面的核心价值观润物细无声地融入百姓生活生产的日常之中,具有内涵的丰富性和实操的"接地性"。到目前为止,"十星"创建内容和创建标准的调整,已经达到了18次。

二是创评更具规范性。2012年8月,竹山县十七届人大常委会第6次会议,首次出台了《竹山"十星级文明户"创建管理办法》,从"总则""十星设置及创建标准""组织领导及帮扶措施""十星评定工作程序""星牌的授予及管理""奖励激励机制"等方面健全了创评的制度体系,并于2013年和2015年,两次修订完善"十星级文明农户"创评的否决条件,"十星"比例得到有效控制,评

比结果更加客观，坚持以评促创，将虚功做实做活。

三是帮星更具引领性。形成领导亲力问星、部门鼎力帮星、乡村合力抓星、党员结对护星的格局，245支"十星"帮星工作队分别驻村帮星，在11万农户中实现了创建宣传覆盖率、知晓率、参会率、参评率、挂牌率五个100%。

四是用星更具惠民性。先后出台"3+X"激励机制、示范户奖励机制和系列"十星+"联动机制，"十星"惠民力度不断增大。县委、县政府每年分别为500个左右的"十星级文明农户"示范户和50个左右的"十星级文明村"示范村分别"以奖代补"500元和5000元。

五是"十星"文化深入人心。"文体星"正式单设，创建注重以文化人，以星励人。高标准启动了十星文化广场、罗家坡十星展览馆、十星文化柱、星源标示等硬件建设，开展形式多样的十星楹联征集制作发放、十星歌传唱、十星广场舞大家乐、十星文化艺术节、十星文化送戏下乡等活动蓬勃开展，使得十星创建成为一种最普遍的文化现象，融入群众的现实生活。

六是"十星"品牌更具影响力。刘云山同志和刘奇葆同志的批示，是对竹山"十星"创建活动高度的肯定和莫大的鼓舞。

（2）作为东道主主持召开全国创建星级文明户座谈会。按照刘云山同志和刘奇葆同志的批示，2013年4月16日至18日，全国创建星级文明户工作座谈会在十堰召开，竹山是主要参观现场并作主旨发言。

收到刘云山同志的批示后，时任湖北省委书记李鸿忠也做了批示：刘云山部长的重要批示是我们的巨大鼓舞和鞭策，请研究在全省推广竹山经验，在省内收"墙里开花满院红"之效。时任湖北省长王国生要求省委宣传部、省文明办按照刘云山同志的重要批示精神，进一步总结提炼竹山县坚持不懈、与时俱进开展"十星"创建的经验，在全省范围内进一步推广。时任湖北省委副书记张昌尔多次到竹山调研"十星"创建，7月26日，他在《湖北日报》新闻报道《竹山"十星"亮晶晶》上批示：竹山"十星级文明户"的经验很有价值，是新农村建设的重要内容，可加大推广力度，并作为明年"三万"活动①的备选内容之一。

---

① "三万"活动是中共湖北省委、省政府开展的以农村发展为主的活动，即"万名干部进万村入万户"活动，不同的轮次具有不同的主题。

7月31日，湖北省农村精神文明建设现场会在竹山县召开。

十堰市、竹山县高度重视这次能够全方位展现"十星"创建成就、改革开放成就，以及十堰和竹山精神面貌的会议。2013年2月1日，时任县委书记佘立柱主持召开县委常委会，会上明确2013年竹山县宣传思想文化工作"1358"工作计划。其中，"1"就是筹备好全国创建星级文明户工作座谈会。2月28日，竹山召开全国创建星级文明户座谈会筹备工作推进会，县委领导要求各相关单位、乡镇要统一思想，提高认识，强化责任，查漏补缺，再鼓干劲，再添措施，全力办好现场会。2013年3月6日，时任十堰市委书记周霁深入竹山，就"十星"创建工作进行专题调研。周霁要求把"十星"创建活动深化作为全面奔小康的重要载体，将创建工作与正在开展的"学创"活动、"新三万"活动结合起来，抱着为群众解决问题的态度，扎扎实实地深入基层开展工作，不以办会而创建，要以办会促创建，要把深化"十星"创建活动作为助推竹房城镇带建设的总抓手。3月15日，十堰市委领导参加竹山县三级干部会议，并正式为竹山授予"十星高地 秦巴强县"旗帜。这一定位为即将召开的办公会提振了信心，营造了良好气氛。

4月17日至18日，全国创建星级文明户工作座谈会在十堰召开。17日，与会代表考察了竹山县、房县"十星"创建经验。在竹山县上庸镇，代表们参观了具有庸派建筑特色的移民集镇，详细了解潘口水电站库区移民生产生活情况，对"十星"创建在破解移民难题上的重要作用给予充分肯定。在溢水镇东川村，代表们饶有兴致地参观了该村流动"道德讲堂"、十星文化门、十星文化墙等，认为该村"十星"创建形式多样，载体丰富，特色鲜明，在实践中探索出了好的思路和做法。在"十星"创建发祥地麻家渡镇罗家坡村，代表们参观了该村十星级文明创建展览馆，详细了解"十星"创建的起源和发展史。

18日，在座谈会现场，首先学习传达了刘云山、刘奇葆等中央领导同志关于"十星"创建经验的重要批示，推广竹山创建"十星"的经验做法，研究部署深入推进农村精神文明建设工作。时任中宣部常务副部长、中央文明办主任雒树刚，时任湖北省委书记、省人大常委会主任李鸿忠出席并讲话。时任中央文明办专职副主任王世明主持会议。

雒树刚在讲话中对竹山"十星"创建给予了高度评价。他指出，竹山县

第一章 "十星"创建活动的星路历程

"十星"创建始于1993年,是全国星级文明户创建的源头和样板。20年来,坚持不懈抓创建,与时俱进抓创建,创造了一整套行之有效的做法。他强调,要充分认识星级文明户创建对于农村精神文明建设的重大意义,以星级文明户创建为基础,以"中国梦"宣传教育为重点,不断深化农村精神文明建设工作。要着力在凝聚精神力量上下功夫,引导农民群众为实现"中国梦"而奋斗;要着力在促进农民增收致富上下功夫,推动解决农民关注的民生问题;要着力在改善农村环境面貌上下功夫,倡导科学健康文明的生活方式;要着力在增强农村文化创造活力上下功夫,让农民享有健康丰富的精神文化生活。他要求,要加强组织领导,完善长效机制,深化城乡共建,不断提高新形势下农村精神文明建设工作水平。

李鸿忠在讲话中指出,竹山县"十星"创建活动,是基层和群众的创造,是农村精神文明建设的有益探索,得到了刘云山、刘奇葆等中央领导的高度重视和肯定鼓励,为湖北深化星级文明户创建工作提供了巨大政治动力和工作推动力。我们将乘这次会议的东风,贯彻落实好刘云山、刘奇葆同志的重要批示和这次会议精神,认真学习借鉴兄弟省市的好做法、好经验,在全省深入推广竹山创星活动经验,进一步加强新形势下的农村精神文明建设工作,掀起"文明湖北"建设新高潮,为实现"中国梦"作出新的更大贡献。

时任湖北省委宣传部部长尹汉宁、十堰市委书记周霁,也在座谈会上作了发言。时任竹山县委书记佘立柱也在座谈会上作了"十星"创建交流发言。① 2013年恰逢竹山"十星"创建20周年,全国创建星级文明户座谈会在十堰召开,中央和省委领导的高度肯定,是对竹山20年坚持不懈、与时俱进创建活动的检阅和肯定,也是对竹山再接再厉,在"十星"创建上再创辉煌的鼓励和鞭策。

---

① 综合参考:《中央文明委在鄂召开座谈会 推广湖北创建"十星级文明户"经验》,《湖北日报》,2013年4月19日;《全国创建星级文明户工作座谈会在我市举行 再续"十星"文明创建新篇章》,《十堰日报》,2013年4月19日;《全国创建星级文明户工作座谈会与会代表深入竹山房县 集中参观考察"十星"创建工作》,《十堰日报》,2013年4月18日;《全国创建星级文明户工作座谈会在湖北召开 完善长效工作机制推动农村精神文明建设》,《农民日报》,2013年4月19日。

二、"十星"创建助力脱贫攻坚阶段（2016—2020年）："十星创建·精神脱贫"行动

2013年11月3日，习近平总书记在视察湘西州花垣县十八洞村对于扶贫工作提出了"实事求是、因地制宜、分类指导、精准指导"的重要思想，"精准扶贫"成为中国打赢脱贫攻坚战的指导思想和战略方针。习近平总书记还将"精准扶贫"的基本方略概括为"五个一批"和"六个精准"。"五个一批"是指发展生产脱贫一批、易地扶贫搬迁脱贫一批、生产补偿脱贫一批、发展教育脱贫一批、社会保障兜底一批。"六个精准"是指扶贫对象精准、项目安排精准、资金使用精准、措施到户精准、因村派人精准、脱贫成效精准。"五个一批"和"六个精准"是解决"扶持谁、谁来扶、怎么扶、如何退"的根本途径。

竹山县是秦巴山片区扶贫攻坚和全省29个国家扶贫开发工作重点县、9个深度贫困县之一。2014年底，全县有贫困村239个，其中省定重点贫困村61个；贫困人口4.8万户14.9万人，贫困发生率36%，高出全省21.3个百分点。2015年7月至8月，湖北省委、省政府在十堰召开贯彻贵州会议精神精准扶贫现场会，出台了《中共湖北省委湖北省人民政府关于全力推进精准扶贫精准脱贫的决定》。《决定》提出：确保到2019年建档立卡扶贫对象稳定脱贫、贫困村全部出列、贫困县全部"摘帽"，贫困地区发展差距明显缩小，湖北省在中部地区率先全面建成小康社会。在时间短、任务重的背景下，如何精准脱贫呢？如何发挥"十星"创建在脱贫攻坚战中的作用呢？竹山县委、县政府不断创新"十星"创建的方式方法，探索出"十星创建·精神脱贫"行动，形成了在特定历史时期以精神脱贫助推物质脱贫的"竹山方案"。

"十星创建·精神脱贫"行动坚持将"十星"文明系列创建覆盖到全县各领域各群体，推动全县精神脱贫；坚持以建档立卡贫困户和出列贫困村为重点，通过"十星"创建，增强脱贫致富的内生动力；坚持物质扶贫和精神扶贫相结合，内因和外因相结合，输血和造血相结合；坚持城乡互动，将"十星创建·精神脱贫"作为县直单位驻村帮扶的重要任务，推进文明单位结对共建文明村。"十星创建·精神脱贫"行动形成了以"五大观念""三大行动"和"五大机制"为主要内容的顶层设计。"五大观念"是指筑梦、立志、扶智、弘德、惜福观念；

"三大行动"是指"星承家风·精神脱贫"行动、"星耀村风·小康示范"行动、"星淳社风·文化强县"行动;"五大机制"是指组织领导机制、宣传引导机制、试点推进机制、创评运行机制、督办考评机制。"五大观念"是理念基础,"三大行动"是活动方案,"五大机制"是制度保障。其中,"三大行动"是"十星创建·精神脱贫"行动的主体内容。"星承家风·精神脱贫"行动包括继续深化"十星级文明农户"创建、启动"十星级文明家庭"创评活动、广泛开展"十晒十比十评"① 活动、分类命名"十星级文明示范户"等活动。"星耀村风·小康示范"行动包括以"三倡导三反对三不超"② 为主要内容,狠抓移风易俗,扎实开展"十星级文化大院"创评,全面开展"十星级文明村(社区)"创评,抓好"十星级文明村(社区)"建设"七个一"工程,分类命名"十星级文明村"示范村和"十星级文明社区"等活动。"星淳社风·文化强县"行动包括加强公益宣传,涵养社会主义核心价值理念,组织系列创评,抓实全域十星创建,用活德育载体,形成好人满县之风,抓好文化扶贫,加快文化小康进程,组建宣讲团队,讲好精神脱贫故事,狠抓结对共建,形成城乡共进格局,举办系列活动,营造精神脱贫氛围等内容。

遵循科学合理的顶层设计的指导,采取具有可操作性的具体举措,"十星创建·精神脱贫"行动取得了明显成效,"我要脱贫"的志气逐渐养成,"我能脱贫"的能力逐渐提升,"十善十美,十星光荣"的文明新风逐渐形成,安幼养老工作取得明显成效,为务工人员解除了后顾之忧,增强了竹山人民脱贫致富奔小康的动力和能力。

截至 2020 年 6 月底,竹山县的建档立卡贫困人口全部达到脱贫标准,239 个贫困村全部出列,累计减贫 56680 户 159559 人,贫困发生率降至 0%,省政府批

---

① 晒家规,比家风,评"十星+最美信义之家";晒被子,比孝心,评"十星+最美孝道之家";晒手茧,比勤劳,评"十星+最美勤劳之家";晒菜单,比节俭,评"十星+最美俭朴之家";晒变化,比进步,评"十星+最美脱贫之家";晒技术,比创新,评"十星+最美科技之家";晒健康,比清洁,评"十星+最美生态之家";晒爱心,比奉献,评"十星+最美志愿之家";晒民俗,比传承,评"十星+最美文化之家";晒合影,比幸福,评"十星+最美幸福之家"。

② "三倡导三反对三不超"是指倡导集体搬家、倡导勤俭节约、倡导移风易俗,反对大操大办、反对封建迷信、反对赌博抹牌,宴请不超三桌、席面不超三百、送礼不超一百。

准竹山县退出贫困县序列。竹山人民依靠"十星"创建实现了脱贫攻坚，也拓展了"十星"创建的范畴，验证了"十星"创建的伟力量。

三、"十星"创建助力乡村振兴阶段（2021年至今）："十星促五兴"行动

到2020年底，我国现行标准下9899万农村贫困人口全部脱贫，832个贫困县全部摘帽，12.8万个贫困村全部出列，区域性整体贫困得到解决，完成了消灭绝对贫困的艰巨任务，脱贫攻坚战取得决定性胜利。竹山县也同全国一道完成了脱贫攻坚任务。习近平总书记和党中央作出了推进巩固拓展脱贫攻坚成果同乡村振兴有效衔接的重要决策部署，并就全面推进乡村振兴作了重要论述和部署。

竹山县坚持以习近平新时代中国特色社会主义思想为指导，深入学习贯彻习近平总书记关于全面推进乡村振兴工作重要论述，印发了《竹山县实施"十星促五兴"推进乡村振兴工作方案》（简称《方案》）的通知。《方案》围绕着"产业兴旺、生态宜居、乡风文明、治理有效、生活富裕"总要求，丰富延伸"十星"文化内涵，擦亮"十星"创建品牌，深入实施"十星促五兴"推进乡村振兴示范创建行动，让乡村成为全面建成"经济倍增先行区、绿色发展示范县"的重要支撑。

《方案》提出，要以基层党建为纽带，以"十星级乡村振兴示范户（文明户）"创建为细胞工程，以"十星级乡村振兴示范村（文明村）"创建为壮腰工程，以"十星级乡村振兴示范乡镇（文明乡镇）"创建为龙头工程，在强基壮腰中，激活细胞，舞活龙头。《方案》从区位条件、产业发展、环境状况、文化底蕴、党建引领等五个方面分析了竹山推进乡村振兴战略的优势条件。《方案》提出要按照"三个一批"要求，坚持点面结合，分布推进，力争用4年四个阶段的努力，打造一批省市乡村振兴示范村（县级乡村振兴重点示范村），培植一批县级文明村、乡村振兴示范村和乡村振兴示范乡镇，辐射带动实现全域乡村振兴，积极争创全国乡村振兴示范县。《方案》详细地将"十星"与"五兴"作了对应衔接，即：争创产业发展星、营商环境星、人才培育星，推动实现产业兴旺；争创科教文卫星、文明创建星，推动实现乡风文明；争创人居环境星，推动实现生态宜居；争创平安稳定星、便民惠民星，推动实现治理有效；争创党建引

领星、共同富裕星，推动实现生活富裕。《方案》还提出了强化组织领导、强化资金保障、强化宣传引导、严格创建考评、强化督办检查等组织保障措施。

乡村振兴战略是全面建设社会主义现代化国家的重大历史任务，是新时代"三农"工作的总抓手。竹山县以创建"十星级文明户"的模式和经验，推动乡村振兴战略，必定能够迸发出强大的内生动力，创造乡村振兴战略的"竹山模式"。

三十年来，竹山以"十星"创建为抓手，推动了政治经济文化社会和生态建设，取得了历史性成就。竹山蝉联三届全省和全国文明县城殊荣，荣获全国社会治安综合治理先进单位、省级卫生县城和多届全省最佳金融信用县等称号。麻家渡镇罗家坡村、擂鼓镇烟墩梓村、上庸镇北坝村获得全国文明村称号。竹山47万人民的执着努力，换来了星辰大海的绚烂多彩。

第二章 "十星"创建活动的实践创新

经过 30 年的坚持不懈和不断创新,"十星级文明农户"创建已经成为荆楚名片,成为农村精神文明建设的成功范例,成为社会主义新农村建设的成功模板,成为基层社会治理体系和治理能力现代化的成功案例。这一切得益于"十星"创建在创建内容和创建标准、评定流程和奖励机制、组织领导和帮扶措施上的不断与时俱进,不断根据党和国家发展战略、区域发展实践进行调整,使得创建活动永葆生机和活力。

第一节 "十星级文明农户"创建的创建内容和创建标准

三十年来,竹山根据党和国家关于社会主义精神文明建设的要求,根据区域发展战略和发展实际,适时调整"十星级文明农户"的创建内容和创建标准,使得"十星"创建活动不断为区域发展凝心聚力,提供精神动力和智力支撑。

一、"十星级文明农户"创建内容和创建标准的十八次变化

三十年来,竹山"十星级文明农户"的创建内容和标准进行了 18 次调整。1993 年初创时期,根据当时农村中存在的国家观念、集体意识淡薄,基层党组织软弱涣散,社会秩序混乱,集体公共设施损坏严重,计划外生育现象普遍,人际关系冷漠等问题,将"十星级文明农户"的内容设定为具有针对性和可操作性的五爱星、致富星、法纪星、计生星、科技星、文教星、新风星、义务星、团结星、卫生星。实践证明,这"十星"的设定内容丰富、价值突出、易于实践,在较短的时间内改善了实施地区的精神面貌,促进了物质文明和精神文明的协调发

展。1995年,竹山对"十星级文明农户"的创建内容进行了首次调整,主要是将"十星"内容作了顺序调整。比如,团结星和新风星的顺序被提前,这说明在当时的农村,移风易俗、和睦家庭、和谐邻里是比较突出的精神文明建设的内容。1996年,竹山首次对"十星级文明农户"标准进行百分制量化,每颗星10分,使得创建活动了有了可量化的创建标准。

2001年,在1996年创建标准可量化的基础上,打破了每颗星10分的平衡状态,将致富星设置为40分。这是因为进入21世纪,原先的对"十星级文明农户"优先招工、转干、入伍、"三提五统"减免等优惠政策的红利锐减,急需激发村民内生的求富、求善的意愿。因此,致富星被设置了最高分值。2003年,在创建内容上,将五爱星改为道德星,将团结星并于新风星,增加信用星。进入21世纪,社会主义市场经济体制进一步健全和完善,社会主义市场经济是信用经济、法治经济,竹山"十星级文明农户"创建中相应地加入了信用星,是对社会主义市场经济的积极适应和主动作为。2004年,致富星调到首位,去掉义务星,恢复团结星。进入21世纪,中国城乡一体化进程发展到城市反哺农村、工业反哺农业阶段,强调全面协调可持续发展。相应地,竹山"十星级文明农户"取消了义务星,这是一种保障农民权利,让农民更多享受改革开放成果的正确导向。2005年,竹山对"十星级文明农户"创建内容和创建标准作了重大调整,一是取消了分值,使得创建标准更加柔性;二是对"星"的内涵理解更深入,比如,将卫生星分解成生态星和健康星,契合了可持续发展战略,更加注重发展效益和生活品质;三是"星"更加具有层次感,几乎囊括了对政治、经济、文化、社会、生态等方面的价值导向。2008年、2010年、2011年在设"星"上保持了一致性,在创建标准上,围绕着区域中心工作进行了优化。

2012年,中国特色社会主义进入新时代,竹山"十星级文明农户"创建内容也因应新思想新理念新战略进行了调整。健康星改为卫生星,团结星改为义务星,科技星和文教星合并为科教星,单设文体星,这一系列调整,更加突出农民在文明新村建设中的权利和义务。2014年,在2012年基础上,对致富星、法纪星、义务星、生态星的创建内容进行了充实完善。2015年,围绕着社会主义核心价值观,对"十星级文明农户"创建内容进行了调整,实现了"十星"与社会主义核心价值观在内容和表述上的衔接。新设星将3字星变成了5字星,即:

爱党爱国星、勤劳致富星、诚实守信星、团结友善星、孝老敬贤星、遵规守法星、生态建设星、计划生育星、环境卫生星、科教文体星。2016年，在"十星"创建中突出内修人文和精准扶贫工作。2017年，着重在城区开展"十星级文明家庭"创建活动。2019年，计划生育星变为卫生健康星，契合我国人口政策的变化和全民健康战略的新提法。环境卫生星被取消，变成了文明实践星，文明实践星的内容更丰富，范畴更全面，包括了环境卫生的内容。

2021年，立足新发展阶段、贯彻新发展理念、构建新发展格局，因应新时代文明实践中心建设，以及移风易俗、疫情防控的要求，"十星"由5字星再度变回3字星，即爱国星、勤俭星、诚信星、友善星、和谐星、法纪星、奉献星、文教星、健康星、生态星。2022年，竹山县发布《竹山县实施"十星促五兴"推进乡村振兴工作方案》，根据乡村振兴"五个振兴"的要求，对"十星级文明农户"创建内容和标准作出了新的调整。"十星"设定为产业发展星、营商环境星、人才培育星、科教文卫星、文明创建星、人居环境星、平安稳定星、便民惠民星、党建引领星、共同富裕星，并且将"十星"与乡村振兴战略20字方针进行了衔接。以争创产业发展星、营商环境星、人才培育星推动实现产业兴旺；以争创科教文卫星、文明创建星推动实现乡风文明；以争创人居环境星推动实现生态宜居；以争创平安稳定星、便民惠民星推动实现治理有效；以争创党建引领星、共同富裕星推动实现生活富裕。十八次调整的具体内容详见表2-1-1。

表2-1-1　　　"十星级文明农户"创建内容的十八次调整

序号	时间	参见文件	主要内容及其分值	主要变化
1	1993年	竹政发〔1993〕16号	五爱星、致富星、法纪星、计生星、科技星、文教星、新风星、义务星、团结、卫生星	最初版本
2	1995年	竹康发〔1995〕5号	五爱星、致富星、法纪星、团结星、计生星、新风星、文教星、科技星、义务星、卫生星	顺序变化，每颗星标准设置为5句押韵易记的话

续表

序号	时间	参见文件	主要内容及其分值	主要变化
3	1996年	竹宣〔1996〕11号	五爱星10分、致富星10分、法纪星10分、计生星10分、科技星10分、新风星10分、文教星10分、团结星10分、义务星10分、卫生星10分	出台"十化"管理办法，对"十星级文明户"标准进行百分制量化，每颗星10分
4	2001年	竹文明委〔2001〕16号	五爱星10分、致富星40分、法纪星10分、计生星10分、科技星10分、新风星4分、文教星4分、团结星4分、义务星4分、卫生星4分	分值打破平衡，突出致富星
5	2003年	竹文明委〔2003〕3号	道德星10分、致富星30分、信用星10分、科技星10分、义务星10分、卫生星10分、法纪星5分、计生星5分、文教星5分、新风星5分	内容上，将五爱星改为道德星，将团结星并于新风星，增加信用星；分值重新量化
6	2004年	竹文明委〔2004〕3号	致富星30分、道德星10分、信用星10分、科技星10分、义务星10分、卫生星10分、法纪星5分、计生星5分、团结星5分、新风星5分	致富星调到首位，去掉义务星，恢复团结星，分值调整
7	2005年	竹文明委〔2005〕3号	致富星、生态星、道德星、信用星、科技星、法纪星、计生星、文教星、团结星、健康星	去掉分值，将卫生星分解成生态星和健康星，新风星并于道德星和团结星
8	2008年	竹文明委〔2008〕5号	致富星、生态星、道德星、信用星、科技星、法纪星、计生星、文教星、团结星、健康星	"星"内容没有变，标准进行了充实和完善

续表

序号	时间	参见文件	主要内容及其分值	主要变化
9	2010年	竹办发〔2010〕16号	致富星、生态星、道德星、信用星、科技星、法纪星、计生星、文教星、团结星、健康星	针对全县所有移民安置区农户的实际情况，对每颗星的内容进行了调整完善
10	2011年	竹办发〔2011〕1号	致富星、生态星、道德星、信用星、科技星、法纪星、计生星、文教星、团结星、健康星	将每颗星的内容用通俗易懂的四言八句形式表述
11	2012年	竹办发〔2102〕42号	致富星、道德星、信用星、法纪星、计生星、义务星、卫生星、科教星、文体星、生态星	健康星改为卫生星，团结星改为义务星，科技星和文教星合并为科教星，单设文体星，相关标准进行归并或调整
12	2014年	竹文明委〔2014〕13号	致富星、道德星、信用星、法纪星、计生星、义务星、卫生星、科教星、文体星、生态星	在2012年基础上，对致富星、法纪星、义务星、生态星的创建内容进行了充实完善
13	2015年	竹文明委〔2015〕11号	爱党爱国星、勤劳致富星、诚实守信星、团结友善星、孝老敬贤星、遵规守法星、生态建设星、计划生育星、环境卫生星、科教文体星	由3字变为5字，对各星的内容标准进行了必要的合并、拆解和新设，创新内容标准与社会主义核心价值观紧密相连
14	2016年	竹文明委〔2016〕6号	爱党爱国星、勤劳致富星、诚实守信星、团结友善星、孝老敬贤星、遵规守法星、生态建设星、计划生育星、环境卫生星、科教文体星	紧紧围绕内修人文和精准扶贫工作中心，针对贫困户和非贫困户，分设勤劳致富星标准

续表

序号	时间	参见文件	主要内容及其分值	主要变化
15	2017年	竹妇字〔2017〕11号	爱党爱国星、勤劳节约星、诚实守信星、团结友善星、道德守礼星、遵纪守法星、家风家训星、志愿服务星、绿色健康星、科教文化星	与农村区分,在城镇(社区)开展"十星级文明家庭"创建活动
16	2019年	竹文明委〔2019〕1号	爱党爱国星、勤劳致富星、诚实守信星、团结友善星、孝老敬贤星、遵规守法星、文明实践星、科教文体星、卫生健康星、生态建设星	调整"星"内容,与党的十九大精神、党中央关于精神文明建设的最新指示、文明城市创建新标准、"十进十建"活动要求等保持一致
17	2021年	竹文明委〔2021〕4号	爱国星、勤俭星、诚信星、友善星、和谐星、法纪星、奉献星、文教星、健康星、生态星	5字"星"调整回3字"星",围绕新时代文明实践在基层落细落实,推进移风易俗,防控新冠疫情等重点,重新设计了"十星"创建内容
18	2022年	竹农组办发〔2022〕4号	产业发展星、营商环境星、人才培育星、科教文卫星、文明创建星、人居环境星、平安稳定星、便民惠民星、党建引领星、共同富裕星	将"十星"与乡村振兴战略20字方针进行衔接

二、"十星级文明户"创建标准的与时俱进调整

复盘三十年的创建历程,不难发现,"十星级文明农户"创建标准的变化是高度契合当时发展阶段、发展实际所需要的价值导向的。2021年最新的"十星级文明户"创建标准与新时代党和政府所倡导的社会主义核心价值观,以及所推

进的重大发展战略具有内容和表述上的一致性。（因2022年调整后的"十星"更倾向于乡村振兴战略领域，本书第六章将对《"十星级文明户"创建与乡村振兴战略》展开论述，这里采用更具代表性的2021年的"十星"创建内容和标准。）

爱国星是最初五爱星的继承和发展，又结合习近平总书记关于爱国主义的重要论述进行了充实和完善。比如，结合总体国家安全观的要求，增加了"增强网络安全意识和国防国安观念"等新内容。

勤俭星包含了原先致富星的内容，又针对天价彩礼、厚葬薄养、婚丧嫁娶大操大办等攀比心理导致的社风败坏，增加了"九倡导九禁止"① 等内容，使得勤俭星创建标准更具有针对性和时效性。

诚信星既有对中华优秀传统文化中诚信基因的继承，又有在社会主义市场经济条件下作为市场主体对诚信经济的追求，而且对新出现的网络诈骗、失信"老赖"等社会问题加以关注，实现了与诚信社会建设要求的衔接。

友善星对于新乡贤这一建设文明新村，提升基层社会治理现代化的重要力量和实践载体，给予了充分关注。新乡贤文化是《"十三五"规划纲要》提出的一个新概念，指的是返乡的知识分子、退休官员、工商界人员为主构建的一种新型农村乡贤文化。新乡贤文化在畅通村民利益表达机制，创新基层社会治理模式，实现乡土中国与现代化中国的对接等方面，有着重要的作用。

和谐星更多侧重于家风家教的培育以及对未成年人、老年人等弱势群体的关注。这颗星精准对接目前中国农村存在的伦理道德问题，尤其是对接了留守儿童、空巢老人等社会热点问题所需要的价值导向。同时，也是希望通过和谐星的创建，加大对民生领域"幼有所育""老有所养"的投入。

---

① "九倡导九禁止"是《竹山县文明操办婚丧喜庆事宜促进精神脱贫实施方案（试行）》的内容。"九倡导"是指倡导帮工免酬、倡导以物代礼、倡导新风说教、倡导婚事新办、倡导丧事俭办、倡导乔迁省办、倡导过节简办、倡导大事小办、倡导小事不办。"九禁止"是指贫困户严禁以现金的形式送礼或收礼；贫困户严禁在准许项目之外操办喜庆事宜和摆酒请吃行为；贫困户严禁在直系亲属和三代以内的旁系亲属外相互随礼；党员干部严禁在直系亲属和三代以内的旁系亲属外送礼和收礼；党员干部严禁接受贫困户的免费请吃行为；严禁赌博抹牌和封建迷信行为；严禁大操大办、举债操办和人情攀比行为；严禁酗酒、强劝酒和导致醉酒；严禁酒后驾车，酒后搭乘摩托车、非法营运车辆。

法纪星将"八五"普法的内容融入其中。2020年5月28日，十三届全国人大三次会议审议通过了《民法典》。《民法典》是中华人民共和国第一部以法典命名的法律，在法律体系中居于基础性地位，也是市场经济的基本法，被称为"社会生活的百科全书"。学习宣传落实《民法典》是当前普法工作的重点。信访是党的群众工作的重要组成部分，是了解社情民意的重要窗口，也是人民群众维护合法权益的重要途径。但在实践操作中，出现了截访、缠访、闹访等问题。因此，提高信访工作的法治化专业化水平，是当前群众工作的重要内容。法纪星将上述内容在"十星"创建给予了明确规定。

奉献星的创建标准出现了更多的"十星"符号，突出了竹山作为全国文明县城的城市风貌的要求。2018年7月，习近平总书记在中央全面深化改革委员会第三次会议上提出，"建设新时代文明实践中心"，"动员和激励广大农村群众积极投身社会主义现代化建设"。2019年10月，中共中央、国务院印发的《新时代公民道德建设实施纲要》指出，要加强新时代文明实践中心建设。新时代文明实践中心作为新时代公民道德建设的重要载体，其主要内容和活动形式，也在奉献星中得到了体现。

文教星的创建标准糅合了原科技星、文体星的内容，而且非常具有现代科技感。网络、手机App、微信公众号等现代化交互平台、社交软件出现在文教星的创建标准中，体现了竹山县的时代活力。

健康星的创建标准契合健康中国战略的要求，因应新冠疫情防控要求，体现了农村人居环境改善的成果。2015年10月，党的十八届五中全会作出"推进健康中国建设"的重大决策，2017年10月，党的十九大首次提出了"实施健康中国战略"，实现了中国共产党健康观从"以治病为中心"向"以人民健康为中心"转变。健康星的设置和标准优化充分体现了竹山县以"大卫生、大健康"理念全方位、全周期保障人民健康的努力和成果。

生态星的创建标准是对"绿水青山就是金山银山"的生态文明理念的践行，同时结合了农村生产生活实际。生态星将低碳、垃圾分类等新的生态文明理念和政策纳入了创建标准。"十星级文明农户"创建标准详见表2-1-2。

表 2-1-2 "十星级文明农户"创建标准

"星"类别	创 建 标 准
爱国星	热爱祖国，坚决维护祖国统一和领土完整，增强网络安全意识和国防国安观念，无散播、制造损害党和国家形象的言行，积极履行服兵役义务；热爱中国共产党，拥护党中央的决定和政策；热爱社会主义，弘扬社会主义正能量；热爱集体，积极参与村民委员会等民主选举和村民代表大会等集体活动，拥护村支两委的集体决定，维护集体利益
勤俭星	争做新型职业农民，不撂荒田地，不游手好闲；勤俭持家，自觉遵守"九倡导九禁止"，俭朴操办婚丧喜庆事宜，创建清廉家庭；积极通过外出务工、创办家庭农场或参与农民专业合作社等渠道创业致富，有稳定的致富项目；生活水平达到国家规定的小康标准，或家庭人均纯收入高出当年本村（居）平均水平
诚信星	诚实不欺，重约守信，重诺践行；为人正直，处事公道，口碑良好；诚信经营，不掺杂使假，不坑蒙拐骗，不敲诈勒索，不参与网上违规经营、电信诈骗等行为；不在线上线下散布虚假信息，不造谣传谣；按时偿还银行借款和他人财物，无不良信用信息记录，无"老赖"行为，未被纳入失信联合惩戒名单
友善星	维护民族团结，友善处理与其他民族人员之间的关系；为人处世友好和善，宽厚待人，尊重他人隐私，不拨弄是非，不歧视和排斥老弱病残等弱势群体；见贤思齐，尊重并学习本村有德行、有才能、有声望的新乡贤；友善对待外来人员
和谐性	夫妻恩爱，子女孝顺，婆媳和顺，家庭和睦；传承好家训、培育好家风、建设好家庭，树立社会主义家庭文明新风尚；晚辈孝老敬老，履行赡养义务，妥善安排老人生活，经常陪护关爱老人；长辈爱小护小有度，不溺爱、不虐待未成年子女，落实好家庭教育职责；单亲、离异、留守等特殊家庭，有专人履行监护教育责任，关心关爱未成年人健康成长
法纪星	尊法、学法、守法、用法，知晓了解《宪法》《国家监察法》《民法典》等法律法规；敢于伸张正义、见义勇为；远离封建迷信和黄赌毒，不参加邪教活动，不侵占国家或集体财产，不私挖盗采绿松石、不破坏文物古迹；依法依规维护权利，合理表达利益诉求，不出现非正常、越级信访问题；积极参与村级社会治理，践行村规民约，服从村级管理；自觉参与"扫黄打非""扫黑除恶"网格化服务管理，敢于举报、检举案件线索

续表

"星"类别	创建标准
奉献星	争当十星志愿者，积极参加疫情防控、义务献血、公共环境清扫等志愿服务活动及村级组织的各项网上网下公益行动；积极参与十星评选、"十晒十比十评"评选推荐活动，争当"十星级文明农户"，自觉讲文明树新风；积极参与新时代文明实践讲堂（道德讲堂）建设，学习时代楷模、道德模范、最美人物、身边好人等先进典型，自觉践行"文明竹山30条"；文明、祥和、喜庆过好传统节日和重大节庆日；积极响应殡葬改革和农村公墓建设，文明祭扫
文教星	崇尚科学，积极参加各种科技培训和科普活动，家庭成员掌握1门以上实用科普技术；尊师重教，主动配合学校做好家庭教育，重视未成年人思想道德教育和学业进步；积极参与文化活动和体育锻炼，修身养性，提升生活品位；利用网络、手机App、微信公众号等媒体资源收看收听中央和地方电视、广播节目，收听官方新闻的主流声音
健康星	定期组织家庭成员进行健康体检，主动配合家庭医生签约服务，及时接种各类疫苗，关注家庭成员心理健康；积极参加城乡居民医疗保险和养老保险；主动参与各种传染性疾病或突发公共卫生事件的预防与控制，在特定时间地点按要求自觉佩戴口罩；积极参加健康教育活动，养成文明健康生活方式和卫生习惯，不在公共场所吸烟，自觉使用公筷公勺，不买不吃野生动物食品；自觉改善人居环境，自觉参与"厕所革命"和爱国卫生运动，保持住房内外的卫生清洁，物品堆（摆）放整齐，不乱搭乱建，无"五乱"（柴草乱放、粪土乱堆、垃圾乱倒、污水乱泼、禽畜乱跑）现象；不违法生育，不非法鉴定胎儿性别和人工终止妊娠
生态星	爱林造林护林，积极参与退耕还林、植树造林等生态建设，积极发展绿色产业和庭院经济，房前屋后植树栽竹种花；倡导低碳理念，节约使用水电等能源，倡导使用有机肥，少用或不用化肥农药；不在露天焚烧秸秆，不向河湖路边抛撒垃圾，不在公路上晒粮，按规定对病死畜禽及时进行无害化处理；不滥垦乱占林地，不乱砍滥伐林木，不滥采乱挖野生植物，不捕杀销售食用野生动物，不非法捕鱼，不私挖盗采河沙；不乱倒乱扔厨余垃圾，知晓垃圾分类知识，分类投放垃圾；积极参与山水农田湖生态修复，践行绿色环保生活方式

第一节 "十星级文明农户"创建的创建内容和创建标准

除了有正向引导性条件，还设置了否决条件，这样就使得"十星级文明农户"的创建标准具有了"正面清单"和"负面清单"，更加具有全面性和权威性。（"否决条件"详见表2-1-3。）

表2-1-3　　　　　　　"十星级文明农户"创建否决条件

名　称	否　决　条　件（针对家庭成员）
爱国星	有诋毁损害党和国家的言行；有传播散布损害党和国家形象的言行；不拥护村支两委集体决定；损害集体利益；不积极参加村级集体活动；不依法履行服兵役义务，参军入伍后有退兵、逃兵等不良记录
勤俭星	家庭人均收入低于当年村（居）平均水平；田地撂荒；不节约粮食，生活奢靡浪费；好逸恶劳、坐等靠要；违规操办婚丧喜庆事宜
诚信星	贷款、借物不还；有造谣传谣行为；有不良信用记录，被纳入失信联合惩戒名单；有掺假使假、坑蒙拐骗、欺行霸市行为
友善星	拨弄是非；家庭、邻里不团结；不尊敬乡贤；不友善对待外来人员
和谐星	不孝老养老；虐待子女；家庭暴力；对子女不尽教养义务
法纪星	参加法轮功等邪教组织等；打架斗殴、摸牌赌博、涉"黄"涉"黑"；出现非正常信访问题；有酒驾、醉驾行为；受过治安处罚或刑事处罚；不服从村委会管理；在微信群、QQ群、微博等新媒体发表不当言论、煽动闹事；一户多基，违规买卖耕地建房
奉献星	不积极践行"文明竹山30条"；拒绝参与新时代文明实践活动
文教星	子女未完成九年义务教育；拒绝科技产业或项目推广应用；不重视家庭教育，重男轻女
健康星	未参加医疗保险；有"五乱"现象；不配合常态化疫情防控工作；非法鉴定胎儿性别或人工终止妊娠
生态星	破坏污染水质水源；露天焚烧秸秆；乱砍滥伐；非法捕猎、违规钓鱼捕鱼；有毁坏垃圾箱或侵占垃圾处理设备的行为

第二节 "十星级文明农户"创建的评定程序和奖励机制

经过三十年的探索,"十星级文明农户"创建形成了科学规范的评定流程,是全过程人民民主在基层的实践。"十星级文明农户"创建还建立了奖励机制,以外在奖励的方式激发创建动力,达到让人民群众求善、求知和求富的"十星级文明农户"创建的目的。

一、体现全过程人民民主的科学规范的评定程序

全过程人民民主是为了适应新时代我国社会主要矛盾的变化,满足人民群众对民主法治、公平正义的新要求新期待,将党的领导、人民当家作主和依法治国相结合,推进社会主义政治建设而取得的重要理论和实践成果,是对中国共产党在不同历史时期推动人民民主理论和实践创新成果的继承和发展。2019年11月,习近平总书记在上海虹桥街道考察全国人大常委会法工委基层立法联系点时深刻指出:"我们走的是一条中国特色社会主义政治发展道路,人民民主是一种全过程的民主。"2021年7月,习近平总书记在庆祝中国共产党成立100周年大会上,强调要"践行以人民为中心的发展思想,发展全过程人民民主"。2021年10月,习近平总书记在中央人大工作会议上对全过程人民民主重大理念和实践要求作出系统精辟的阐述。2021年11月,党的十九届六中全会通过的《中共中央关于党的百年奋斗重大成就和历史经验的决议》把"发展全过程人民民主"作为习近平新时代中国特色社会主义思想的重要内容纳入"十个明确"之中。[①] 2022年10月,党的二十大报告把发展全过程人民民主确定为中国式现代化本质要求的一项重要内容,强调全过程人民民主是社会主义民主政治的本质属性,对"发展全过程人民民主,保障人民当家作主"作出全面部署、提出明确要求。发展全过程人民民主,保障人民当家作主,就需要加强人民当家作主制度保障、全面发展协商民主、积极发展基层民主、巩固和发展最广泛的爱国统一战线。具有完整和严格评定程序,并且能够让群众既争荣誉受教育、又强素质得实惠的竹山"十

---

① 《党的二十大报告辅导读本》,人民出版社2022年版,第32页。

星"创建就是对中国共产党团结带领人民一以贯之推进社会主义政治建设的具体实践，就是对全过程人民民主理念和设计的具体实践。

"十星级文明农户"的评定程序坚持按照流程、紧扣标准、严创真评、宁缺毋滥和半年初评、年底复评、能上能下、动态管理的原则开展。这项原则的精髓是"严"和"活"。"严"是指"严"的标准、"严"的流程、"严"的结果和"严"的监督，这集中体现在"十星级文明农户"评定要严格控制数量、注重质量，初评数量一般控制在参评总户数的50%左右，不能超过60%，从而体现竞争性。"活"是指"能上能下、动态管理"，避免了一评定终身，让参评户失去了自我管理、自我完善、自我监督和自我提高的自觉性和积极性，保持了创建的源头活水和流水不腐。"半年初评、年底复评"即每年6月为全县集中初评时间，12月为全县集中复评时间。这样就留足了整改时间和保持了"回头看"的威慑力。

"十星"评定分"十星级文明农户"和"十星级文明农户"示范户两个层级，体现了差异性，激发了"十星"评定自身的激励和约束能力。"十星级文明农户"由乡镇"十星"创评工作领导小组指导、村（居）委"十星"创评工作领导小组组织评定。"十星级文明农户"示范户由村（居）委会"十星"创评工作领导小组评议申报、乡镇"十星"创评工作领导小组初审上报、县级专门工作机构考核验收。竹山还建立了"十星级文明农户"与"十星级文明农户"示范户的衔接和筛选机制，规定只有连续两年被评为"十星级文明农户"的，方有资格申报"十星级文明农户"示范户。这样就建立起了自上而下和自下而上的立体评定体系。

"十星级文明农户"的评定要严格按照"居户自评——群众互评——协会审查——小组审定——张榜公示——复议核定"的程序进行。这个程序充分尊重了个人意愿、群众民意、专业意见，充分体现了党的领导和人民当家作主的结合，形成了从评定到公示再到复议的闭环评定程序。居户自评是第一步，在宣传发动阶段将创评标准发给居民户，由居民户对照标准为自己评星，这给了居民户对标对表进行自评和自查的机会，通过对标对表、查摆问题，居民户就对自家的优势是什么、不足在哪里、如何巩固和改进，有了清晰的认识，增强了居民户持续创建、不断提升的内生动力。群众互评是在自评的基础上，由村（居）委会发动，以组或自然村院为单位，组织村（居）民开展相互评议。这种院子会、面对面的评价方式是全过程人民民主在基层的实践形式，有利于营造既团结紧张又严肃活泼的局面。通过院子会、面对面的评价方式，既可以查摆居民自评环节不容易发现，或刻意"回避"的问题，又通过这种集体生活，增强了居民户对公共事务的参与感和荣誉感，以及彼此之间的团结和谐。协会审查是指创评协会根据互评结果，严格对照创评标准逐条逐户进行审查。这是一种较为权威和专业的评价，有利于避免群众互评阶段可能出现的"人情票"，以及因为对创评标准可能存在的理解误差导致的创评结果偏差，保证了评定的严肃性和权威性。小组审定是指村（居）委会创评工作领导小组在收到创评协会审查结果一周内进行审定，这是又一次的创评把关，也是坚持党对创评工作全面领导的体现。张榜公示主要采取分院（组）公示和村（居）委会集中公示相结合的方式进行，有时也采取广播公示等形式进行，确保评定结果达到家喻户晓，这既是对群众知情权的尊重和保障，也是对"十星级文明农户"的宣传。张榜公示往往在村（居）委会创评工作领导小组审定结果后一周内进行。复议核定给了村民申诉的权利，村民如果对首次公示评定结果有异议，可以提出复核申请，创评协会在接到村民复核申请后在十天内进行复查、复议，并将复议结果报村（居）委会创评领导小组进行复审核定，最终审定结果经公示一周后生效。

"十星级文明农户"的评定程序充分体现了全方位、全链条、全覆盖的全过程人民民主，充分尊重了民意，厚植了创评活动的群众基础，保证了创评过程和结果的真实、直接和管用。2021年以来，顺应"互联网+"新媒体传播规律，适应疫情防控常态化形势，竹山县充分利用"新时代文明实践信息系统"，调整面对面、院子会的传统评星方式为背靠背的"网上评十星"。这种调整一方面适应了很多村民在外务工无法在评选时间赶回家乡的现实，一方面也避免了面对面可能带来的"不好意思"，保证了评选的覆盖面和公平性。充分运用新媒介新技术，适应新社会结构的变化，这也是"十星"创建保持长久生命力的重要原因之一。

"十星级文明农户"创建活动还非常注重台账和档案，星级评定结果公示结束后，由村（居）委会为居民户填写发放"十星级文明农户"创建简明手册（"十星"证），明确"十星"等级，整理归档"十星级文明户"创评表以及创建活动的文字和图片等资料。这是创评工作规范性、严谨性、科学性的体现，也为后期的亮星、讲星、传星和评星准备了原始资料,为十星文化创建准备了丰富资料。

在走完所有的创评流程后,要进行星牌的授予。对于居民户来说这是最激动人心的时刻,也是最具有教育意义的时刻。"十星级文明农户"和"十星级文明农户"示范户匾牌或荣誉证书,由全县统一制作,统一了星牌的制式,是创评活动规范性、严谨性和权威性的一种延续和深化。"十星级文明农户"的授星授牌工作由村(居)委会采取开会集中授星、入户增星减星等方式进行。增星的居民户当然是心情舒畅、满面红光,减星的居民户自然会感到脸上无光,但就是通过这种"红红脸""出出汗"的形式,增强了居民争星、护星、创星的热情。"十星级文明农户"的授星授牌活动往往还邀请县驻点领导、驻点帮建单位领导和乡镇主要领导参加,既体现对这一活动的重视,又体现了"十星"创建活动是全民性活动,是竹山政治社会生活的大事。

"十星级文明农户"示范户授牌工作由县驻点领导和乡镇主要领导登门授予,乡(镇)、村组织花鼓船歌、燃放鞭炮等授星庆祝活动,这种仪式活动进一步增强了示范户的自豪感和光荣感。对于星牌的悬挂位置,竹山县也有着统一的要求,要求统一悬挂在出大门右手,上齐门楣(留出对联)的位置。竹山县还规定要坚持"荣誉属于个人,星牌属于集体"的原则,加强对"十星"牌匾的日常管理,乡镇人大和所属村(居)委会负责监督检查。参与"十星级文明户"创建是全县村(居)民应尽责任和义务。凡发现拒挂、损毁、扔弃、偷星等行为,一律视同损坏集体财物进行处理,情节轻微的予以批评教育并责令改正,情节恶劣的依照相关法律程序处理。这种强制性的措施,是党的基层组织和行政部门治理能力在"十星"创建活动中的体现,为"十星"创建活动的严肃性和持久力,提供了保障。

二、实现既争荣誉受教育、又强素质得实惠的双重目标的奖励机制

"十星级文明农户"创建活动之所以具有持久生命力和活力,很重要的原因就是具有内外两种驱动力,内在驱动力在于创建主体对社会主义精神文明的向往和追求,外在驱动力在于党和政府建立了与不同时期创建主体实际需求相适应的激励机制。在顶层设计上,"十星级文明农户"创建工作成效是"十星级"文明

第二章 "十星"创建活动的实践创新

乡镇、文明村、文明社区命名表彰的重要依据,被纳入了乡镇经济目标考核、干部绩效考核和其他命名表彰工作的考评体系。在竹山,"十星"创建活动是党委统一领导的,具有政治考核和绩效考核的重大价值的,能够决定各级官员升迁的重大活动。

在具体实践中,居民户可以在"十星"创建活动中实现争荣誉受教育、强素质得实惠的双重目标。如果说争荣誉受教育是精神生活层面的,那强素质得实惠就是个人发展层面和物质生活层面的。遵循让创建主体政治上得地位、社会上得尊重、经济上得实惠、精神得满足的原则,"十星"创建活动在2012年时建立了"3+X"激励机制和"十星级文明农户"示范户奖励机制。所谓"3+X"激励机制是既有3项"必须项",即道德星、法纪星、卫生星必须具备,又有X(其他星)"选择项"。也就是说,居民户在评上道德星、法纪星、卫生星的基础上,获得其他星(X)即可获得与其他星相关的惠民奖励。

获得"3+信用星",将获取信用等级证及相应授信额度,享受一定的贷款利率优惠。这对于急需贷款优惠,发展经济的居民户具有较大的吸引力。获得"3+计生星",优先列入家庭经济发展的重点扶持对象,扶贫贷款、扶贫项目和社会救济等方面给予优先照顾,在技术、培训、信息等方面予以支持。这是对人口发展战略和生育支持政策的落实,是促进人口高质量发展的具体举措。获得"3+义务星",在条件相同情况下,居民户优先享有公益性岗位招聘机会,免票观看县内组织的各类大型活动。获得"3+科教星",优先享受科技培训、实用技术推广、先进技术指导、致富信息咨询等方面的智力支持,相关工作机构上门提供免费科技指导与服务。这对于培养新型农民,提高农民科技素质,走农业现代化道路具有重要意义。获得"3+文体星",优先享受文化惠民项目,可免费到"农家书屋"借阅图书或其他文体阵地参加健身培训等相关活动。获得"3+生态星",优先享受"三改一建"(沼气池)庭院经济、退耕还林、生态产业等政策扶持。这是对"绿水青山就是金山银山"理念的具体实践,是将"绿水青山"转换为"金山银山"的创新举措。获得"3+7"这一"大满贯"的,在分别享受上述"3+X"激励政策的基础上,还将有机会获得县级"十星级文明农户"示范户的表彰,可在行政服务中心开辟的"十星户绿色通道"享受最便捷、最优惠的公共服务,可在县内旅游景点享受门票七折优惠。

第二节 "十星级文明农户"创建的评定程序和奖励机制

需要指出的是,"3+X"的激励机制是随着创建内容和创建标准而适时调整的。2015年,竹山县结合新的"十星"创建内容和新的政策走向,对新形势下"3+X"激励机制进行了深入梳理和创新。其中,人行系统提出的十星级农村信用体系建设和农商行推出的"十星速贷通"信贷产品,成为十星惠民程度最广泛的新机制、新亮点。2016年,竹山县组织相关部门展开研讨,认真探究政策和运用途径,让"3+X"激励机制最大限度惠及获得爱党爱国星、遵规守法星和环境卫生星三颗基础星的农户,推动"十星速贷通"在农村信用体系建设中的发展步伐,扩大群众受惠面。"3+X"激励机制真正做到了以民为本、用星惠民,已经与竹山人民对美好生活的向往紧密相连。"坚持政策与星级对应、项目与星级对接、奖惩按星级兑现,使创建工作制度化不失人性化,规范化不失灵活化。按照分类表彰和分层奖励的办法,在公益性岗位、扶贫工厂就业、信贷扶持、就医就学、景区旅游等方面,设立'3+X'激励机制和示范户奖励机制,让十星户社会上得尊重、经济上得实惠。"①

"十星级文明农户"示范户奖励机制在初创时期,一般采取现金奖励和政策奖励的方式进行。竹山县每年公开表彰示范户500户,每户一次性奖励现金500元。在信用贷款方面,居民户凭示范户荣誉证可向县内金融机构申请办理信用等级证,由被申请机构综合相关因素确定授信额度,在同等条件下享受一定的贷款利率优惠。在医疗保障方面,参加农村合作医疗的示范户家庭成员因病在县、乡定点医疗机构住院治疗的,其住院起付线可纳入住院费用的报销范畴,免收挂号费、急诊费,减免5%的住院医疗服务费,当年可免费享受一次常规健康体检。在子女教育方面,示范户的子女考入二本大学的,一次性奖励1000元;考入一本大学的,一次性奖励2000元;考入"985工程""211工程"类重点大学的,一次性奖励3000元。示范户子女中考后选择在县内就读的加5分。在就业技能培训方面,示范户家庭成员可以优先参加县内定点培训机构举办的各类技能培训,酌情减免部分培训费用。其中,参加县内农机驾校驾驶培训的,除享受相关政策性减免外,还可减免培训费500元。在文化旅游方面,示范户家庭成员在县

---

① 《深化十星创建 提供精神动力——来自竹山县脱贫一线的调研报告》,《农民新报》,2021年3月26日。

内旅游景点旅游,享受门票五折优惠。在政务服务方面,示范户在行政服务中心办理各类行政许可时,可享受示范户窗口提供的高效、便捷服务。

根据不同时期地方发展重点目标和任务的变化,以及创建内容和创建标准的调整,对示范户的奖励也随之发生了变化,做到了外在驱动力的最大化。2016年,竹山县增加对示范户进行奖励的途径,坚持将困难道德模范、困难竹山好人纳入各级慰问范畴,探索建立困难道德模范基金会,动员社会力量参与对困难道德模范的帮扶和礼遇,营造好人好报社会氛围。全力用好以奖代补政策,其中2016年度示范村和示范户集中向精准脱贫典型户倾斜。

竹山县还规定各乡镇可根据地方实际制定相应奖励办法,确保"十星级文明农户"在干部任用、参军入伍、公岗招聘、社会保障、小额贷款、产业扶贫、文化生活等方面优先得到实惠。这些因地制宜的措施,往往围绕着区域中心工作而制定的,兼顾争荣誉受教育、强素质得实惠的奖励机制,最大限度地从内在和外在激发了创建主体的动力和活力,"奖补资金发挥了'四两拨千斤'的撬动效应,催生全县11万农户自发成为各类致富带头人,涌现出的2228家农民专业合作社、家庭农场等市场主体成为乡村振兴建设的主力军。全县上下涌现一大批生动的追星故事,先后多次承办全国及全省精神文明建设现场会、十星文化理论研讨会,推出一大批在县内外影响深远的十星文化节会活动品牌"①。

第三节 "十星级文明农户"创建的组织领导和共建机制

"十星级文明农户"创建活动从一开始就坚持党的领导,坚决贯彻党中央关于社会主义精神文明建设的重要指示,因地制宜、因时制宜、因事制宜,强化了组织领导,建立健全了帮扶机制。

一、建立上下贯通的组织领导制度

(1)建立上下贯通的组织领导制度,体现在建立了"十星"创建活动的上下贯通的领导机制。建立"县级主导、部门主帮、乡镇主管、村组主抓、群众主

---

① 《湖北竹山:十万农户创十星 乡风文明促振兴》,《长江云》,2022年1月10日。

第三节 "十星级文明农户"创建的组织领导和共建机制

体"的"五位一体"创建格局,对"十星"创建工作实行规范化、常态化管理。

县级领导把"十星"创建活动作为一项全局性的重要工作来抓,建立联系点与联系星相结合、分管工作与分管星、帮扶与帮星相结合的领导机制。竹山"十星"创建活动三十年如一日,持之以恒,是与历届县委、县政府将其作为一把手工程常抓不懈分不开的。何世学同志担任县委书记期间(1993年11月—1998年9月)是"十星"创建活动的品牌形成阶段。竹山县委、县政府坚持问题导向,直面罗家坡村"精神乞丐村"现象,不回避矛盾,不逃避责任,主动作为,敢于担当,通过调查研究和试点推广,创建了"十星级文明农户"这一引导群众用文明的方式发家致富奔小康,实现农村物质文明、精神文明"两手抓、两手都要硬"的农村精神文明建设的有效载体和抓手,并且在创建活动的时代性、规范性、主体性和全面性上不断巩固提升、延伸辐射。刘雪荣同志担任县委书记期间(1998年9月—2000年6月)是"十星"创建活动的巩固提升阶段。在竹山县委、县政府的领导下,"十星"创建活动努力在深度上拓展,在内容上丰富,在机制上完善,开创了群众性精神文明建设的新局面,为竹山县"消除贫困、迈向小康"提供了强大精神动力。贺兴国同志担任县委书记时期(2000年6月—2003年11月)是"十星"创建活动的探索发展阶段。这一时期,竹山县委、县政府在总结创办综合示范村和城乡强强共建小康村经验的基础上,启动"实施六大工程、深化十星创建"活动,创新了不断满足农民群众日益增长的求富、求善、求安、求乐、求美需求的新载体。董永祥同志担任县委书记阶段(2003年11月—2008年6月)是"十星"创建活动的"一主两翼"阶段,即将"十星"创建与"六大工程"深度融合,作为"两翼",共同推动"绿色小康村"这一"一主"的阶段。"一主两翼"精准对接了社会主义新农村建设的要求,在民生保障、和谐文化、公共服务、生态福祉等方面提高了人民群众的获得感。这一创建模式被称为欠发达山区实现农村现代化的"竹山模式"。沈学强同志担任县委书记时期(2008年7月—2011年1月),是"十星"创建活动的跨越发展阶段。在这一阶段,经过不断探索发展,"十星"创建成为"辉煌荆楚60名片"之一和中国农村精神文明创建的"竹山模式"。围绕"一城两带"大力开展"十改十建创十星"活动,切实将移民安置区建设成为全县新农村建设的样板区、城乡一体化建设的示范区,将305省道沿线的乡镇村建设成为竹房城镇带的核心示范区；拓展创建领域，实现"十星"创建活动的全覆盖；坚持以致富星为统领，一星带九星，实现虚实结合；坚持以"十星"文明创建统揽农村工作全局，实现经济社会科学法治协调发展。佘立柱同志担任县委书记时期（2011年2月—2016年2月），是十星文化创建阶段。这一阶段，竹山县委、县政府进一步明确了"十星高地、秦巴强县"的发展定位，建立了"十星"创建"3+X"激励机制、示范户奖励机制、部门帮星等机制，完善了"十星"创建的机制体系。竹山县通过创新以评促创、以德促创、以文促创等形式，不断激发了全县人民加快建设文明和谐幸福竹山的内生动力，促进了乡村五个文明建设的统筹发展。龚举海担任竹山县委书记时期（2016年3月—2021年6月），是"十星"创建活动品牌提升阶段。在这个阶段，竹山县委、县政府从"三个相结合"上推进"十星"创建品牌提升，一是与精准扶贫相结合，发挥"十星"创建对精准扶贫的激励和引领作用；二是与群众生活相结合，提升文明素质和致富能力，共建和谐家庭、美好家园，让群众有获得感和荣誉感；三是与当前形势相结合，紧扣时代主题，常创常新，推动经济转型发展。陈建平担任县委书记以来（2021年6月），着力推动"十星促五兴"，将"十星"创建活动与乡村振兴战略对接，丰富了"十星"创建的内容，拓展了"十星"创建的场域。

在县委、县政府的统一领导下，各乡镇、村（居）委会成立了"十星"创评工作领导小组，明确专人负责，保证活动深入开展。各村（居）委会还在"十星"创评工作领导小组基础上，吸纳辖区内部分老党员、退休老干部、中心户长组成"十星"创评协会，在村（居）委会"十星"创评工作领导小组指导下开展工作。

（2）建立上下贯通的组织领导制度，体现在完善了基本创评流程。经过探索，"十星"创建形成了"氛围营造——会议发动——试点示范——严创真评——挂牌授星——年底复评"的基本流程。

在氛围营造阶段，各镇村一般会自行印发"十星级文明农户"创建宣传资料或发动群众利用"信息系统"在线学习十星创建的内容标准，引导群众知晓创建内容，对照创建标准查不足、找差距、抓提升。各乡镇一般会充分利用新时代文明实践所（站）、宣传栏、墙头、围挡等媒介平台，运用广播、会议群消息等多种形式加大"十星"创建的宣传力度，让创建内容标准家喻户晓。

第三节 "十星级文明农户"创建的组织领导和共建机制

在会议发动阶段，竹山县新时代文明实践中心一般会组织线上"网上评十星"业务培训，让各村干部熟知"网上评十星"的工作流程和方式方法。各地文明实践所（站）会积极组织户主在"信息系统"注册"实践者"，指导群众规范填写注册信息。"网上评十星"是竹山"十星"创建活动的新形式和新载体，"网上评星，实现了创建档案信息化，评选过程和结果均在'信息系'反映，各镇村不需要再整理纸质档案……新时代下的'十星'评选，通过网络焕发新的生机，不断刷新着基层社会治理的精神高度和文明程度，把十星品牌擦得更亮，推动农村精神文明建设再上新台阶。"①

在严创真评阶段，各乡镇、村一般会主动联系驻点县领导、驻村工作队进村入户，全程参与创评工作。"创"和"评"两个环节都按照"五步骤"开展，"创"环节按照"宣传发动、入户调查、帮拟计划、对标争创、查漏补缺"五个基本步骤进行，"评"环节按照"居户自评、群众互评、协会评审、网络公示、表彰授星"五个基本步骤进行。对于在外务工者，会通过电话、微信群、QQ群等形式组织、指导他们参与"网上评十星"。对于智能时代的"弱势群体"——无法操作智能手机的居民，各村创评协会会在如实反映群众意见的基础上帮助群众完成评选。严创真评，不走过场，不打折扣，不搞变通，真正让"十星"创建成为检验社会主义精神文明建设、基层社会治理和经济发展的有效形式。

在挂牌授星阶段，按照评审结果，往往会召开授星授牌大会，组织工作专班逐家逐户为农户悬挂十星牌。仪式感满满的授牌仪式，能够强化"十星级文明农户"的理想信念，提高"十星级文明农户"的荣誉感。一些乡村在举行授牌仪式时候，往往会设计一些带有象征意义的小环节，进一步彰显"十星"创建活动倡导文明新风，弘扬社会正气的价值。②

在年底复评阶段，各乡镇首先要统筹组织乡镇综治办、派出所、人社服务中心、司法所等职能部门，针对"十星级文明农户"否决条件，为各村开出应否决对象。也就是说有违法违纪行为者、失信行为者，将会被一票否决，取消评星资格，这就将"十星"创建纳入了法治化的轨道。对不合格的要摘"星"，对优秀

---

① 《竹山：网上评"十星"助推乡村精神文明建设》，《十堰广电》，2021年9月18日。
② 《竹山县双台村为"十星级文明农户"示范户授牌》，《湖北日报》，2022年11月22日。

的，尤其是"十星"精神脱贫示范户和"十星级文明农户"示范户要选树典型。

此外，建立起上下贯通的组织领导体制，还体现在建立了督办考评机制。通过考评，建立了激励约束制度。将"十星"创建工作纳入各单位年度目标和干部绩效考核，提高了在全县经济目标考核体系中的分值比重，与领导干部年度绩效考核相挂钩，与评先表模挂钩，与各单位移民工作队绩效考核挂钩，与文明乡镇、文明村、文明社区、文明单位命名表彰挂钩，对"十星"系列创建获得表彰的，实行加分。对创建活动组织不力、参与不多、指导不够、帮扶力度不大的乡镇和县直单位，在县级文明创建系列命名表彰中实行"一票否决"。同时，将"十星"文明创建工作成效作为是否推荐上一级表彰的审查否决条件之一。

通过建立健全组织领导制度，形成了一整套行之有效的体制机制，充分释放了制度红利，促进了"十星"创建的科学化水平。

二、建立多元主体的共建机制

"十星"创建活动是全民参与的活动，需要动员各方面力量群策群力，从而需要建立多元主体的共建机制。居民户固然是"十星"创建的主要主体，但随着"十星"系列活动的展开，各行业各领域的从业人员均被纳入了其中，当"十星"创建服务区域重大发展战略和中心任务时，更需要多元主体的共建。2010年先后开始的"十星"创建服务竹房城镇带建设，就充分体现"十星"创建活动多元主体共建的优势。

竹山县委文明办下发的《创新十星级创建机制，服务竹房城镇带建设》中曾就建立部门帮建机制作了详细部署。文件要求，一方面，竹山县积极争取省市直部门对竹山的支持力度，另一方面以"双联双助""共驻共建"等形式，积极组织县直部门与创建村对口帮扶活动，形成以城带乡、城乡共建的格局。十堰市文明办曾在2011年专门下发了文件《关于在竹房城镇带深化文明创建及开展省级文明单位结对共建文明新村活动的通知》，规定十堰市太和医院、十堰市财政局、十堰市林业局、湖北汽车工业学院、中国人民银行十堰市中心支行、国家税务总局十堰市税务局、湖北省电力公司十堰供电公司、十堰市农业局分别与竹山县擂鼓镇烟墩梓村、宝丰镇韩溪河村、麻家渡镇罗家坡村、溢水镇华家湾村、潘口乡潘口河村、文峰乡长坪村结对帮扶。结对帮扶的主要任务包括共建新环境、共建新文化、共建新风尚、共建新文明、共促新发展。十堰市文明办的安排、竹山县委文明办的主动对接，就形成了上下联动的帮建机制。

《创新十星级创建机制，服务竹房城镇带建设》详细明确了各包"星"单位的职责。县委宣传部、县委文明办作为全县"十星"文明创建活动的主管单位，要加强各部门之间的协调配合，充分发挥好统筹策划、多方协调、督办指导的工作职责。各乡镇党委政府要科学规划，制定方案，充分整合各种创建资源，集中人力、物力和财力搞好创建工作，广泛发动、精心组织人民群众用自己的双手建设美好家园，以饱满的热情积极投入"十改十建创十星"① 活动。县直各"双联双助，结对帮扶"工作队和移民工作队，要将联系点的"十星"文明创建活动作为当前最重要的帮扶工作来抓，对联系点联系户的十星创建活动紧密联系、跟踪服务、及时指导。包星责任单位要拿出所联系"星"的具体创建规划，经常性地深入创建示范村了解动态，摸清情况，发现典型，加强指导，确保所联系"星"的创建活动扎实推进，成效明显。要通过上下联动，形成"县级主导、乡村主抓、群众主体、社会参与"的整体合力。根据2011年"十星"创建内容，还详细规定了各"星"的牵头单位和责任单位（见表2-3-1）。

表2-3-1 "十星"创建服务竹房城镇带建设各"星"牵头单位和责任单位

"星"标	牵头单位	责任单位
法纪星	县政法委	县综治办、县司法局、县公安局、县法院、县检察院、县610办公室、县信访局等
致富星	县政府办	县财政局、县发展和改革局、县人力资源和社会保障局、县农办、县扶贫办、县交通局、县建设局、县国土局、县民政局、县旅游局、县经济和信息化产业局等

---

① 所谓"十改"，就是改房、改水、改电、改路、改厨、改厕、改圈、改（晒）场、改（花）坛、改（垃圾、沼气）池；所谓"十建"，就是建村党支部（村委会）办公场所、建农村党员群众创业就业培训中心、建综治维稳室、建便民服务室、建村级综合服务社、建农民专业合作社、建计生服务室、建村级卫生室、建图书阅览室、建文体广场；所谓"创十星"，就是争创"十星级"文明乡镇、文明村（居）、文明社区、文明（农）户，不断加快移民新村和新农村建设示范村基础设施建设，不断改善农民的生产生活条件。

第二章 "十星"创建活动的实践创新

续表

"星"标	牵头单位	责任单位
生态星	县农办	县农业局、林业局、水务局、畜牧局、环保局、爱卫办等
信用星	县农村信用社	县邮政银行等
科技星 文教星 健康星 道德星 团结星	县委宣传部	县科技局、县科协、县农业局、县畜牧局、县林业局、县农机局、县文体局、县教育局、县广电局、县电信局、县卫生局、县新合办、团县委、县妇联、县总工会等。
计生星		县计生局

注：为了突出党的领导，当时还提到了"党建星"，由县纪委、县组织部、县委宣传部等单位牵头。

得益于富有精神激励能力、组织动员能力、资源统筹能力的"十星"创建活动，竹房城镇带的创建取得了显著的成绩。《农民日报》曾以《湖北十堰竹房城镇带：贫困山区城乡发展一体化样本》为题做了报道。报告总结竹房城镇带建设的成就之一就是"家家户户争创'十星'"。"竹房城镇带是全国'十星'文明创建的发祥地，'十星级文明户'达到14.5万户，占总户数的70%以上，农民素质和道德水准得到提升，精神面貌发生深刻变化，建成了一条现代文明的示范走廊。""如果说竹山片区的乡村建设和绿色产业改善了人居环境、提高了群众生活质量，那么'十星'文化则悄然改变着群众的文化生活，提升了群众的精神境界。作为全国'十星级文明户'创建发祥地、全国'创建文明村镇示范点'，竹山在全县建起300多处十星文化广场、农家书屋、老年人互助社等标志性文化工程，160多个各类道德讲堂，通过身边人讲身边事、身边事教身边人，展示、传播十星文化，十星文化成为群众普遍价值追求，全社会形成了遵纪守法、奋进思变、淳朴向善的文明和谐新风。"①

建立部门帮建机制已经成为竹山"十星"创建的重要制度形式，实现了政府

---

① 《湖北十堰竹房城镇带：贫困山区城乡发展一体化样本》，《农民日报》，2017年3月11日。

行政能力的总动员，也体现了社会主义制度集中力量办大事的显著优势。在以后的"十星"创建中，尤其是与区域重大发展战略和中心任务结合时，基本上采用了部门帮扶机制，只是各自的帮建对象、帮建内容、帮扶措施，做到了因时而宜、因事而宜。2022年，《竹山县实施"十星促五兴"推进乡村振兴工作方案》，也根据任务分解，详细规定了各牵头单位、指导单位的任务。这是帮建机制的延续和发展。

此外，在"十星"创建活动服务区域发展战略和中心任务时候，还建立了多元资金投入资金、民建民管机制和典型带动机制等。一是建立了多元资金投入机制。经过探索，竹山县积累了通过整合政策项目，盘活村级资产、做好土地文章，开展招商引资，加大信贷扶持力度，实施"以奖代补"等措施加大投入的经验，充分调动了各级创建主体的热情和积极性。二是建立了民建民管机制。在"十星"创建过程中，竹山县还创新了基层社会治理机制。这体现在：推行"一事一议"的民主决策机制，对涉及村民利益的大事让村民当家作主，通过"一事一议"的办法，经村民大会讨论决定；落实"责、权、利"相配套的民主建设机制，把能否正确处理"责、权、利"的相互关系摆在各项工程建设的重要位置，体现"谁投资，谁受益"；成立"十星"评选协会、红白理事会、文体活动协会、卫生治理协会、公益建设协会等群众互助组织，坚持"村民自治"，进一步提高农民群众自我管理、相互监督、共同进步的能力。三是建立了典型带动机制。主要体现在：坚持试点先行，试点村带动创建村；坚持示范引导，示范户带动其他户；坚持在全县各级党组织和党员中深入开展"十比十看创十星"活动，推动十星级党组织和十星级党员争创活动深入开展；坚持定期组织观摩学习、竞赛评比，在全县上下形成比学赶帮超的良好创建氛围。

制度问题更带有根本性、全局性、稳定性和长期性。作为农村社会主义精神文明建设、农村基层社会治理的重要成果，竹山"十星"创建活动通过建立上下贯通的组织领导制度和多元主体的共建机制，将党的领导、人民主体地位和多元力量进行了统筹整合，保证了"十星"创建活动在规范化、法治化、科学化的轨道上行稳致远。

第三章 聆听明星故事，感受星光灿烂

三十年，"十星"创建活动评选出了众多"十星级文明农户""十星级文明农户"示范户、"十星级党员""十星级文明乡镇""十星级文明村""十星级文明社区""十星级文明单位""十星级文明学校""十星级文明窗口"，等等，可谓"星"光灿烂。其中，"十星级文明农户"是最原始和最基本，最贴合"十星"创建初心和使命的创建内容。三十年来，"十星级文明农户"的创建内容和创建标准，根据不同时期社会主义精神文明建设的主要内容，以及竹山地方发展战略和中心任务，进行了18次调整，在评定程序和奖励机制、组织领导和共建机制等方面，形成了流程规范的成熟模式。

为感受"星"光灿烂，总结和凝练竹山"十星"创建的宝贵经验，湖北汽车工业学院"十星"调研团队在学校、竹山县委、县委宣传部、县委文明办的指导和帮助下，对"十星级文明农户"创建活动重大事件亲历者，以及"十星级文明农户"示范户代表进行了调研，聆听"星星"故事，感受新时代竹山人民干事创业的精神风貌。

第一节 重大事件亲历者、"十星级文明农户"示范户代表的确定原则和采访提纲

竹山"十星"创建活动是竹山县委、县政府贯彻落实党中央关于农村精神文明建设重大决策部署，结合竹山不同时期的发展战略和中心工作，而进行的创造性协调物质文明和精神文明发展的重要举措，被誉为"来自基层的伟大创造"。在这其中，竹山县委发挥了决策作用，县委宣传部发挥了政策制定和组织领导作

第一节 重大事件亲历者、"十星级文明农户"示范户代表的确定原则和采访提纲

用，乡镇和村社发挥了政策执行和组织落实作用，"十星级文明农户"承载"十星"创建初心和使命的创建载体。因为，我们以"十星"创建活动重大事件的亲历者和"十星级文明农户"示范户代表为调研对象，设计了调研问卷。

一、"十星"创建活动重大事件经历者和"十星级文明农户"示范户代表的确定原则

（1）按照身份差异性和活动参与度选取的三个层次的重大事件经历者。为厘清"十星"创建活动的来龙去脉、关键决策、重大关节和重要事件，首先确定了重大事件亲历者6人，分别是竹山县委宣传部副部长、县委文明办主任董武，"十星"创建活动发起人之一、县委文明办原主任杨桂凤，宝丰镇退休干部、全国文化志愿服务先进个人王义富，擂鼓镇党委原宣传员李家林，"十星"创建活动发起人之一、麻家渡镇罗家坡村原村主任张永刚，上庸镇九华村党支部书记胡成国。

董武和杨桂凤同志是调研团队采访的县级层面的领导，县委、县政府是"十星"创建活动的领导力量。董武同志是竹山县委宣传部副部长、县委文明办原主任。他的工作性质和工作职责使他能从宏观层面，尤其是结合不同时期社会主义精神建设的重点任务、竹山县发展战略和中心任务，详细讲解"十星"创建活动的历程、成就和经验。杨桂凤同志是"十星"创建活动发起人之一、县委文明办原主任，对于"十星"创建活动的初创、发展和创新，有着决策者、执行者和参与者三重身份的认知。作为县委文明办主任，杨桂凤同志具有丰富的工作经历，让她对"十星"创建活动有着理论思考和实践经验。

王义富和李家林同志是调研团队采访的乡镇层面的领导，乡镇党委、政府是"十星"创建活动的主要执行者，处于枢纽位置。王义富同志退休前是宝丰镇文化站站长，40余年以来，热衷于弘扬传统文化，发挥自己写歌唱歌的特长，以"说、唱、演、讲"等形式投身"十星"创建，讴歌新时代，歌唱新生活，传播新风尚，被称为是"深山百灵鸟"。因为出色的工作成绩，他被评为全国文化志愿服务典型个人、荆楚楷模、竹山县首届道德模范、"中国好人榜"候选人。李家林同志是擂鼓镇党委原宣传委员，是基层宣传战线的"老兵"，对"十星"创建的宣传鼓动、先进典型的宣传推介、先进经验的总结宣传，有着丰富的经验。

张永刚和胡成国同志是调研团队采访的村级层面的领导干部和"十星"创建活动的重要参与者。张永刚同志曾担任两届麻家渡镇罗家坡村村委会主任，是"十星"创建活动的创始人。在《腰缠万贯的"精神乞丐村"》引起轰动，罗家坡村人民背负着沉重精神包袱的时候，他临危受命，深刻剖析问题之所在，在上级党委和职能部门的领导和指导之下，首创了"十星"创建活动，并不时总结经验，调适"创建"内容，创新创建模式，将"十星"创建活动从罗家坡村推向竹山，推向全国。他见证了"十星"创建活动从为卸掉"精神乞丐村"包袱而探索出的一村模式，成长为"来自基层的伟大创造"的全国经验，是"十星"创建的"活字典"。胡成国同志是上庸镇九华村党支部书记，是群众致富的"领头雁"。他深刻把握"十星"创建的物质属性和精神属性，双管齐下，带领群众既"富口袋"又"富脑袋"，促进了两个文明的协调发展。

总而言之，调研团队确定的六位重大事件的亲历者，具有身份的差异性，对于"十星"创建活动具有深度参与性，既能满足调研团队在宏观上对"十星"创创建活动理论建构的了解，又能满足调研团队对"十星"创建活动的实践感知。

（2）按照全覆盖和高标准确定的"十星级文明农户"示范户代表。"十星级文明农户"示范户代表采访名单的确定坚持了全覆盖和高标准。所谓全覆盖，一是覆盖竹山县17个乡镇。竹山县全县版图面积3586平方公里，辖17个乡镇239个村，11万户47万人。17个乡镇分别是城关镇、溢水镇、麻家渡镇、宝丰镇、擂鼓镇、秦古镇、得胜镇、上庸镇、官渡镇、潘口乡、竹坪乡、大庙乡、双台乡、楼台乡、文峰乡、深河乡、柳林乡。

麻家渡镇是"劳工大律师"施洋的家乡，是"十星"创建活动的发源地，是中国绿松石之乡，是全国创建文明村镇活动先进村镇，境内罗家坡村是全国创建文明村镇工作先进村、湖北省生态村、全国文明村、中国淘宝村。城关镇是竹山县委、县政府所在地，是"革命党内老同志、湖北省中大伟人"郭肇明的家乡，境内有可与龙山文化和屈家岭文化相媲美的新石器时代文化遗址、三国古战场遗迹、唐朝皇太子古墓，历史文化底蕴浓厚。溢水镇的小东川村先后荣获全国第七批民主法治示范村、省级法治文化示范点、全省首批宜居村庄等荣誉称号。宝丰镇是女娲炼石补天神话发源地，是中国民间文化艺术之乡、第二批全国乡村治理示范乡镇、第五届全国文明乡镇，境内龙井村是第六届全国文明村（2020年）。擂鼓镇是爱国民主人士朱树声的家乡，是湖北省"四好农村路"示范乡镇、湖北省省级生态乡镇，境内烟墩梓村是第三届全国文明村（2012年）。秦古镇因战国时期，秦国悬鼓于该地山巅，故称秦鼓，后谐音称秦古，秦古镇曾获得全国创建文明村镇活动先进单位、湖北省脱贫攻坚先进集体等称号。得胜镇是中共早期党员、地下工作者、长安画派早期创始人之一袁白涛的家乡，也是"稻香诗社"的诞生地。上庸①是竹山的古称，是古上庸国都城和郡治所在地，为历史文化名镇，也是国家卫生乡镇、湖北省省级生态乡镇、湖北省脱贫攻坚先进集体，十星文化广场位于该镇。官渡镇的历史起源于秦将白起筑官渡堡，至今已经有两千年的历史，是湖北省民间文化艺术之乡，官渡民歌2010年被列入市级非物质文化遗产，2011年被列入省级非物质文化遗产。

潘口乡是第五届全国人大代表、全国劳动模范陈正宽②的家乡，因境内潘口河而得名，在"十星"创建活动中，结合库区移民实际开展创建活动，实现了"和谐移民"，是湖北省省级生态乡镇。竹坪乡位于竹山县西部，与陕西省旬阳县交界，素有"朝秦暮楚、西楚门户"之称，入选第九批全国"一村一品"示范村镇名单（绿茶）。大庙乡是湖北省卫生城市（县城、乡镇），在此试点推广的地膜水稻技术有力推动了农业产业发展和农业科技进步，是竹山农业史上一座不朽的丰碑。③ 双台乡是辛亥革命元勋、"辛亥三武"之一的张振武的家乡，是湖北省省级生态乡镇、湖北省卫生城市（县城、乡镇）。楼台乡境内耸立着有"小武当"之称的沧浪山主峰，主打道廉文化。④ 文峰乡是竹山的东大门，是湖北省

---

① 据《尚书·牧誓》记载，公元前1046年，周武王会同巴师八国，共同伐纣，战于牧野。庸国位居八国之首。公元前611年，庸国趁楚国灾荒，起兵东进，不料反被楚庄王联合西部的巴国、秦国所灭，庸人逃至湘西北境内定居。因此，竹溪、竹山一带也称为"上庸"，张家界市（原大庸市）一带称为"下庸"。

② 1957年，陈正宽被评为全国林业劳动模范，受到毛泽东主席接见。1971年9月，被评为全国劳动模范。1971年9月14日，《人民日报》发表《十转山上不老松》长篇通讯，报道陈正宽其植树造林的先进事迹。

③ 《地膜覆盖 减灾增收不朽丰碑》，《今日竹山》，2019年10月23日。

④ 明嘉靖三十一年（1552年），官府在武当山大兴土木之时，同时在沧浪山修筑庙宇，经数年经营，建成老庙、五佛洞、皇经堂、灵官殿、金顶等一批宗教建筑群，其规模仅逊于武当山。

四好农村路示范乡镇、湖北省卫生城市（县城、乡镇）。深河乡素有"木耳之乡"的美誉，以境内深河而命名，有中国最古老的戏剧形式之一——深河皮影戏，是湖北省省级生态乡镇、湖北省卫生城市（县城、乡镇）。柳林乡，是全国道德模范刘学举、湖北省劳动模范武国忠的家乡，是湖北省卫生城市（县城、乡镇）。

各个乡镇在推进"十星"创建活动中都各有特色，各有成就。例如，麻家渡镇着力打造"宝石之乡、十星源地、施洋故里"，以"十星"创建擦亮绿松石产业"金字招牌"。① 城关镇将"十星"创建评选与实施乡村振兴战略、文明村镇创建紧密结合，推动农村精神文明建设。② 宝丰镇将"十星"创评与"最美"系列创评相结合，打造了农村精神文明建设、提高农民素质的有效载体。③ 各乡镇因地制宜，因事制宜，推动了竹山"十星"创建活动的处处开花。因此，调研团队确定调研对象覆盖所有乡镇，体现创建范围的广泛性，也便于收集更多元的创建案例。

二是覆盖"十星"，调研团队确定的调研对象都是"十星级文明农户"，也就是他们的家庭门口挂的都是十颗"星"的牌子，但先进事迹各有所侧重，有侧重于爱国星的，有侧重于友善星的，有侧重于和谐星的……所以，调研团队按照"十星"中每颗"星"的创建标准，以每颗"星"两位代表为数量，有侧重点地确定了"十星级文明农户"示范户代表。

所谓高标准是指这"十星级文明农户"示范户代表必须具有突出业绩和感人事迹，获得过县级及其以上荣誉或获得了群众广泛的好评。比如，"大孝至爱、大爱无疆"的刘学举是十堰市第一位也是目前为止唯一一位全国道德模范（2017年，荣获全国孝老爱亲模范），也是湖北省十大孝老楷模、湖北省道德模范奖、十堰市道德模范、竹山县第二届道德模范；"见义勇为，维护群众生命财产安全"的周平是十堰市首届见义勇为道德模范、竹山县首届道德模范；"将苦难生活酿

---

① 《竹山麻家渡镇着力建设绿松石特色小镇 以文铸魂擦亮"金字招牌"》，《十堰日报》，2020年11月26日。
② 《城关镇"三结合"推进农村精神文明建设》，《今日竹山》，2021年8月19日。
③ 《宝丰镇开展"十星文明户"和"最美"系列颁奖活动》，《今日竹山》，2022年9月5日。

成美德之酒，历久醇香"的陈玉香是十堰市第八届道德模范提名奖获得者，是竹山县第五届道德模范；"用乡土诗词讴歌新时代、歌颂新文明"的陈欣荣是湖北省诗词学会先进工作者①、竹山县第五届道德模范；"'最美家庭'传承优良家风"的余守华和张道英夫妇曾被评为竹山县首届道德模范、竹山最美家庭等荣誉称号；"老吾老以及人之老"的方友国是竹山县第二届道德模范；"重信守诺的平凡人"的程贤兰是竹山县第三届道德模范；"义薄云天，弱女子撑起苦难的家"的王运英被评为竹山县第五届道德模范……这些"十星级文明农户"都践行了"十星"创建互动所追求的社会主义新风尚，是万千"星"河中一颗颗耀眼的"星"。

基于高标准和全覆盖，调研团队确定了"十星级文明农户"示范户代表的调研对象名单（见表3-1-1）。

表3-1-1　　　　　　　"十星级文明农户"典型代表名单

序号	家庭地址	采访对象（事迹主要体现为哪颗"星"、姓名）
1	文峰乡东钦村	"爱国星"柯玉荣
2	竹坪乡兴茶村	"爱国星"周承志
3	楼台乡肖家沟村	"勤俭星"张成文
4	得胜镇茶场村	"勤俭星"姜奎
5	麻家渡镇罗家坡村	"诚信星"罗晶晶
6	潘口乡潘口河村	"诚信星"程贤兰
7	麻家渡镇牌楼村	"友善星"方友国
8	大庙乡里泗沟村	"友善星"王燕
9	柳林乡洪坪村	"和谐星"刘学举
10	秦古镇方家河村	"和谐星"陈玉香
11	溢水镇东川村	"法纪星"陈必国

① 此荣誉称号由2020年11月召开的湖北省中华诗词学会第七次会员代表大会、湖北省中华诗词学会第七届常务理事会第一次会议授予。此次会议授予陈欣荣等创业的"稻香诗社"为湖北省诗词工作先进单位，该诗社还曾获第三届中国襄阳孟浩然田园诗词论坛颁发的先进农民诗社称号。

续表

序号	家庭地址	采访对象（事迹主要体现为哪颗"星"、姓名）
12	溢水镇船舱村	"法纪星" 赵发兵
13	上庸镇北坝街居委会	"奉献星" 周平
14	官渡镇关渡街居委会	"奉献星" 余发文
15	深河乡两道村	"文教星" 刘必伦
16	擂鼓镇枣园村	"文教星" 马金枝
17	双台乡罗家村	"健康星" 王运英
18	深河乡双湾村	"健康星" 肖莫荣
19	城关镇刘家山村	"生态星" 杨东群
20	宝丰镇花栗树村	"生态星" 陈声林

二、"十星"创建活动重大事件经历者和"十星级文明农户"示范户代表的采访大纲

（1）"十星"创建活动县级、乡镇级、村级重大事件经历者的采访大纲。对于县级层面的董武副部长和杨桂凤主任的采访，侧重于进一步了解"十星"创建活动的历史脉络、重大事件和典型经验，以及他们在其岗位所做出的努力和取得的成绩。调研团队也希望听到他们作为政策制定参与者和执行者对于提升"十星"创建活动质量的建议。

董武副部长采访提纲

1. 董武副部长，请问您是哪一年到文明办工作的？初到文明办，您是如何认识"十星"创建活动的？又参与了哪些活动？

2. 您是哪一年接任文明办主任的？采取了哪些措施强化"十星"创建活动？

3. 竹山"十星"创建活动涌现出了许多先进典型，对于这些典型，县委宣传部、文明办是如何将他们推出竹山、推向全国的？

4. 作为亲历者，您认为竹山"十星"创建活动在竹山社会主义精神文明建设、脱贫攻坚、疫情防控、乡村振兴战略、县域社会治理中发挥了怎么样的作用，又积累了哪些经验？

5. 对于进一步提升"十星"创建活动质量，您有什么建议？

杨桂凤主任采访提纲

1. 杨主任，您是什么时候上任县委文明办主任的，上任之初"十星"创建活动的情景是怎么样的？

2. 您在任上主要采取哪些措施促进"十星"创建活动开展的？

3. 您在任上又是从哪些方面对"十星"创建活动的经验进行凝练和宣传的？

4. 您参与"十星"创建活动的这段经历对您个人产生了哪些影响？

5. 对于进一步提升"十星"创建活动质量，您有哪些建议？

乡镇在"十星"创建活动中是中间环节，负责政策落实、工作督导和成果验收等工作。调研团队对乡镇层面重大事件亲历者的采访侧重于从他们的本职工作出发，意在了解不同岗位者是如何贯彻落实"十星"创建政策的。比如，王义富同志退休前是镇文化站站长，他是从文化传承的角度去参与"十星"创建活动的。李家林同志是资深的乡镇宣传委员，他的工作更多地侧重于典型挖掘、推介和经验总结。

王义富采访提纲

1. 王义富同志，我们都知道您是基层放歌新生活、讴歌新时代的文化宣讲者，您最初从事文化公益活动的初心是什么？

2. 您被称为"老歌王"，是采取哪些文艺形式开展文化惠民活动的？又是如何选择主题的？

3. 我们看到您选择的主题还是很丰富的，大到党的创新理论、大政方针，小到百姓日常生活，那您是如何加强自身学习，让自己选择的主题始终贴近生活、贴近实际、贴近基层的？

4. 在您开展文化宣讲、文化惠民活动中遇到过哪些困难？是如何克服的？

5. 我们都知道文化振兴是乡村振兴的重要内容，您认为基层文化振兴应该从哪些方面着手？

李家林采访提纲

1. 李家林同志，作为资深的宣传委员，您是如何向村民进行"十星"创建活动宣传的？

2. 您是如何总结凝练"十星"创建活动的先进事迹和典型案例的？

3. 你们是如何把咱们的先进经验宣传出去的？

4. 习近平总书记提出宣传思想工作要做到举旗帜、聚民心、育新人、兴文化、展形象。您觉得咱们竹山"十星"创建活动是如何做到这五点的？

5. 作为宣传工作人员，您对现在的"十星"创建活动有什么建议？

村级领导干部处于"十星"创建活动的第一线，是直接操盘手，对于农民的物质文明和精神文明如何建设，有着更深的认知。调研团队对他们的采访侧重于了解他们对"十星"创建活动的理解和实践。

张永刚采访提纲

1. 张永刚同志，我们都知道罗家坡村是率先开始"十星"创建活动的村，是什么机缘让咱们村创造了这个"第一"？

2. 最初创建的时候，"十星"是哪"十星"，各自的评选标准又是怎么样的？

3. "十星"创建活动对于咱们村产生了什么影响，请举例说明。

4. 您一直致力于乡规民约的制定和实践，请介绍一下这方面的工作。

5. 作为先行者，您对现在的"十星"创建活动有什么建议？

第一节　重大事件亲历者、"十星级文明农户"示范户代表的确定原则和采访提纲

胡成国采访提纲

1. 胡成国同志，首先请您介绍一下九华村的基本情况。
2. 老百姓都说"要想富先修路"，请您介绍一下带领群众修路的故事吧？
3. 我们知道九华村是美丽乡村建设示范点。这个示范点咱们是凭借什么优势争取到的？又采取了哪些措施巩固示范点？
4. 我们都说产业发展都是脱贫致富的根本，咱们九华村现在有哪些产业，是怎么发展起来的？
5. 我们刚才聊到了产业振兴、生态振兴，现在我们想请您谈谈组织振兴，即咱们村两委班子建设的基本情况。谈谈人才振兴，即咱们村是怎么让出去读书的大学生或者"能人"回村创业的？谈谈文化振兴，咱们是如何处理婆媳关系、邻里关系，如何提倡新的婚丧嫁娶风气的？

（2）以习近平新时代中国特色社会主义思想为指导，依据"十星"创建标准，确定的"十星级文明农户"示范户代表的采访提纲。"十星级文明农户"是"十星"创建的主体，也是最能体现"十星"创建活动初心和使命的群体。调研团队以习近平新时代中国特色社会主义思想为指导，结合"十星"创建标准，对每颗"星"作了采访提纲。

爱国星采访提纲。爱国是人世间最深层、最持久的情感，是一个人立德之源、立功之本。爱党爱国爱社会主义在当代中国是高度统一的，是全体中国人民的价值准则和行为规则。党的十八大以来，习近平总书记关于爱国主义发表了一系列重要讲话，形成了以坚持党的领导和社会主义制度，实现中华民族伟大复兴，推动构建人类命运共同体等为主要内容的习近平爱国观。2019年，中共中央、国务院印发了《新时代爱国主义教育实施纲要》，对新时代爱国主义教育进行了部署和安排。爱国是社会主义核心价值观的重要内容，是个人层面的价值遵循。爱国星代表是文峰乡东钦村的柯玉荣、竹坪乡兴茶村的周承志。①

---

① 因在宣传党的二十大精神上的贡献，周承志被评为十堰市优秀百姓宣讲员。参见：《竹山一农民获评"十堰市优秀百姓宣讲员"》，《湖北日报客户端讯》，2023年3月10日。

爱国星采访提纲

1. 您是哪一年被评为"十星级文明农户"的？
2. 请给我们讲述一下您的先进事迹吧。
3. 您所在的村委会开展了哪些形式的爱国主义教育？您觉得效果如何？有哪些需要改进的？
4. 您觉得应该如何对青少年开展爱国主义教育？
5. 马上就要召开党的二十大了，您对党的二十大有哪些期望？

勤俭星采访提纲。勤俭节约是中华民族的传统美德，古人就讲"非淡泊无以明志，非宁静无以致远"，"一丝一缕恒念物力维艰，一粥一饭当思来之不易"。在中国共产党的话语体系中，"勤俭节约"往往与"艰苦奋斗"并列使用，是世代相传的优良传统。党的十八大以来，以习近平同志为核心的党中央提出"中央八项规定"，反对形式主义、官僚主义、享乐主义和奢靡之风，赋予了艰苦奋斗、勤俭节约新的时代内涵。勤俭星的代表是楼台乡肖家沟村的张成文、得胜镇茶场村的姜奎。

勤俭星采访提纲

1. 您是哪一年被评为"十星级文明农户"的？
2. 请给我们讲述一下您的先进事迹吧？
3. 在脱贫攻坚战中，咱们村采取了哪些扶贫举措，取得了什么样的成果？
4. 作为新时代的农民，您是如何带动周围的群众一起致富奔小康的？
5. 现在党和政府提出要将脱贫攻坚成果和乡村振兴战略进行有效衔接。您认为咱们村应该如何推进实施乡村振兴战略。

诚信星采访提纲。人无信不立、国无信不存，诚实是人的自由而全面发展的核心要素之一，也是衡量政党先进性和国家长治久安的重要标准。党的十八大以来，习近平总书记着重从制度方面推动诚实建设，先后指导出台了《关于加强政务诚信建设的指导意见》《关于推进诚信建设制度化的指导意见》《关于推进社会信用体系建设高质量发展促进形成新发展格局的意见》等，进一步完善了诚信建设的制度体系。诚信是社会主义核心价值观的内容之一，是个人层面的重要遵循。诚信星的代表是麻家渡镇罗家坡村的罗晶晶①、潘口乡潘口河村的程贤兰。

诚信星采访提纲

1. 您是哪一年被评为"十星级文明农户"的？
2. 请给我们讲述一下您的先进事迹吧？
3. 您是如何通过自己的率先垂范带动周围的群众一起营造诚信文化的？
4. 我想您肯定知道"老赖"这个名词吧？新时代，党和国家采取严厉措施，打击"老赖"问题，但"老赖"在某些领域依旧存在，对此，您有什么好的建议？
5. 您认为应该如何从娃娃抓起，开展好诚信教育？

友善星采访提纲。友善是中华民族的传统美德，包括了要善待亲友、他人、社会和自然的意思。友善是社会主义的基本道德，社会主义的本质是解放生产力、发展生产力、消灭剥削、消除两极分化，最终实现共同富裕，换言之，就是消灭不平等、不和谐、不自由、不友善。所以，社会主义天然地、内在地要求友善。《公民道德建设实施纲要》将"友善"作为公民道德基本规范，社会主义核心价值观将"友善"作为个人层面的重要内容。友善星的代表是麻家渡镇牌楼村的方友国②、大庙乡里泗沟村的王燕。

---

① 《竹山小伙罗晶晶网上直播卖绿松石 去年销售超300万元》，《十堰晚报》，2020年8月13日；《程贤兰：诚信经营 诚心做人》，《十堰日报》，2017年3月14日。

② 《方友国：大爱无言 情深不悔》，《十堰好人榜》，2014年10月20日。

友善星采访提纲

1. 您是哪一年被评为"十星级文明农户"的？
2. 请给我们讲述一下您的先进事迹吧？
3. 中国有句老话"远亲不如近邻"，但日子久了，再亲的邻居也会产生矛盾？您是如何处理这类矛盾的？或者是如何帮助邻里处理这些矛盾的？
4. 您所在村有没有少数民族同胞？你们是如何尊重少数民族风俗习惯的？大家是如何像习近平总书记说的那样"像石榴籽那样紧紧地抱在一起"的？
5. 乡村振兴战略有一项要求就是文化振兴，移风易俗、倡导新风。咱们村在婚丧嫁娶方面有哪些新风气？是如何培养新乡贤的？

和谐星采访提纲。和谐要求多样性，"君子和而不同、小人同而不和"，要求均衡性，"同归而殊途，一致而百虑"。和谐是社会主义的本质属性，中国共产党治国理政的思想理念战略，比如创新、协调、绿色、开放、共享发展理念、"四个全面"战略部署、"五位一体"总体布局、推动构建人类命运共同体等，都体现了和谐理念。"和谐"用于人际关系是宽以待人，用于行政管理是政通人和，用于自然关系是人与自然和谐共生，用于国际关系是世界大同。和谐也是社会主义核心价值观的内容之一，是个人层面的基本遵循。和谐星的代表是柳林乡洪坪村的刘学举、秦古镇方家河村的陈玉香。①

和谐星采访提纲

1. 您是哪一年被评为"十星级文明农户"的？
2. 请给我们讲述一下您的先进事迹吧？
3. 咱们都知道婆媳关系是千古难题，您或者咱们村有哪些处理婆媳关系的成果经验？

---

① 《陈玉香：苦难家庭的擎天柱》，《十堰晚报》，2022年7月7日。

4. 您家的家风教训是什么？是怎么指导您处理好夫妻关系，教育好子女的？

5. 中国人说"老吾老，以及人之老；幼吾幼，以及人之幼。"对于村里的孤寡老人、留守儿童等特殊群体，您个人或咱们村有什么帮扶措施？

法纪星采访提纲。法治是党领导人民治理国家的基本方略。2014年10月，党的十八届四中全会专门研究全面依法治国，出台《中共中央关于全面推进依法治国若干重大问题的决定》；2017年10月，党的十九大提出到2035年基本建成法治国家、法治政府、法治社会，确立了新时代法治中国建设的路线图、时间表；2019年11月，党的十九届四中全会从推进国家治理体系和治理能力现代化的角度，对坚持和完善中国特色社会主义法治体系，提高党依法治国、依法执政能力作出部署……这一系列的战略部署，推动全面依法治国高质量发展。在全面依法治国的十六字方针中，全民守法发挥着基础性作用。法纪星的代表是溢水镇东川村的陈必国①、溢水镇船舱村的赵发兵。

法纪星采访提纲

1. 您是哪一年被评为"十星级文明农户"的？

2. 请给我们讲述一下您的先进事迹吧？

3. 我们看到在扫黑除恶专项斗争中，出现了"村霸"。对于"村霸"，您是怎么看的，有什么好的办法根除吗？

4. 当咱们村发生一些纠纷时，村委员采取了哪些措施处理？农村基层治理，你觉得做到了德治、自治和法治相融合吗？

5. 您平常上网吗？对于网络治理有什么认识？

---

① 陈必国是溢水镇东川村党员，东川村村民委员会构建起以党建引领，"自治、法治、德治"三治融合为核心内容的基层治理模式，为乡村振兴凝聚起发展合力。参见：《全国示范！竹山县东川村的"三治"经》，《十堰长安网》，2022年8月30日。

奉献星采访提纲。在《现代汉语大辞典》中,"奉献"一词原有两种含义,一是指进献,二是指进贡,其最初含义就是把自己的物品交付或呈献给别人的行为。现在,这一含义已经拓展到对他人、社会的付出,这种"付出"既有物质层面的也有精神层面的。奉献是中华民族的传统美德之一,是中国共产党性质宗旨和执政目标的体现,也是社会主义社会提倡的公民基本道德、职业道德。奉献星代表是上庸镇北坝街居委会的周平、官渡镇官渡街居委会的余发文。

奉献星采访提纲

1. 您是哪一年被评为"十星级文明农户"的?
2. 请给我们讲述一下您的先进事迹吧?
3. 为了促进新时代文明建设,各地都建立了新时代文明实践讲堂(道德讲堂)。咱们竹山的实践讲堂都开展了哪些活动,您参与了吗?有什么样的成效?
4. 在2019年冬天开始的新冠疫情防控中,您参与了哪些活动?
5. 不知道您感觉到没有,现在过年没有小时候的味道了,很多人在感叹年味越来越淡了。新时代,如何让年味浓起来,您有什么想法?

文教星采访提纲。耕读传家、重视文教是中华民族的优良传统,也是社会发展的持久动力。在中国共产党治国理政战略中,教育属于社会建设,办好人民满意的教育,是党对人民群众教育权益的保障。文化建设是"五位一体"总体布局的重要内容。习近平总书记指出要推动中华优秀传统文化创造性转化和创新性发展,要传承红色基因,继承和弘扬革命文化,要坚持中国特色社会主义文化发展道路,激发全民族文化创新创造活力,建设社会主义文化强国。这些论述为"文教星"创建标准的设置提供了理论指导。文教星的代表是深河乡两道村的刘必伦、擂鼓镇枣园村的马金枝。[①]

---

① 《马金枝:用爱撑起幸福家 用心共筑大家园》,《十堰好人榜》,2019年1月7日。

文教星采访提纲

1. 您是哪一年被评为"十星级文明农户"的？

2. 请给我们讲述一下您的先进事迹吧？

3. 新时代，党和国家提出要建设创新型国家，各地都开展了各种形式的科普活动。您参加了哪些？对于促进生产力发展，增加收入有什么帮助？

4. 请问您的孩子读几年级了？您平常是如何教育提高思想道德素质和科学文化素质的？

5. 您平常喜欢刷手机吗？都是用什么软件收看收听新闻的？喜欢什么类型的新闻？

健康星采访提纲。1948年，世界卫生组织（WHO）将健康定义为：健康不仅仅没有疾病或虚弱的现象，而是保持身体、心理和社会适应方面的完美状态。1989年，世界卫生组织又将健康的定义调整为：健康应包括躯体健康、心理健康、社会适应良好和道德健康。中国共产党历来重视卫生健康事业。党的十九大报告指出，"人民健康是民族昌盛和国家富强的重要标志"，对健康中国战略作了详细的部署。2016年10月出台的《"健康中国2030"规划纲要》对到2030年要实现的目标作了规划。健康星的代表是双台乡罗家村的王运英[1]、深河乡双湾村的肖莫荣。

健康星采访提纲

1. 您是哪一年被评为"十星级文明农户"的？

2. 请给我们讲述一下您的先进事迹吧？

3. 您接种了第三针新冠疫苗了吗？您是如何带动身边群众一起坚持疫情防控"动态清零"方针的？如何一起积极健康生活的？

4. 2018年开始，党和政府在农村开展了乡村环境三年整治行动。您所

---

[1]《竹山罗家村好人王运英》，《长江云》，2021年1月18日。

在的村开展了哪些活动？取得了哪些成效？

5. 党的十九大提出"实施健康中国战略"，作为普通群众，您认为我们应该怎么做，为"健康中国"作出贡献？

生态星采访提纲。中国人自古重视天人合一的理念，强调宇宙、自然和人生的和谐统一。重视生态文明建设贯穿于中国共产党的百年奋斗史，尤其是党的十八大以来，以习近平同志为核心的党中央，在几代中国共产党人不懈探索的基础上，系统回答了为什么建设生态文明、建设什么样的生态文明、怎样建设生态文明等重大理论和实践问题，形成习近平生态文明思想。中国生态文明理念追求物质财富和精神财富在遵循人、自然、社会和谐发展基础上的创造和积累。生态星代表是城关镇刘家山村的杨东群、宝丰镇花栗树村的陈声林。

生态星采访提纲

1. 您是哪一年被评为"十星级文明农户"的？
2. 请给我们讲述一下您的先进事迹吧？
3. 现在全国都在开展垃圾分类活动，咱们村有这方面的宣传和具体举措吗？
4. 可能村里还存在露天焚烧秸秆、公路晒粮、往湖里抛撒垃圾、滥采乱挖野生植物等不良现象，对此，您是如何发挥模范作用，做这部分群众的工作的？
5. 作为普通群众，您觉得我们应该如何做来实现"双碳"目标。

（以上提纲为指导性提纲，在具体采访过程中，可以此为指导，根据受访者的实际情况，进行灵活调整）

第二节 "十星级文明农户"的魅力星光

在确定了采访对象，拟定了采访提纲之后，调研团队用半个月的时间分头采

第二节 "十星级文明农户"的魅力星光

访了受访者，走访了竹山县十星文化广场、十星文化展览馆、参观了部分"十星级文明农户"的扶贫产业、致富产业和新农村风貌，深深地感受到了"十星"创建活动给竹山老百姓带来的物质文明和精神文明的变化，给竹山"建功绿色低碳示范区、建设乡村振兴示范县"带来的变化。调研团队对采访实录进行了总结，概括出了"十星级文明农户"具有共性价值的特征。

一、"十星级文明农户"继承和弘扬了新时代爱国主义

爱国主义是我们民族精神的核心，是中华民族团结奋斗、自强不息的精神纽带。竹山是一块有着光荣革命历史和传统的热土，竹山人民是有着高度爱国主义精神的人民。辛亥革命时期，张振武、郭肇明等先进分子投身于推翻清王朝统治的三民主义革命中，为革命建立了功勋。五四运动爆发，施洋以饱满的革命热情积极投身于学生爱国运动，成为竹山地区最早的马克思主义者和中共党员，1923年2月15日牺牲在京汉铁路大罢工中，毛泽东称赞他："施洋同志的牺牲，证明了中国共产党是工人阶级自己的政党，是最保护工人阶级利益的。"[①] 在党的领导下，1927年2月，竹山地区第一个党支部成立，党员包括贺华、施季高、喻卓然等30余人。中共竹山县党支部成立后，领导建立了农民协会，开展了轰轰烈烈的农民运动。1931年4月，红三军转战到房县九道梁地区，在这里创立了鄂西北第一个苏维埃政府——平渡河苏维埃乡政府。苏维埃政府设在房县境内，辖区包括竹山柳林区的洪坪、白河口，官渡区的百里、羚羊、碾子坪和铁牛等地。这是竹山地区最早的苏维埃区域。之后，竹山建立了曹家湾、后沟、挡鱼、太河、青龙、雷家湾、昝家峪、火炮沟、天坪9个苏维埃乡政府，开展了打土豪、抓劣绅、分田地、平浮财的土地革命运动。抗日战争时期，竹山老百姓自带干粮、自备工具义务修建与维护了汉白公路、保平大道、郧巫水路，保障了抗战军需物资运输的畅通。1937—1945年，全县适龄壮丁踊跃参军参战的人数达到了13622名，大大超过了年度应征数额。抗战胜利后，竹山出征返乡的壮丁不足10%，尚有万余人员下落不明，实则多已战死沙场，至今不知尸骨长眠何处。解放战争时期，竹山是中原突围部队建立的鄂西北革命根据地的重要组成部分，涌现出了

---

① 竹山县地方志编纂委员会：《竹山县志》，方志出版社2002年版，第810页。

"人民的好县长"许明清等革命烈士。1949年1月,人民解放军发动竹房战役,1月20号,竹山县城解放。1月21号,中共竹山县委、县人民民主政府成立。竹山和全国一道,迎来了新生。

在这样一块革命历史没有间断,爱国主义精神代代相传的热土上创立的"十星"创建活动,创建内容无论做多少次修改,爱国星(五爱星)从来没有缺席,充分彰显了竹山人民的家国情怀。在采访参观中,调研团队真真切切地感受到了"十星级文明农户"对爱国主义的继承和弘扬。所有的"十星级文明农户"都对中国共产党领导、中国特色社会主义制度、实现中华民族伟大复兴有着坚定的信仰、信念和信心。"党要干啥就干啥""听党话、跟党走""党决定的,我们就坚决执行"……这样的话不绝于耳。

"以皮影戏传播爱国之情"的周承志的一段话代表了所有竹山人民的心声:"爱国、爱党,这是每一个公民最基本的义务,特别是在党的领导下,我们深山里面发生了翻天覆地的变化,我从心里感恩,感恩党的为民造福。"因此,他"决定终身从事发扬皮影戏文化,用皮影戏去传达党的精神,让更多的人了解在党的领导下国家的政治、经济、文化、社会、生活的各个方面发展得越来越好"。

爱国主义从来不是口号,而是实实在在的行动。对于如何践行爱国主义,朴素的竹山老百姓也有自己的思考。"国家需要我们做什么,我们就做什么"的柯玉荣就找到了普通老百姓爱国的着力点。"我觉得作为老百姓,首先要做到遵纪守法,要牢固树立以'遵纪守法为荣,违法乱纪为耻'的道德观念。在参加集体活动、社会活动的时候做到遵守国家的法律法规,遵守村规民约。作为学生,从小就要认真读书,努力学习,锻炼自己的能力,磨炼自己的品性,长大以后做一个对社会,对国家有用的人。同时也要坚决热爱社会主义制度,维护中国共产党的领导,维护祖国统一,反对分裂。在平时的生活中,要自觉通过网络学习习近平新时代中国特色社会主义思想,提升自己的理论水平和政治素养,为国家做力所能及的事情。"

利用群众喜闻乐见的丰富多彩的形式开展爱党爱国爱社会主义的宣传教育,是竹山各级党组织和政府开展"十星"创建活动的重要内容。当被问到村委会如何组织开展爱国主义教育时,柯玉荣说道:"我们一般会在重大纪念日或传统节日举行升旗仪式,还在村内定期开展一些爱国主义教育,比如开展优秀党员事迹宣讲,组织村里老干部、老党员、老战士到群众当中去宣讲革命历史和光荣传统。组织大家参观红色革命根据地、观看革命教育电影,唱红歌比赛等。"在柯玉荣看来,这些形式的活动效果是好的,很多小孩子从中学到了不少东西。支持民间艺术发展,以民间艺术的形式讴歌新时代、新生活,也是各级政府推动爱国主义教育的重要形式。周承志的皮影戏就得到了乡政府的大力支持。"近年来,竹坪乡投入资金5万余元,支持本土皮影戏传承发展,有了政府支持,我们结合党史学习教育以及新时代的成就,创造了许多有特色的现代皮影故事,比如《精准扶贫》《十颗星》《清风颂》等。我自编自导的皮影戏《十九届六中全会精神放光辉》,用传统的艺术表演形式将党的十九届六中全会精神传播到基层群众的心中,满足了群众对党的理论知识和发展战略的了解渴望。结合皮影戏《薛仁贵征东》的曲调自编自导的演绎精准脱贫的皮影戏曲,得到了观众的一致认可和称赞,展示了我县脱贫攻坚战的新气象、新变化、新成果。以我擅长的皮影戏去唱新生活、新事物,歌颂党和祖国,歌颂人民,一直是这几年我传承皮影戏的中心想法。"

以科学的理论武装人,以正确的舆论引导人,以高尚的精神塑造人,以优秀的作品鼓舞人是党和政府的文化方针之一。在"十星"创建中,竹山创作了《十唱感谢共产党》,今昔对比,家长里短,道不尽共产党的好。

竹山"老歌王"王义富身体力行地践行了这一方针。自党的十八大以来,王义富借用"打油诗""顺口溜""三句半""彩连船""连厢舞"等表演形式,自编、自导、自演1000多首"接地气"的花鼓船歌,深入全县254个村免费宣讲500余场,将党的理论政策宣讲到基层。

青少年是祖国的未来,民族的希望。1957年11月,毛泽东主席在莫斯科接见中国留学生时,寄语青年一代:"世界是你们的,也是我们的,但是归根结底是你们的,你们年轻人朝气蓬勃,正是兴旺时期,好像早晨八九点钟的太阳,希望寄托在你们身上。"1980年,邓小平同志给《中国少年报》杂志题词,提出了"有理想、有道德、有文化、有纪律"的"四有"青年标准。2019年4月,习近平总书记在纪念五四运动100周年大会上对青年提出了要树立远大理想、要热爱伟大祖国、要担当时代责任、要勇于砥砺奋斗、要练就过硬本领、要锤炼品德修为等要求。2022年10月,习近平总书记在党的二十大报告中又寄语青年,要争做有理想敢担当能吃苦肯奋斗的新时代好青年。对青年加强爱党爱国爱社会主义教育,也是"十星级文明农户"关心的事情。

柯玉荣认为,对青年的爱党爱国爱社会主义的教育应该是学校教育、家庭教育和社会教育的多管齐下。"一个是我觉得学校要多一些爱国主义的教育内容和教育活动。我们现在很多家长都认为,小孩子学习好当然重要,但小孩子心地善良,心眼正,品德好也很重要。所以,学校不仅要重视小孩子的考试成绩,也要重视小孩子的品德,鼓励小孩子去做一些助人为乐的事情。二是家庭教育也很重要,父母要多给孩子讲一些爱国故事,尤其是发生在咱们这里的爱国故事。我们小时候就应该听老人讲一些革命烈士、革命英雄在我们这里战斗的故事,听一些劳动模范带领村民们修水利、建农田的故事,听一些英雄人物见义勇为,勇斗歹徒的故事,这些故事听得多了,就自然而然地有了一种崇敬之情,也想成为他们那样的人。三是我觉得国家也应该管一管娱乐节目,现在很多娱乐节目还有很多卡通动画片的观念和语言,我们这一代人接受不了,很多也是不适合小孩子的,小孩子都去追一些娱乐明星了,就不会去追我们的英雄。再就是网络,我们都刷抖音、微视频,有些内容也不是很健康,不适合小孩子去看,国家也应该管一管。"

董武同志以青年的视角创造了《中国梦 我的梦》,将中国梦、竹山梦、家庭梦、"我的梦"进行了展望,让老百姓真切地感受到"中国梦是民族的梦,也是每个中国人的梦"。

王义富以竹山民间艺术形式创造的《十劝青少年》,将党和政府对青少年的期许,以通俗易懂的语言和形式,娓娓道来。

二、"十星级文明农户"传承了中华优秀传统文化,培育和践行了社会主义核心价值观

习近平总书记指出:"要认真汲取中华优秀传统文化的思想精华和道德精髓,大力弘扬以爱国主义为核心的民族精神和以改革创新为核心的时代精神,深入挖掘和阐发中华优秀传统文化讲仁爱、重民本、守诚信、崇正义、尚和合、求大同的时代价值,使中华优秀传统文化成为涵养社会主义核心价值观的重要源泉。"[①]

[①] 中央文献研究室:《习近平关于社会主义文化建设论述摘编》,中央文献出版社2017年版,第141页。

同时，习近平总书记还指出，我们正在培育和践行的社会主义核心价值观"传承着中国优秀传统文化的基因"①"充分体现了对中华优秀传统文化的传承和升华"②。在中国共产党的文化话语体系中，中华优秀传统文化与社会主义核心价值观有着"源头活水"和"与时俱进"的内在联系。"十星"创建活动传承了中华优秀传统文化，培育和践行了社会主义核心价值观。所以，在"十星级文明农户"的事迹中，自强不息、孝老爱亲、恤老怜贫、勤俭持家、诚实守信等中华优秀传统文化和社会主义核心价值观的标识熠熠生辉。

天行健，君子以自强不息；地势坤，君子以厚德载物。自强不息，厚德载物是中华民族精神的核心内容之一。"将苦难生活酿成美德之酒，历久醇香"的陈玉香自1987年起，先后遭遇前夫暴亡、房屋倒塌、后夫大病、儿子残疾、儿媳重病等磨难，但她孝顺老人、善待儿媳、抚养孙女，把随时都可能支离破碎的大家庭经营得井井有条。陈玉香的青春一直伴随着家庭的苦难，但她用淳朴的善良、艰辛的劳动、博大的胸怀，让这个老、弱、病、残、幼的大家庭于2017年实现脱贫，也让自强不息的传统美德焕发出时代光彩。更难得可贵的是，面对苦难，陈玉香没有抱怨，表现出的是中国老百姓的乐观和淳朴。"这些事，你们听起来可能很奇怪，觉得我们很可怜，但我从来没这么觉得。人活着就是经历事情的，就是奔着这个念头，我们才咬牙坚持的，并且把日子过好。"

在改革开放的大潮中不等不靠，抓住机遇，自主创业，发家致富，是"十星级文明农户"对自强不息、厚德载物精神的继承和弘扬。"始终保持一名共产党员和老兵的本色"的陈必国作为1984年就入党，19岁参军的老党员和退伍老兵，回答老家后，尤其是在潘口水电工程移民后，一不等二不靠，靠勤劳致富。"我退伍之后，平时在家务农，闲暇时靠杀猪赚钱贴补家用，家庭经济比较拮据。实施移民搬迁后，因村民养猪的数量减少，我的手艺逐渐搁起来了，家庭经济更加困难。我想咱们一不能等二不能靠，就积极谋划发展新路子。在当时全县实施移民搬迁建设的大环境下，我看到这是个商机，就贷款购买了装载机、大货车、承包大小工程。因干活认真，守法经营，逐渐创出了好名声，两个儿子在我的带

---

① 《青年要自觉践行社会主义核心价值观》，人民出版社2014年版，第5页。
② 《青年要自觉践行社会主义核心价值观》，人民出版社2014年版，第8页。

动下也回到家里搞运输，生意也越做越大。"富裕起来后，陈必国还积极反哺家乡，出资购买挖掘机和装载机，免费培训村民驾驶技术，带动他们一起致富，实现共同富裕。同样的事情，也发生在"带动就业，服务桑梓，展示企业家担当"的余发文身上。虽然从小因为小儿麻痹症落下了残疾，但余发文没有消沉，而是身残志坚，办车间、开超市，不仅实现了个人富裕，还带动村里的就业，成为远近闻名的农民企业家。

中国人重视家庭，追求家和万事兴。围绕着家庭家训家风，习近平总书记发表了一系列重要论述。他强调，"家庭是社会的基本细胞，千千万万个家庭的家风好，子女教育得好，社会风气好才有基础"，"要把弘扬孝亲敬老纳入社会主义核心价值观宣传教育，建设具有民族特色、时代特征的孝亲敬老文化"，等等。①"十星"创建活动将婆媳关系、邻里关系、子女教育等农村家庭教育的实际问题纳入"十星"创建内容，加以约束和引导，以淳朴家风引领社会风气的持续好转。

"孝老爱亲、和睦邻里的榜样"的王燕对于融洽婆媳关系，和睦家庭，有着自己的看法。"婆媳关系的话，我婆婆其实也是个很大度的人，我们夫妻俩跟婆婆之间从来就没吵过架，可以说，我们婆媳二人都属于性格特别直爽的人，但是又明事理，有什么事情我喜欢拿在桌面上来说，我不喜欢放在背后说，你在背后议论人我就感觉不道德，我们两个人可以面对面谈，比如说你对这件事有什么看法，或者是我做得不好，我应该怎么做，怎么才能达到你的要求或者才能做得更好，我跟婆婆他们之间是有啥说啥的那种，不是亲生母女但胜似亲生母女。从来也没有说要第三方来解决问题，都是我们之间自己解决。"对于和睦邻里关系，王燕做到了和气生财，积善余庆。"就我自己的话，我就是说大事小事不要去斤斤计较，如果说有些大事小事的，你今天去计较，就容易产生矛盾，一些鸡毛蒜皮的小事，你就不要太在乎，或者别人在背后说你什么的，就可听可不听。好的方面你听一下，觉得不好的就不听，没必要因为这些东西去引起一些太多的矛盾。"

---

① 中共中央党史和文献研究院：《习近平关于注重家庭家教家风建设论述摘编》，中央文献出版社2021年版，第23页。

第二节 "十星级文明农户"的魅力星光

"人人称赞的'马婶'"的马金枝等得到过邻居们的帮助，她一直带着感恩心情处理邻里关系，带动形成了互帮互助的李家大院文化。"邻居们遇到红白喜事，我也上门帮忙招呼；遇到疾病、农忙等难事，我也尽量抽出空来，尽自己的最大努力帮助他们排忧解难。多年来邻里关系亲如弟兄姊妹，共同居住的院子也被称作李家文化大院，受到了大家的称赞。"

习近平总书记在2019年春节团拜会上曾指出："我们要在全社会大力提倡尊重老人、关爱老人、赡养老人，大力发展老龄事业，让所有老年人都能有一个幸福美满的晚年。"[①] 全国孝老爱亲模范刘学举家"一辈孝、辈辈孝"，以实际行动践行了习近平总书记的要求，培育和传承了优良家风。

刘学举40年如一日，先后赡养11位孤寡老人，只要自己有一碗米，也要为孤寡老人送去"半碗"，他用实际行动诠释了大孝至爱、大爱无疆，他温暖孤寡老人，感动了十里八乡的乡亲们。刘学举说他们家族对"孝"的传承，来自他的祖父。"我的爷爷奶奶在世的时候就收养鳏寡孤独老人，这些都不自觉地影响着我。我心中最敬佩的就是我的爷爷刘从青，他是家族的丰碑，可以说是爷爷影响了我的一生。即使在食不果腹的日子里，爷爷仍然收留了一位孤寡老人在家中。除了赡养孤寡老人，邻里但凡有事他没有不出手帮忙的。'代代孝，辈辈传'是爷爷生前跟我讲的，我自始至终都不会忘记。不管走到哪儿，不管去干什么，我最放不下的就是家里的老人。去北京那几天，我每天都要打电话给妻子，询问老人的身体状况。从小爷爷就告诉我们'家有老，千般好'，家中有老人心里才安定，一家人才有根，要老年人享福。"赡养一群非亲非故的孤寡老人，矛盾是在所难免的，而且也不能完全用跟自己父母相处的模式解决这些矛盾。对此，刘学举说："有些老人因为过去的经历或者性格原则，有时候也会发一些牢骚，说一些不好听的话。但这时候我就告诫自己要懂得忍让，要理解他们。生气归生气，但我该给他吃的喝的都不变，我们做晚辈的不要太在意。"正是这种忍让和无私，让刘学举做到了大爱无疆。现在，这种"代代孝、辈辈传"的优良家风又传给了下一代、下下一代。"他们（儿子）现在对我们好，像我的孙子，我每次下山去

[①] 中共中央党史和文献研究院：《习近平关于注重家庭家教家风建设论述摘编》，中央文献出版社2021年版，第26页。

镇上，都是他送我，每年过年其他孩子回来，都把我照顾得很好，我两个外孙，收养的姑娘生的小孩，他们用他们的压岁钱给我买衣服。"从刘学举及其家庭身上，我们看到的是一个家族以孝为先的优良家风。"老吾老以及人之老"的方友国担任着牌楼村福利院院长，他以耐心和真诚的工作，走进了鳏寡孤独老人的内心："我刚来的时候，他们也不接纳我，但我相信只要我真心对待他们，他们总有一天会接纳我的。人心都是肉长的。我当时也很彷徨，但是我又不忍心丢下他们，而且刚来的时候，政府每年给福利院的资金又少，不够花，福利院向周边村民欠了不少粮食款。但是不管多困难我还是选择留下来照顾他们。"他的执着和无微不至，成就了大爱无言、情深不悔的风范。

　　婚丧嫁娶上的大操大办是一股奢靡之风，不仅风行于城市，在农村也是比比皆是。"十星"创建将抵制高价彩礼、推行文明新风作为一项重要内容。对于现在婚丧嫁娶的奢靡之风，提倡"再富也要节俭"的姜奎是有看法的。"我记得我是2001年结的婚，当时也没有自己的摩托车，只向朋友借了一辆，在农村讲究看日子，我不在乎那些讲究，说哪一天都行，只要我有空。赶上我清闲的时候就把婚结了，媳妇接回家后就简单地举行了婚礼，也没看日子，也没有摆阔气的席面，但我觉得挺好的，我跟我老婆的感情到现在还挺好。现在动不动就是要6辆或者8辆甚至更多车一起去接亲，就只是要个牌面，动不动就是天价彩礼，没房没车没存款还不能结婚，这种感情能幸福了？"幸福原本不在于物质，而在于心心相印，这就是清廉家风的充分体现。"十星"创建活动在移风易俗方面的成绩也是有目共睹的，方友国说，"婚丧嫁娶，原来大家都喜欢大操大办，现在都是简办。邻里更加和睦，大家都更加注重自己的道德，说脏话、乱扔垃圾、吵架、打架的行为都明显减少。大家都更加文明了。"

　　诚实守信是中华民族的传统美德，是社会主义核心价值观的重要内容，也是社会主义市场经济的应有之义。"竹山最美家庭"余守华家一直将诚信作为优良家风传承。"我是一名基层干部，对待工作从来不瞒上不欺下，做到了诚实守信。大学生也应该这样，无论做什么事，必须把诚实守信放在第一位。人哪怕智商低一点也不要紧，但是为人方面要做好。党和政府经常在我们耳边讲一些正能量的事情，对我们以后做人做事也有好处。包括我自己收养的那个女儿，我基本每个月都要给她打电话嘱咐两句。"关于如何建设诚信社会，余守华和"重信守诺的平凡人"的程贤兰都提到要从娃娃抓起。程贤兰说:"诚实守信要从娃娃抓起,首先家长给孩子作榜样,如果父母不能做出一个诚实的榜样,实在很难说服孩子要诚实。要培养诚实的孩子,自己就不应该撒谎。在要求孩子诚实的同时,自己应该以身作则,不要不经意地在孩子面前说出做不到的承诺,或骗人的话,要在日常生活和工作中注意做到言行一致,诚实守信。对孩子或他人的承诺要认真履行,犯错后要及时承认错误,并认真改正,这样孩子便可从中学习到好的行为。尊重和孩子之间的约定,在向孩子许诺之前一定要三思,答应孩子的事情一定要做到,不要信口雌黄,不要随便欺骗孩子;其次是不要当着孩子的面对别人说谎,答应别人的事情要尽可能去做,约好的时间一定要准时到,说好的电话一定要打,说好要还的东西一定要还。这些虽然是小事,但优秀的品质就是在小事中慢慢形成的。"

三、"十星级文明农户"是推动地方高质量发展的重要力量

"十星"创建是协调物质文明和精神文明和谐发展的创新模式,"十星级文明农户"不仅继承和弘扬了新时代爱国主义,传承了中华优秀传统文化和践行了社会主义核心价值观,还积极投身于脱贫攻坚、疫情防控、乡村振兴之中,为地方的高质量发展贡献了力量。

脱贫攻坚是党的十八大以来的重大民生工程。竹山是秦巴山区集中连片贫困区,与全国一道发扬上下同心、尽锐出战、精准务实、开拓创新、攻坚克难、不负人民的脱贫攻坚精神,打赢了脱贫攻坚战。在这其中,"十星级文明农户"既是脱贫攻坚的先进典型,又是脱贫后回报桑梓、带同后贫困户一起脱贫致富的优秀代表。

上庸镇九华村党支部书记胡成国带领群众开山修路、发展多种经营,建设美丽乡村,带领九华村脱贫致富,受到了群众的一致拥护,被大家称为"领头雁""主心骨"。他带领群众修路的过程充满了自力更生、艰苦奋斗的精神魅力,是脱贫攻坚持久战、全民战的生动案例。

"我们村里面的路挺多的,九华村是3个村合并的,有8个小组,硬化路有30多公里,是分批修成的,几乎实现了家家户户通路,现在大概只有10户到家的公路还没有通,我们计划明年修通,到时候就实现了对全村家庭的100%覆盖。

在党的十八大之前，修路的钱主要来自群众捐赠，那时候钱很少，我们组织组上的群众多出一点，然后向政府要一点，慢慢修，慢慢修，后面又把从我们这出去的老板，实力好一点的接回来，让他们也帮忙修，我们再向上级要一点。精准扶贫的时候政策好一点，上面有政策，支持力度加大，修路的进程也加大了，就修成了你们现在看到的几乎覆盖全村家家户户的硬化路。"有了路，发展出了各种农业合作社，创新了农村生产组织形式，创成了美丽乡村建设示范点，九华村的经验值得山区农村借鉴。

先富帮后富，实现共同富裕几乎是"十星级文明农户"共同的精神属性。通过从事铝合金、门窗加工等产业富起来的张成文，回村发展香菇产业，响应党和政府的"小伙带动大伙"的号召，"请的工人全部都是我们这里的贫困户，优先照顾他们，解决他们的就业问题"。作为党员的陈必国，"主动认岗定责，与贫困户结对帮扶，先后带动20余名贫困户实现了脱贫致富"。通过养殖和酿酒致富的陈声林，"同时还带动了当地至少4户贫困户脱贫致富"，他"是村里事务的热心人，积极参加公共事业，为村里做一些力所能及的公益事业，尤其是帮扶了几家贫困户，帮助他们根据自身所具有的资源，是想差异化发展，找到了自己的脱贫之路，赢得了大家的尊重"。

物质上富裕起来的群众也积极追求精神生活的丰富。"十星级文明农户"在乡村文化建设中，也发挥了带头作用。

马金枝积极参与村里"十星"文化建设，让姐妹们唱起来，舞起来，活跃乡村文化生活。"等到村里的十星文化广场建好后，我又带头组织村里的姐妹们成立了枣园红巾帼文化志愿服务队，每晚在枣园四组广场组织各类文化活动，让音响设备转起来，让村民跟着动起来，丰富一下村里的文化生活。你别说啊，后来一部分喜好摸牌赌博的村民也在我们的带动下，融入进来了。"

"用乡土诗词讴歌新时代、歌颂新文明"陈欣荣等组织稻花诗社，引导村民培养高雅情趣，服务于乡村文化建设。"我们办诗社就是宣传文明，把诗社发展起来，也是当地政府、文旅部门、宣传部门的期望，是一种正能量事业。我有时去村里学校宣讲，宣传诗社文化，通过诗社把乡亲们的精神文明素养提升起来。给你们讲一个我们村里很好的例子，我们村之前有一个人在外打工，年底都能带一笔不菲的收入回来，但没有其他健康的娱乐活动，他又喜欢打牌，没几天就把辛苦挣的钱给输光了。后来他加入了我们诗社，就一门心思地酝酿诗词，学习一些基础知识。有一次他家属跟我说，只要他好好地去写诗，他们家的所有的家务事情，她一个人做，但就是不能再让他去打牌了，让他一门心思写诗。后来参加的活动多了，慢慢地找到了写诗、读诗的乐趣，他的牌瘾也彻底戒掉了。这应该就是诗词的魅力吧，当然也离不开诗社成员之间的互相鼓励，这种奉献对百姓对自身都是非常有意义的。"稻花诗社的诗词关注乡村生活，节气物候，富有浓厚的烟火气和朴实感，同时宣传新时代新政策新风尚，具有很好的宣传政策、教化人心的作用。

农村文化建设还体现在对科技的追逐上，随着"科技下乡，助力脱贫攻坚"等活动的开展，乡村也进入了智能时代。谈起中国的科技发展，主持"文教事业要做到久久为功"的刘必伦说起来头头是道。"咱们的智能手机、高铁、水利工程、智能支付等，都是在国际上处于领先地位的科技。至于怎么发展咱们的高科技，我说不出太多的门道，但从我做工作的经验看，主要有三点：一是要有人，党和政府要加大教育投入，培养从事科技创新的人才，二是要有钱，要舍得投入，三是不能着急，搞科技创新不是一天两天的事情，要久久为功，这也是习近平总书记说的。"

生态星是"十星"创建的重要内容，"十星级文明农户"对于"绿水青山就是金山银山""厕所革命""垃圾分类""双碳"等生态文明理念和政策，都是烂熟于心，并落实于实践。让城里人来这里住民宿、品茶、吃农家乐、赏田园风光是城关镇刘家山村"十星级文明农户"杨东群的心愿。关于垃圾分类的新风尚，杨东群说："现在经常会在家家户户张贴保护环境、注重垃圾分类的小标语和海报，而且还开展了'垃圾分类从我做起'活动，凡是垃圾分类正确的，日常把垃圾丢到垃圾桶里面的人，都会获得一种代币，积累到一定程度，就可以交换日常用品，比如纸巾、面条、米等生活用品。让咱们老百姓从保护环境中实实在在感受到了实惠。其实，咱们老百姓懂政策，也讲究实际，你只要给老百姓解决了实际问题，让老百姓尝到了实惠，老百姓就拥护你。"这段话虽然朴素，却将"绿水青山就是金山银山"的道理阐释的很明白，而且有农村落实的真实案例。要想让百姓认可政策，并自觉落实，教育是一方面，让百姓得到实实在在的实惠，是另一方面，只有多项发力，才能推动政策的落实见效。对于党和政府提出的"双碳"目标，杨东群表示：

"知道一点点。要多次利用水源,不浪费水,可以用脏水冲厕所、浇花,然后绿色出行,少买私家车,多坐公交和自行车。"语言没有晦涩难懂的概念名词,也没有高深的说教,却道出了农村普通百姓对"双碳"的最真实的理解。

乡村治理要实现自治、德治和法治的融合,普法是一项重要的工作。"十星级文明农户"在乡村社会法治建设中也发挥了应有的作用。溢水镇船舱村的赵发兵是一名能说会道的"土律师","有一定的文化基础,思维比较敏捷,思想意识也比较高。还有就是刚才说了他在讲解政府政策上可以发挥作用,加上他对农村的法律还是有一定的了解,他学过一些法律知识,口才也比较好,对于老百姓的一些纠纷,他也可以伸张正义,在调解民事纠纷方面就会请他去帮忙"。当然,在农村开展普法宣传,用法律调解纠纷,会面临着诸如村民普遍法律意识不强以及人情世故等问题。面对一些棘手的纠纷,赵发兵积累的经验就是耐性,并且巧用农村的人情世故。"一般都是让双方在一起都说说,能和和气气地解决了肯定是最好了。有的时候大家也是一时在气头上不肯低头,这时候就需要有耐性,农村人没有过不去的仇恨,大家祖祖辈辈住在这里,总是有点情面的,有的事多调节几次,有点耐心也就过去了。实在是难以处理的时候只能让村委会出面走程序解决了。"

对于多元主体、多种渠道开展乡村普法,陈必国有着比较成熟的看法。"村委会是全面宣传法律知识的,但是村里面大多数人的文化水平不高,很多百姓都不重视法律知识。因此,就需要党员和干部先带头学,村长先学习,然后村长安排党员干部在村里面搞学习。我们一般是以会议的形式开展学习。因为大家住得比较集中,也容易开会,大家也都愿意开会。每个院落也都有小组,小组开的一般是安全生产的会议,学的也主要是安全法方面的内容。我们还充分运用了法律体验馆,你们学法可以通过法律体验馆,可以从网上的学法平台进行学习。村里面每周还会播放一些有关法律的视频进行学习,号召党员干部和群众去志愿地展开一些政策宣传。我每次都会提前学习政府要求学习的法律知识,然后去给百姓进行宣讲,通过一些实际情况来给他们讲解。村里有时也会有一些矛盾出现,我去调节时会通过村里面比较久的礼数和法律知识共同解决,时间久了,百姓对于法律的认识会比较深刻的。法律作为保护我们权益的武器,需要我们每个人都认真了解,能够在受到威胁的时候拿起法律的武器保护自己。"

巩固脱贫攻坚成果与乡村振兴战略衔接,大力推进乡村振兴战略是新时代党和政府"三农"工作的重点。在农村脱贫攻坚、疫情防控、文化建设等方面作出贡献的"十星级文明户",依旧是乡村振兴的主力军。

贯彻落实竹山县、县政府提出的"十星促五兴",九华村走在前列。就产业振兴而言,九华村发展了电商经济,组织了各种类型的合作社。电商经济"是村里合作社带动贫困对象就业的产业,村里有几个合作社,有茶叶合作社、食用菌合作社、蜂蜜合作社、药材合作社、竹产业合作社、酿酒合作社,你看我们这酒挺多的,我们的酒有跟丹江口的酒厂合作的,也有跟贵州茅台镇合作的,产业还是挺多的,这就是电商产业主要销售类型"。就生态振兴而言,"我们的位置比较独特,村下面是库区,上面是国家级森林公园,村里建了一个康养中心,康养中心森林面积有4万多亩。上庸镇是竹山县的后花园,九华村又是上庸镇的后花园,这样就形成了一个产业链。康养中心今年投入了几千万,现在已经开业了。天然氧吧,空气质量尚佳,身体状况不好的话,在那里玩几天,身体就能够得到休养"。就文化振兴而言,九华村制定了"村规民约","我们的村规民约里面规定的内容很多,包括了生态的、文明的、孝老敬贤的、遵纪守法的、人居环境的"。就人才振兴而言,九华村通过招聘大学生村官和鼓励"能人"回村创业,加强人才建设。"对于本村出去读书的大学生,首先我们要打感情牌,不时地问候一下,关心一下学习和生活。对其父母、家庭,有什么困难,要尽量帮一下,这样他的父母也会给他做工作。'村里对我们很照顾,咱们不能忘本啊',这样就在他心里埋下了一颗回来的念头。再就是,对待现在在读高中的学生,也要关心,给他们的家庭一些政策优化、贷款实惠,这是打基础的工作。""本村大学生已经毕业了,在外边创业成功的,我们就动员他们回乡,帮他们入党、从政、发展产业,从而推进乡村振兴。他们回乡创业发展,就能带动身边的人就业,就业就能增收。"关于组织振兴,"我们的村级组织,组织战斗力还是蛮强的,还是真正地发挥了战斗堡垒作用的,在脱贫攻坚战战线表现不错,在产业带动方面,他们都是合作社的负责人,战斗力跟其他村相比,不是我们夸自己,我们这个村还是强一点,还是中上等的"。这些已经取得的成就,成为乡村振兴的坚实基础。

以上只是调研团队对"十星级文明农户"共性价值特征的初步概括,但已经足以看出"十星级文明农户"创建活动给农村社会主义精神文明建设、乡村基层社会治理、推进乡村振兴战略等带来的深刻变化。

第四章 "十星"创建与社会主义精神文明建设

重视社会主义精神文明建设是中国共产党的优良传统和宝贵经验。以毛泽东为核心的中共第一代领导集体虽然没有提出社会主义精神文明建设的概念，但其对社会主义思想文化建设提出了许多极为宝贵的思想和主张，为改革开放时期的社会主义精神文明建设提供了理论准备和现实基础。以邓小平为核心的中共第二代领导集体，在改革开放的条件下，明确提出了社会主义精神文明建设的概念，并从理论创新、制度创新、实践创新上对社会主义精神文明建设进行了探索。社会主义精神文明建设被纳入社会主义现代化建设之中，成为中国特色社会主义事业的重要组成部分。竹山"十星"创建是对社会主义精神文明建设的实践，创造了社会主义精神文明建设的基层样板。

第一节 中共中央关于社会主义精神文明建设的决策部署

中国共产党探索精神文明建设由来已久，早在中国共产党成立之初，党的早期领导人陈独秀、瞿秋白等人就撰文讨论精神文明问题。新民主主义革命时期，毛泽东等中共领导人主要从加强政治工作、发扬革命精神等角度开展精神文明建设。1949年，《中国人民政治协商会议共同纲领》就把"提倡爱祖国、爱人民、爱劳动、爱科学、爱护公共财物"作为中华人民共和国全体国民的公德。这是新中国首次提出精神文明建设的内容。在初步探索社会主义现代化建设的历程中，毛泽东提出用讨论的方法、批评的方法、说服教育的方法解决人民内部矛盾，用"百花齐放、百家争鸣"的方法解决文艺、学术问题，使受教育者在德育、智育、体育几方面都得到发展的教育,其实已经初步形成了社会主义精神文明建设的思想。改革开放以后,随着对科学社会主义内涵和本质认识的加深,党和政府正式提出了社会主义精神文明建设的概念,开启了社会主义精神文明建设的新进程。

一、改革开放以来社会主义精神文明建设的发展进程

1979年9月,叶剑英在庆祝中华人民共和国成立三十周年的讲话中指出:"我们要在建设高度物质文明的同时,提高全民族的教育科学文化水平和健康水平,树立崇高的革命理想和道德风尚,发展高尚的丰富多彩的文化生活,建设高度的社会主义精神文明。"① 这是党在中央文献中首次提出"社会主义精神文明建设"。1980年,邓小平明确指出:"我们要建设的社会主义国家,不但要有高度的物质文明,而且要有高度的精神文明。所谓精神文明,不但是指教育、科学、文化(这是完全必要的),而且是指共产主义的思想、理想、信念、道德、纪律、革命的立场和原则,人与人的同志式关系,等等。"②

1982年,党的十二大报告指出,社会主义精神文明建设包括思想道德建设和教育科学文化建设两方面内容,是社会主义制度优越性的重要表现。1986年9月,党的十二届六中全会审议通过了《中共中央关于社会主义精神文明建设指导方针的决议》,系统地阐释了社会主义精神文明建设的基本问题。这是党史上第一个有关社会主义精神文明建设的专门性决议,社会主义精神文明建设的理论构架初步形成。

1991年,在庆祝中国共产党成立70周年大会上,江泽民同志提出了"中国特色社会主义文化"的概念。1994年1月,江泽民同志在全国宣传思想工作会议上指出:"我们的宣传思想工作,必须以科学的理论武装人,以正确的舆论引导人,以高尚的精神塑造人,以优秀的作品鼓舞人,不断培养和造就一代又一代有理想、有道德、有文化、有纪律的社会主义新人。"③ 随后,中宣部开始推出全国精神文明建设的"五个一工程"。

---

① 中共中央文献研究室:《三中全会以来重要文献选编》(上),人民出版社1982年版,第234页。
② 《邓小平文选》(第2卷),人民出版社1994年版,第367页。
③ 《关于文化创新和文化体制改革》,《光明日报》,2012年2月25日。

尽管理论上对精神文明建设进行了部署和重申,但在实践中"一手硬一手软"的状况依然存在。对此,1996年10月,党的十四届六中全会审议通过了《中共中央关于加强社会主义精神文明建设若干重要问题的决议》。此决议在坚持以往精神文明建设指导思想的基础上,更进一步明晰了精神文明建设的对象,从七个方面系统阐述了精神文明建设的主要原则、重要任务等内容。2001年,针对社会的道德失范现象,中共中央印发了《公民道德建设实施纲要》,对进一步开展群众性公民道德实践活动提出了具体要求。

从党的十二大报告,到党的十三大报告、十四大报告,都提出要加强社会主义精神文明建设。而从党的十五大报告起,历次党的全国代表大会报告,则提出要加强社会主义文化建设。因为,文化是相对于经济、政治而言,精神文明是相对于物质文明而言,内涵和外延更为丰富和广大。至此,完成了由社会主义精神文明理论向中国特色社会主义文化理论的转变。

2006年10月,党的十六届六中全会审议通过的《中共中央关于构建社会主义和谐社会若干重大问题的决定》(下称《决定》)指出:"建设和谐文化是构建社会主义和谐社会的重要任务,社会主义核心价值体系是建设和谐文化的根本。"①《决定》还明确了社会主义核心价值体系的基本内容。2007年10月,党的十七大明确要求"切实把社会主义核心价值体系融入国民教育和精神文明建设全过程,转化为人民的自觉追求"。② 之后,胡锦涛同志在多个场合强调,要以社会主义核心价值体系建设为核心,贯穿到国民教育和社会主义精神文明建设全过程。这样,培育和践行社会主义核心价值体系就成为新时期社会主义精神文明建设的主要内容。

二、习近平总书记关于社会主义精神文明建设的重要论述

中国特色社会主义进入新时代,以习近平同志为核心的党中央高度重视社会主义精神文明建设,将社会主义精神文明建设纳入培育和践行社会主义核心价值

---

① 《中国共产党第十六届中央委员会第六次全体会议文件汇编》,人民出版社2006年版,第6页。

② 中共中央文献研究室:《十七大以来重要文献选编》(上),中央文献出版社2009年版,第27页。

观，纳入增强文化自信，建设文化强国，纳入以中国式现代化全面推进中华民族伟大复兴战略部署中，拓展了社会主义精神文明建设的场域。

2012年11月，党的十八大报告在社会主义核心价值体系的基础上，凝练了社会主义核心价值观。2013年12月，中共中央办公厅在《关于培育和践行社会主义核心价值观的意见》（下称《意见》）中，明确提出社会主义核心价值观"与中国特色社会主义发展要求相契合，与中华优秀传统文化和人类文明优秀成果相承接，是我们党凝聚全党全社会价值共识作出的重要论断"。①《意见》要求把培育和践行社会主义核心价值观融入国民教育全过程、落实到经济发展实践和社会治理中。这样，社会主义核心价值观的培育和践行成为新时代社会主义精神文明的集中体现。

增强文化自信，建设社会主义文化强国，是习近平总书记治国理政的重要内容。他强调："文化自信，是更基础、更广泛、更深厚的自信，是更基本、更深沉、更持久的力量。"② 增强文化自信，习近平总书记提出要推进中华优秀传统文化创造性转化和创新性发展，要传承红色基因、弘扬革命文化，要培育和践行社会主义核心价值观，推进社会主义先进文化发展，从而增强全国各族人民的精神力量。

以中国式现代化全面推进中华民族伟大复兴，是党的二十大作出的重要战略部署。习近平总书记将精神文明建设纳入实现中华民族伟大复兴中国梦，提升了精神文明建设的战略地位，"实现中华民族伟大复兴的中国梦，物质财富要极大丰富，精神财富也要极大丰富。我们要继续锲而不舍、一以贯之抓好社会主义精神文明建设，为全国各族人民不断前进提供坚强的思想保证、强大的精神力量、丰润的道德滋养"。③

党的二十大将物质文明和精神文明协调发展规定为中国式现代化的鲜明特色。物质文明和精神文明协调发展是中国共产党一直坚持的治国理政方略。新时

---

① 中共中央文献研究室：《十八大以来重要文献选编》（上），中央文献出版社2014年版，第578页。
② 《在中国文联十大、中国作协九大开模式上得讲话》，人民出版社2016年版，第6页。
③ 《习近平谈治国理政》（第二卷），外文出版社2017年版，第323页。

代，习近平总书记反复强调："只有物质文明建设和精神文明建设都搞好，国家物质力量和精神力量都增强，全国各族人民物质生活和精神生活都改善，中国特色社会主义事业才能顺利向前推进。"① 随着实践的深入，"两大文明"协调发展演变为了"五大文明"协调发展，即推动物质文明、政治文明、精神文明、社会文明、生态文明协调发展，把我国建设成为富强民主文明和谐美丽的社会主义现代化强国，实现中华民族伟大复兴。"五大文明"协调发展已经成为中国式现代化的本质要求。"我们坚持和发展中国特色社会主义，推动物质文明、政治文明、精神文明、社会文明、生态文明协调发展，创造了中国式现代化新道路，创造了人类文明新形态"。② 在以中国式现代化全面推进中华民族伟大复兴的进程中，精神文明建设将起到巨大的思想引领、精神动力和智力支撑的作用。

三、湖北省委关于社会主义精神文明建设的决策部署

湖北省精神文明建设部署遵循中央政策文件精神，为"十星"创建活动提供了直接的战略指引和政策指导。

1982年1月，中共湖北省委召开三级干部会议，部署1982年的主要工作。会议指出，1982年工作的指导思想和基本要求是：必须一手抓物质文明精神建设、一手抓精神文明建设，牢牢掌握思想教育这个中心环节，努力争取社会风尚、社会治安和党风有一个决定性的好转。是年3月，"全民文明礼貌月"活动全面展开，全程文明城市竞赛活动开展。80年代，湖北省还开展了"五讲四美三热爱"活动，开展了一系列的评比活动，有力地促进了精神文明建设。

1990年11月，中共中央宣传部在湖北省召开全国精神文明建设活动工作会议，会议重点研究了如何加强社会主义思想道德建设问题。贯彻落实这次会议精神，同月，中共湖北省委召开精神文明建设座谈会。会议指出，社会主义精神文明建设的指导思想是着眼于提高人的政治素质、思想素质和文化素质，造成一种人人互相关心、互相关爱、互相帮助、蓬勃向上的亲密和谐的人际关系，以激发广大干部群众的积极性、主动性和创造性，促进人的全面发展，促进经济建设的

---

① 《学习习近平总书记8·19重要讲话》，人民出版社2013年版，第2页。
② 《在庆祝中国共产党成立100周年大会上的讲话》，人民出版社2021年版，第14页。

稳定发展，促进社会的不断进步。① 这次会议之后，湖北省广泛开展了文明单位、双文明户、"五好家庭"和各种形式的共建活动以及群众性的刹"三风"、树新风活动，为湖北省的改革开放事业营造了良好的环境。

贯彻落实党的十四届六中全会精神，1996年10月15日，湖北省委六届五次会议审议通过了《湖北省社会主义精神文明建设"九五"规划》。会议强调，《湖北省社会主义精神文明建设"九五"规划》（下称《规划》）是湖北贯彻落实中央六中全会精神的重大举措，是"九五"期间湖北精神文明建设的行动纲领。贯彻落实《规划》，湖北省精神文明建设在科教文卫事业方面取得了长足进步。1997年2月，湖北省提出了"精神文明重在建设"的方针，要求广泛开展以爱国主义、集体主义、社会主义为主题的思想道德教育，开展以建设文明城市、文明系统、文明单位、文明户为内容的群众性精神文明创建活动，促进广大群众思想道德素质的提高。也就是在1997年，竹山县在此时成为湖北精神文明建设的先进典型。

进入21世纪，湖北省不断推进精神文明创建活动：在大中城市，文明创建进单位、进社区、进家庭；在广大农村，"十星级文明户""一村一品""文明湾落""文明新村"等思想教育形式不断创新，让社会主义核心价值观成为人们日常生活中的基本遵循。在传统美德厚重的沃土之上，湖北积极健康向上的社会风尚深得民心，先进典型人物如雨后春笋般涌现。②

竹山县创造性贯彻落实湖北省委、省政府关于社会主义精神文明建设的决策政策，促进了"十星"创建的常创常新。

第二节 "十星"创建与农村精神文明建设

竹山"十星"创建活动是针对改革开放后普遍存在的物质文明和精神文明失衡情况而开展的。三十年来，"十星"创建在创建内容和创建标准上不断调整，在评定程序和奖励机制上不断优化，在组织领导和共建机制上不断创新，形成了

---

① 湖北省档案馆：《湖北改革开放30年大事记》，湖北人民出版社2010年版，第112页。
② 《群星灿烂——精神文明创建活动》，荆楚网，2018年11月19日。

一整套完整体系,成为农村精神文明建设的有效载体。

一、"十星"创建是来自基层的伟大创造

罗家坡人民通过发展绿松石产业实现了率先富起来,但"一夜暴富"的背后是部分农民的精神空虚,道德滑坡,法纪观念淡漠,唯利是图、见利忘义、集体意识不强,物质文明和精神文明建设严重失衡,怎么破解呢?竹山县开展了"十星"创建活动。"十星"创建三十年保持着旺盛的生命力,是因为它找准了农村精神文明建设的"结合点"和"切入点"。

一是"十星"创建充分尊重了农户的主体地位。"十星"创建从激发农户这个最基本的细胞入手,将农户主体地位体现到创建活动各个环节。2013年4月16日,《湖北日报》刊发《文明星光 璀璨荆楚》的文章。文章援引中共湖北省委1996年11月下发的《关于在全省农村广泛深入开展争创"十星级文明农户"活动的规定》,指出:"要着眼于调动广大农民群众的积极性,让农民群众'在参与中受到教育,在实践中得到提高'。把吸引群众参与作为开展这一活动的出发点和落脚点"。文章还列举了竹山一名农民20年的评星记录:

> 1993年,六颗星,评语是家庭收入低、不相信科学、不和睦邻里、不做义务工;
> 1994年,七颗星,评语是不搞科学种田、邻里不和、卫生不合格;
> 1995年,九颗星,评语是不做义务工;
> 1996年,七颗星,评语是不搞科学种田,不做义务工,不送子女上学;
> 1997年,八颗星,评语是不引进良种,卫生不合格;
> 1998年到现在,都是十颗星。

文章得出结论,"可以看出,'十星级文明户'创建,紧密结合了群众生产生活",① 也就是充分发挥了农户的主体作用。由农户到城镇居民,再到各行业、

---

① 中央文明办一局、湖北省文明办:《全国创建星级文明户工作座谈会经验汇编》,湖北人民出版社2013年版,第145页。

各领域的群体，在"十星"创建中的主体地位得到了尊重和保障，从而激发了创建主体的积极性和主动性。

二是"十星"创建不断创新拓展，走深走实。三十年来，"十星"创建内容和标准已经经历了18次调整，而且每次调整都与党中央关于社会主义精神文明建设的战略部署，与区域发展战略和中心任务，与老百姓最关心最直接最现实的问题相结合，实现了精神文明与物质文明、政治文明、社会文明、生态文明的统筹谋划、协调推进，保持了"十星"创建的生命力。需要指出的是，无论创建内容如何调整，道德星和致富星是贯穿始终的（表述上虽有出入，但表述指向相同），这就是说"十星"创建始终坚持道德引领，致富统领，紧紧扭住了农村精神文明建设"求善"和"求富"这对关键，促进了精神文明和物质文明的协调发展，也增强了"十星"创建的内生动力。

"十星"创建还开展了系列创建活动，创建范围由农村延伸到社区、学校、机关、企业、基层党支部，创建主体由农户覆盖到党政干部、城镇居民、移民群众、中小学生和新生阶层，创建内容延伸到政治经济文化社会生态各个方面，形成了全民创建、全域创建工作格局，打造了"十星"创建矩阵，产生了集群效应。"十星级文明农户""十星级单元""十星级个体经营户""十星级居民户""十星级企业""十星级学校"等，让竹山漫天星光。

三是"十星"创建完善了长效机制，做到了科学化、规范化和常态化。创评环节实现了"五步四环"，即严格遵循"自评、互评、审定、公示、授星"5个基本程序，牢牢把握"宣传发动、标准知晓、对标争创、查漏补缺"4个环节，由乡镇组织，村级发动，协会评审，群众参与，实行半年初评、年底复评，能上能下、动态管理。在组织领导和共建机制上，建立健全了县级主导、乡镇主管、部门主帮、村组主抓、农户主体的五级联动机制，推行县级领导包干、乡镇干部包村、工作队包户、职能部门包星的责任制，将"十星"创建与经济目标考核、干部绩效考核、文明单位命名等荣誉评比挂钩，形成了"十星"创建的强大合力。在奖励机制上，创新力"3+X"激励机制和示范户奖励机制，确保"十星级文明户"在社会上得尊重、政治上得地位，达到既争荣誉受教育，又强素质得实惠的目标，进一步调动了群众参与争星创星的工作热情。

四是"十星"创建紧紧围绕着农村中心工作开展。推动社会主义精神文明建设的出发点和落脚点是丰富人民精神生活，推动物质文明、精神文明、政治文明、社会文明和生态文明的协调发展。"十星"创建在推动精神文明建设服务地方发展中发挥了重要作用，成为接地性的有效载体。比如，2003年初，竹山县委、县政府在总结创建综合示范村和城乡强强共建小康村经验的基础上，理清了以"十星"创建为基础，以扶贫、信用、生态、文化、平安、健康"六大工程"为重点，"以十镇百村万户文明示范带"为目标，构建文明新村基本框架的新思路。竹山县在"六大工程"与"十星"创建之间建立起了科学的对应关系，"十星"创建是一个品牌，是一个融农村五大文明建设于一体的精神文明创建形式。"六大工程"是创建载体和手段，它服务、推进、深化"十星"创建。两者同时统一于文明新村创建中。实施"六大工程"侧重从硬件建设和环境条件上推进文明新村建设，"十星"创建主要从软件建设和家庭细胞的角度推进文明新村建设。再比如，2005年，竹山县委、县政府借鉴海南创建生态文明村的做法①，将绿色小康村创建活动与"六大工程"和"十星"创建相结合，提出"以实施六大工程为载体，以深化'十星级文明农户'创建为品牌，以建设绿色小康村为目标"，即以绿色小康村建设为主干，以"六大工程"建设和"十星级文明农户"创评为两翼，全面推进农村精神文明建设和社会主义新农村建设。

四是"十星"创建着力打造十星文化。竹山通过十星楹联、十星歌谣、十星风俗等形成了十星文化。竹山建设十星文化广场，竖起文化柱，用一组诗的形式引导老百姓攀星、讲星、话星、追星、称星、评星、送星、用星。

家家户户挂上"女娲山中十星耀 桃花源里万户春""十星托起中国梦 文明催开幸福花""十星同辉歌声载道 百花齐放春色满园""文明人家门庭凝瑞 十星宅第院落生辉"等楹联。文化墙上宣"十星"，群众歌谣唱"十星"，花鼓船歌传"十星"，道德讲堂讲"十星"，幸福生活品"十星"，竹山到处弥漫着十星文化的味道。浸润其中的竹山人民，在不断创星追星的道路上，追出了一县好

---

① 海南建设生态文明村的主要做法是发展生态经济、建设生态环境、培育生态文化。

人,满县新风,"十星"已经成为了竹山的靓丽名片。

二、"十星"创建走向全国,成为农村精神文明建设一面旗帜

一花独放不是春,百花齐放春满园。竹山"十星"创建以其对农村精神文明建设堵点和痛点的破解,成为各地纷纷学习的对象。

一是"十星"创建经验不断被总结。2013年4月,全国创建星级文明户工作座谈会在十堰召开。湖北省文明委将"十星"创建经验概括为"'创星'活动是基层和群众的创造""'创星'活动是农民内在追求的外在表现""'创星'活动充分体现了与时俱进""'创星'活动与农村基本经营制度和村民自治制度的新要求相适应""'创星'活动是农村文明进步的重要抓手"。概括起来就是"十星"创建是契合改革开放年代中国农村发展实际的,充分激发农民创建主体活力的具有推进农村精神文明建设、农村基层治理、农村现代化发展价值的模式。湖北省"十星"创建形成了一项联动机制:省文明委统筹协调,省文明办具体负责,农业、金融、计生、卫生、妇联、综治、教育、文化、环保等相关职能部门参与配合。2010年开始,建立目标管理机制:全省将创建活动纳入各市州领导班子年度目标考核,确保创建实效。评星不搞终身制,动态管理,能挂星,还能摘星,确保创建更加公平、公正。①

十堰市委、市政府将"十星"创建提升到农村精神文明创建的龙头地位,坚持统筹规划、全域推进,整合资源、全员共建,文化引领、创建为民,推动了"十星"创建的顶层设计、机制创新和活力迸发。竹山县委、县政府注重将"十星"创建与农村实际相结合,突出道德引领、拓展创新内容、完善长效机制,推动了"十星"创建外化于行、内化于心、深化于实、固化于制。这些经验的总结和凝练,提升了"十星"创建的理论建构和实践创新,推动"十星"创建在新时代不断与时俱进。

二是"十星"经验不断被推广。20世纪90年代以来,竹山参加或举办全国

---

① 中央文明办一局、湖北省文明办:《全国创建星级文明户工作座谈会经验汇编》,湖北人民出版社2013年版,第147页。

精神文明建设会议,向外推广"十星"创建经验(见表4-2-1)。以竹山"十星"创建为蓝本,全国各地因地制宜,衍生出不同形式的星级文明户创建模式。

表4-2-1　　　　竹山参加或举办全国精神文明建设会议一览表

序号	时间	地点	会议名称	竹山迂回情况
1	1996.11	湖北武汉	全国农村精神文明建设座谈会	时任县委书记何世学作"十星级文明户"创建交流发言
2	1997.09	北京	全国精神文明建设成就座谈会	时任县委书记何世学作"十星级文明户"创建经验发言
3	1998.01	北京	全国精神文明建设工作会议	时任县委书记何世学参加,作交流发言
4	1998.11	山东文登	全国农村精神文明建设工作座谈会	时任县委常委、宣传部部长章先友作交流发言
5	2000.08	辽宁铁岭	全国农村精神文明建设工作座谈会	时任县委常委、宣传部部长刘容盛作交流发言
6	2002.12	广西百色	全国农村精神文明建设工作座谈会	时任县委书记贺兴国作交流发言
7	2005.01	海南海口	全国农村精神文明建设工作座谈会	时任县委书记董永祥作交流发言
8	2005.04	湖北宜昌	"农村基层文化建设"座谈会(刘云山调研)	时任县委书记董永祥向刘云山同志汇报竹山"十星"创建工作
9	2005.10	北京	全国精神文明建设工作表彰大会	时任县委书记董永祥获得"全国精神文明建设先进工作者"称号
10	2009.09	贵州遵义	全国农村精神文明建设经验交流会	时任县委书记沈学强作交流发言
11	2010.07	浙江绍兴	农村精神文明建设工作调研座谈会	时任县委书记沈学强作交流发言
12	2011.06	内蒙古呼伦贝尔	全国精神文明建设经验交流会	时任县委副书记欧阳立作交流发言

续表

序号	时间	地点	会议名称	竹山迎回情况
13	2013.04	湖北十堰	全国创建星级文明户工作座谈会	时任县委书记佘立柱作"十星级文明户"创建交流发言
14	2014.08	宁夏银川	全国农村精神文明建设现场会	时任县委书记佘立柱作交流发言
15	2014.09	北京	全国培育和践行社会主义核心价值观经验交流会	时任县委书记佘立柱向刘云山等中央领导专题汇报以"十星"创建推动核心价值观建设的经验
16	2017.11	北京	全国精神文明建设表彰大会	
17	2020.11	北京	全国精神文明建设表彰大会	时任县委书记龚举海在表彰大会上捧回"全国文明城市"奖牌

山东省济南市坚持民主评议与村民小组审议相结合、创评与"讲文明树新风"相结合、与全市道德模范评选相结合、鼓励引导与奖惩机制相结合，提高文明户创建工作水平。河北省秦皇岛市围绕环境改善、道德养成、观念更新、延伸、机制建设等抓创建，全面提升村庄品位，不断提升文明素质，推动经济大发展，放大评选效果，促进工作科学化常态化，深化了"十星级"文明户创建。辽宁省营口市实施"道德信贷金卡工程"，对有创业理想、有创业项目的"十星级"文明户，由农村信用社颁发道德信贷金卡，道德信贷金卡以"文明作担保、诚信作抵押"，授信额度是优秀授信的五倍，而且享受"贷款优先、利率优惠、服务优质"等服务，调动了农民参与"十星"创建的积极性。上海市奉贤区以"贤文化"引领星级文明户创评，促进了村民综合素质的自我提升，促进了文明村风民风的自觉形成，促进了新农村建设的顺利推进。浙江省丽水市深入开展生态文明户、致富发展户、信用文明户、文化文明户、孝老文明户、爱心文明户"六型"文明户创建活动，努力营造以德为荣的农村文明新风尚。江苏省张家港市通过抓机制、抓宣传、抓考评、抓教育、抓统筹，共建遵纪守法星、勤劳致富星、文明卫生星、团结和睦星、诚实守信星"五星"之家，共筑文明之城。陕西

省户县通过开展"幸福农家"活动,深化星级文明户创建。①

这些因地制宜的创建模式,真正让"十星"创建产生了巨大的外溢效能,让农村精神文明建设呈现"百花齐放春满园"态势。

第三节 "十星"创建与培育和践行社会主义核心价值观

党的十八大以来,培育和践行社会主义核心价值观成为社会主义精神文明建设的主要内容。竹山县及时调整创建内容和创建标准,实现了"十星"与社会主义核心价值观的衔接,并通过教育引导、舆论宣传、文化熏陶、实践养成、制度保障等推动社会主义核心价值观的培育和践行。

一、优化"十星"创建内容和标准,与社会主义核心价值观紧密对应

2015年围绕社会主义核心价值观的要求,经过反复座谈、调研和酝酿,对原有星名重新设置,标准和否决条件重新界定,第13次对"十星级文明农户"进行了大幅度调整。爱党爱国星、勤劳致富星、诚实守信星、团结友善星、孝老敬贤星、遵规守法星、生态建设星、计划生育星、环境卫生星、科教文体星,这十颗五字星名,打破二十多年来的三字星名传统,与社会主义核心价值观紧密对应,使创建活动更好地与政策同向、与时代同步、与群众同频。之后,五字星的内容和标准,根据培育和践行社会主义核心价值观的重点内容以及农村工作实践作了三次调整。2016年的第14次调整,创建内容没有变,在创建标准上,紧紧围绕内修人文和精准扶贫工作中心,针对贫困户和非贫困户,分设勤劳致富星标准。2017年的第15次调整因为是重点开展"十星级文明家庭"创建,内容和标准都有所变化。2019年的第16次调整,将党的十九大关于社会主义精神文明建设的内容,融入了其中。2019年优化后的"十星级文明农户"创建内容为爱党爱国星、勤劳致富星、诚实守信星、团结友善星、孝老敬贤星、遵规守法星、文

---

① 中央文明办一局、湖北省文明办:《全国创建星级文明户工作座谈会经验汇编》,湖北人民出版社2013年版,第26~53页。

明实践星、科教文体星、卫生健康星、生态建设星。相比于2015年版本，计划生育星变成了文明实践星，环境卫生星变成了卫生健康星，因为到了2019年，党的计划生育政策已经发生了极大改变，再谈传统的计划生育政策已经不合时宜。2019年前后，党对文明实践的部署和政策逐渐成熟，健康中国战略在理论建构和具体政策上也逐渐成熟。因此，"十星级文明农户"创建内容和标准也作了相应调整（见表4-3-1）。

表4-3-1 2019年根据社会主义核心价值观调整的"十星级文明农户"创建内容和标准

创建内容	创 建 标 准
爱党爱国星	①在家风、家训、家规中充分体现爱党、爱国、爱民、立德、立廉、立勤的家国情怀；②拥护党的领导，拥护村支两委的集体决定；③关心国家大事，爱护公共财产，自觉维护党和国家、集体的利益，坚决抵制损害党和国家形象、损害集体利益的言行；④增强国防观念，符合条件的主动参军或参加民兵训练；⑤积极参与村民委员会等民主选举和村民大会等各种集体活动
勤劳致富星	①爱岗敬业，争做新型职业农民，不撂荒田地；②勤俭持家，艰苦朴素；③积极通过外出务工、创办家庭农场或参与农民专业合作社等渠道创业致富，有一个以上收入较高且比较稳定的致富项目；④生活水平达到国家规定的小康标准，或家庭人均纯收入高出当年本村（居）平均水平；⑤带头致富并积极帮带邻里共同致富；⑥自强自立自信，树立家庭梦想
诚实守信星	①诚实不欺，重约守信，重诺践行；②不掺杂使假，不坑蒙拐骗，不敲诈勒索；③不散布虚假信息，不造谣传谣；④按时偿还银行借款和他人财物
团结友善星	①家庭家族团结，夫妻、婆媳之间关系融洽，邻里、妯娌之间和睦相处；②与人相处宽容随和，不斤斤计较，不打击报复；③尊重别人的隐私，背后不说人闲话，不拨弄是非，不寻衅滋事；④不排斥移民或外来人口，友善对待外来人员，耐心热情回答陌生人的询问
孝老敬贤星	①孝老爱亲成为家风族风传承的重要内容，晚辈孝老敬老，长者爱小护小；②老人衣食无忧，病有所医，老有所乐，子女定期陪护；③不虐待未成年人，营造有利于未成年人身心健康成长的家庭环境；④尊重并学习本村有德行、有才能、有声望的新乡贤

续表

创建内容	创建标准
遵规守法星	①自觉学法、守法，知晓了解党规党纪和《国家监察法》等法纪知识，积极参与各类普纪普法教育活动；②践行村规民约，推进移风易俗，远离封建迷信和黄赌毒、不参加邪教活动；③履行公民义务，主动监督党风政风，敢于同违纪违法行为和社会不良风气作斗争；④不私挖盗采绿松石、文物古迹，不侵占国家或集体财产；⑤依法依规维护权利，合理表达利益诉求，不出现非正常信访问题；⑥积极参与群防群治活动，敢于伸张正义、见义勇为
文明实践星	①自觉学习党的十九大精神和党中央大政方针，积极培育和践行社会主义核心价值观；②积极参加道德讲堂，学习时代楷模、道德模范、最美人物、身边好人；③积极参与十星评选、"十晒十比十评"评选推荐活动，争当十星户，争做时代新人；④自觉助人为乐，争当志愿者，积极参加扶贫济困、邻里守望、助弱助残、道路（楼道）清扫等学雷锋志愿服务活动；⑤婚丧嫁娶简办新办，不铺张浪费
科教文体星	①崇尚科学，学科技，积极参加科技培训、就业培训、技能培训和科普活动，家庭成员至少有1人懂1门以上实用技术；②积极选用优良动植物品种，科学种养；③在保证家庭适龄儿童受完九年义务教育的基础上接受更高层次的教育；④尊师重教，主动配合学校教育，积极参与政策允许的各类助教、助学活动；⑤注重家庭教育，重视未成年人思想道德教育和学业进步；⑥积极参加健康向上的文化、体育、娱乐活动，自觉传承民间民俗文化艺术；⑦家庭能够收看电视节目，拥有一定数量的图书和文化、体育用品，能够通过到图书室借阅、订报等方式来加强学习
卫生健康星	①积极参加健康体检，主动配合家庭医生签约服务，及时让儿童参加疫苗接种，主动参与各种传染性疾病或突发公共卫生事件的预防与控制；②积极参加城乡居民医疗保险和养老保险；③主动接受健康教育，讲究公共卫生和个人卫生；④自觉参与厕所革命，有条件的完成"三改一建"（改厨、改厕、改圈、建沼气池）；⑤保持住房内外的卫生清洁，物品堆（摆）放整齐，不乱搭乱建，无"五乱"（柴草乱放、粪土乱堆、垃圾乱倒、污水乱泼、禽畜乱跑）现象；⑥自觉执行计划生育法律法规，不非法鉴定胎儿性别和人工终止妊娠

续表

创建内容	创 建 标 准
生态建设星	①按照"绿、净、齐、富、厚、和"的要求，积极参与美丽乡村建设；②爱林造林护林，积极参与退耕还林、植树造林等生态建设；③积极发展绿色产业和庭院经济，房前屋后植树栽花种草，营造良好人居环境；④节约使用水电等能源，不在露天焚烧秸秆，不在公路上晒粮；⑤不以破坏生态的手段谋取个人利益，不滥垦乱占林地，不乱砍滥伐林木，不滥采乱挖野生植物，不捕杀销售珍稀野生动物

竹山还从创建内容、创评流程、组织领导等方面，将竹山"十星级文明农户"与社会主义核心价值观作了对接。在"国家层面"和"个人层面"的对接更突出创建内容，在"社会层面"的对接则更突出创评流程和组织领导（见表4-3-2）。

表4-3-2 "十星级文明农户"创建内容与社会主义核心价值观对接关系

社会主义核心价值观		十星级文明农户
国家层面	富强	勤劳致富星
	民主	爱党爱国星
	文明	诚实守信星、团结友善星、孝老敬贤星、文明实践星、科教文体星、卫生健康星、生态建设星
	和谐	团结友善星、孝老敬贤星、文明实践星、生态建设星
社会层面	自由	在创评过程中，体现群众择业、言论、推选、评议、表达合理诉求等自由。
	平等	党群干群享有平等的知情权、参与权、表达权和评议权。
	公正	标准透明，过程公开，结果公示。
	法治	遵规守法星
个人层面	爱国	爱党爱国星
	敬业	勤劳致富星
	诚信	诚实守信星
	友善	团结友善星、孝老敬贤星、文明实践星

二、创新"十星"创建机制,推动社会主义核心价值观的培育和践行

关于培养和践行社会主义核心价值观,习近平总书记曾指出:"要号召全社会行动起来,通过教育引导、舆论宣传、文化熏陶、实践养成、制度保障等,使社会主义核心价值观内化为人们的精神追求、外化为人们的自觉行动。"① 竹山县通过创新"十星"创建机制,在教育引导、舆论宣传、文化熏陶、实践养成、制度保障等方面促进了社会主义核心价值观的培育和实践。

(1)在教育引导方面,利用"十星"创建的多元主体,将社会主义核心价值观教育融入国民教育全过程。习近平总书记多次强调,要将"社会主义核心价值观融入社会发展各方面,转化为人们的情感认同和行为习惯"②,"把培育和践行社会主义核心价值观融入国民教育全过程"③。竹山县充分利用"十星"创建的多元主体,将社会主义核心价值观教育融入了国民教育全过程,使之成为人们的情感认同和行为习惯。

在农村和农民群体中,开展"十星级文明农户"创建,在农村大力按照人立言、家立规、族立训、村立约的要求,大力实施"家规家风进万家"和"村规民约全覆盖"工程,涌现出20条家风文化街,立起30个家规族训牌,发放300个电子家风万年历,建成300余面以"十善十美"三字经、村规民约、新二十四孝等为主要内容的文化墙。在学校和学生群体中,扎实开展了社会主义核心价值观进校园活动,帮助和引导青少年争当社会主义核心价值观的弘扬者和实践者。以十星级校园、班级、寝室、食堂窗口、教师、学生等系列创建为抓手,以乡村学校少年宫为载体,探索了关爱留守儿童创新机制。以网上祭英烈、经典诵读、童心向党等活动开展为切入点,不断强化未成年人思想道德建设,小手拉大手、警校共建、校街共建、文明网吧创建取得新成效,家庭、学校、社会"三位一

---

① 《在文艺工作座谈会上的讲话》,人民出版社2015年版,第23页。
② 《决胜全面建成小康社会 夺取新时代中国特色社会主义伟大胜利》,人民出版社2017年版,第42页。
③ 中共中央文献研究院:《十八大以来重要文献选编》(上),中央文献出版社2014年版,第580页。

体"教育网络初步形成。暑期集中扎实开展,未成年健康成长的社会氛围不断优化,并举行美德少年评选活动,在青少年中树立典型。在机关和党政干部中,紧扣十星级机关(文明单位)测评体系,加强了对各单位创建活动的指导,推动文明单位创建水平进一步提升。将结对共建文明新村和村镇道德讲堂等工作纳入文明单位考核指标,推动文明创建城乡一体和共建共享。网络文明传播、信息报送、道德讲堂、志愿服务成为文明单位创建活动的新常态。总之,创建主体外延不断拓展,向党员、干部、学生、工商户等群体延伸,形成"十星"系列文明创建和践行核心价值观工作全覆盖的生动局面。通过在各行各业试点先行,逐步掀起全域覆盖、全民践行的工作局面。

(2)在舆论宣传方面,用好"十星"创建形成的民意基础,提升社会主义核心价值观的知晓度。关于新闻舆论工作,习近平总书记曾指出:"党的新闻舆论工作是党的一项重要工作,是治国理政、定国安邦的大事,要适应国内外形势发展,从党的工作全局出发把握定位,坚持党的领导,坚持正确政治方向,坚持以人民为中心的工作导向,尊重新闻传播规律,创新方法手段,切实提高党的新闻舆论传播力、引导力、影响力、公信力。"① 竹山县坚持新闻舆论的正确导向,创新方法手段,切实提高了社会主义核心价值观和"十星"的传播力和影响力。

竹山注重宣传社会主义核心价值观基本内容、搭建道德教育平台,从小事着手,细处着眼,让社会主义核心价值观像空气一样无所不在、无时不有、无人不晓。首先竹山构建了多媒体矩阵,实现宣传的多管齐下,多元覆盖。竹山将社会主义核心价值观和"十星"创建公益广告在竹山电视台每天播放4条,"今日竹山"网和报纸每期刊播并配发公益广告专版,启动了"双修"②、"十星"创建、社会主义核心价值观、以人文精神促精准扶贫四次集中宣传战役。占据醒目处开展宣传,永久性占据了堵河三桥、潘口乡新修的两座跨河大桥、北大街等处灯箱广告,在高速公路、国道沿线、九里岗沿线推出50多面山头墙公益广告,在罗家坡村新建6块高质量宣传橱窗,发布高速公路大型公益广告30余面,发布围

---

① 《习近平在党的新闻舆论工作座谈会上强调:坚持正确方向创新方法手段提高新闻舆论传播力引导力》,《人民日报》,2016年2月20日。

② "双修"战略是十堰市委提出的一种发展战略,即"内修人文、外修生态"。

挡、广场公益广告十余处，制作"十星"创建和社会主义核心价值观宣传音频资料提供各村镇利用大喇叭进行广播宣传。形成上下宣传合力，组织各乡镇、县直各单位新制作发布了一大批"十星"歌文化墙、社会主义核心价值观等公益广告，动员企业、个体工商户利用电子显示屏等多种形式宣传社会主义核心价值观，有力促进了城乡干部群众对社会主义核心价值观和"十星"创建的知晓和理解。

（3）在文化熏陶方面，利用"十星"文化的影响力，提升社会主义核心价值观的渗透力。文化熏陶是培育和践行社会主义核心价值观的无形力量，能够起到春风化雨、润物无声的育人化人功能。"十星"文化是中华优秀传统文化的创造性转化和创新性发展，"十星"创建从提升村民道德水准的初衷到后续紧跟社会主义精神文明建设的要求而不断调整，从未离开对爱国主义、敬老扶幼、团结友善、顽强拼搏等中华优秀传统文化的道德要求。"十星"文化是对革命文化的传承，是社会主义先进文化的重要组成部分。"十星"创建从设星、评星再到授星，符合社会主义民主程序，强化了人民群众的参与性，具有鲜明的社会主义本质特征。因此，以"十星"文化推动社会主义核心价值观的培育和凝练，天然具有文化上的共同基因和血脉。

竹山加强"十星"文化阵地建设，公共文化服务体系不断完善，完成秦巴文化艺术中心主体工程，建成县博物馆、乡镇综合文化站、群众文化广场等大批惠民工程，群众文化体育生活更加丰富。2015年，全县十星农民文化广场达到140个，村村建成图书室，培育文化中心户1100户，星歌传唱广场舞、十星楹联评选等文化活动极大地提升了群众幸福感。编排创建小品《结穷亲，帮十星》、情景剧《那盏灯，还亮着》等曲艺节目十余个，广场舞《竹山竹韵》在全市、全省比赛中均摘取冠军殊荣。在各示范村征集一批好家训，让家风上厅堂、进学堂，根植心灵；新建一批"民风墙"，张贴十星歌，悬挂村规民约。举办十星级农民文化节等群众文化，极大丰富了群众精神文化需求。

（4）在实践养成方面，利用"十星"文化的品牌活动，推动社会主义核心价值观的接地性培育和践行。实践养成是推动社会主义核心价值观落实、落细、落小的关键环节，是推动社会主义核心价值观接地性建设的重要举措。竹山县通过主题活动、选树典型等创新了社会主义核心价值观的培育形式，彰显了社会主义核心价值观的价值魅力。一是利用公民道德宣传月、学雷锋活动月、"我们的节日"等载体，举办社会主义核心价值观知识竞赛、主题征文竞赛、书画摄影展、省级文明单位文艺汇演等系列竞赛活动，开展社区广场舞大赛、晒家风主题班会、"五彩青春"学雷锋志愿服务、清明网上祭英烈、文明祭扫、忆端午等形式多样的道德宣传和道德实践活动。二是树好典型，融入道德讲堂。2015年，建成固定道德讲堂139所，村镇道德讲堂数量大幅增加，机关道德讲堂常态开讲。开办第二期流动道德讲堂，以王耀林"敬业奉献，心系群众"事迹，巡回17个乡镇宣讲。同时，各地各单位层层发现平民英雄，培植一大批竹山好人典型。

（5）在制度保障方面，进一步优化"十星"创建的创评流程、激励机制和保障措施，释放培育和践行社会主义核心价值观的制度红利。社会主义核心价值观的培育和践行，既需要教育教化、自我内化的作用力，又需要制度强化、行为固化的作用力，完善的制度保障就是一种强大的外化力量。竹山通过规范创评流程、优化激励机制、强化组织领导等，提升了"十星"创建水平，也推动了社会主义核心价值观的培育和践行。一是创评更具规范性，固化"五步两环"（创和评两个环节各有五个步骤）等制度体系，并与时俱进的修订完善了否决条件（见表4-3-3），十星比例得到有效控制，评比结果更加客观，坚持以评促创，将虚功做实做活。二是用星更具惠民性。先后出台"3+X"激励机制、示范户奖励机制和系列"十星+"联动机制，十星惠民力度不断增大。县委县政府每年分别以"以奖代补"的形式给予"十星级文明户"示范户和"十星级文明村"一定奖励。三是组织领导更具体系性。形成领导亲力问星、部门鼎力帮星、乡村合力抓星、党员结对护星格局，组建上百支"十星"帮星工作队分别驻村帮星，实现了创建宣传覆盖率、知晓率、参会率、参评率、挂牌率五个100%。

表4-3-3　　　　　　　**2019年"十星级文明农户"创评否决条件**

名　称	否　决　条　件
爱党爱国星	不参加村民委员会等民主选举和村民大会等各种集体活动；有诋毁党和国家的言行举止

续表

名　称	否 决 条 件
勤劳致富星	低保户；家庭人均纯收入低于村平均水平
诚实守信星	贷款、借物不还；坑蒙拐骗；在银行有不良信用记录
团结友善星	拨弄是非；寻衅滋事；家庭、妯娌、邻里不团结
孝老敬贤星	不孝老养老；虐待子女；辱骂乡贤
遵规守法星	参加法轮功等邪教组织；打架斗殴、摸牌赌博；出现非正常信访问题；不廉洁自律，受到党纪国法处罚；一年内受到过一般程序行政处罚以上的
文明实践星	不参加道德讲堂、十星级评选、"十晒十比十评"活动；不参加学雷锋志愿服务活动；婚丧嫁娶过度操办
科教文体星	子女未受完九年义务教育；不参加村委会组织的文体活动
卫生健康星	房前屋后脏乱差；不参加城乡居民医疗保险和养老保险；不主动参加健康体检和不配合家庭医生签约服务；非法鉴定胎儿性别和人工终止妊娠
生态建设星	房前屋后适宜绿化未绿化；有滥垦乱占林地，乱砍滥伐林木，滥采乱挖野生植物，捕杀销售珍稀野生动物行为；露天焚烧秸秆

第五章 "十星"创建与基层社会治理

社会治理是国家治理的重要组成部分，社会治理现代化是国家治理体系和治理能力现代化的题中之义。社会治理重心在基层，基层是一个地域的概念，更是一个国家治理层级的概念。一般来说，基层是指县区以下，包括乡镇和村庄、街道及社区。所谓基层社会治理是指在党的领导下，运用包括政府在内的多种力量向基层辖区居民提供民生保障、公共服务、利益协调、矛盾纠纷化解、创造平安和谐舒适生活环境的活动。① 竹山"十星"创建是"来自基层的创造"，是基层社会治理的伟大实践。

第一节 中共中央关于基层社会治理的决策部署

基层社会治理是社会治理的重点和难点，中国共产党对社会治理的认识和实践随着中国特色社会主义事业的发展历程，有一个不断深化的过程。

一、中国共产党对于社会治理认识和实践的演变

中华人民共和国成立70余年来，中国社会经历了从社会管控到社会管理再到社会治理的变化。中华人民共和国成立之初，一穷二白、百废待兴，党和政府建立起带有浓厚行政化和指令性色彩的社会管控机制，这一机制体现在城市主要是单位制（"街居制"为补充），体现在农村就是人民公社制。这一机制对于保卫新生政权，迅速恢复社会秩序，动员整合资源，建立起独立完整的工业体系和

---

① 龚维斌：《社会治理新论》，人民出版社2021年版，第68页。

国民经济体系，发挥了重要作用。但这一机制"统得过死"，限制社会流动，桎梏社会活力的弊端也逐渐暴露。改革开放以后，随着多元生产要素被激发，城乡二元体制被打破，社会结构和利益格局发生变化，中国社会也由社会管控演变为社会管理。相比于社会管控，社会管理更加科学化、规范化，适应了改革开放之初我国社会主要矛盾变化和生产力发展的需要。但建立之初的社会管理也带有以行政手段为主，强调自上而下管理等传统特征。随着经济体制改革的逐渐深化，尤其是社会主义市场经济体制的建立监管，社会管理模式也逐渐成熟。2004年9月，党的十六届四中全会创造性地提出"建立健全党委领导、政府负责、社会协同、公众参与的社会管理格局"①。2012年10月，党的十八大明确提出："要围绕构建中国特色社会主义管理体系，加快形成党委领导、政府负责、社会协同、公众参与、法治保障的社会管理体制。"② 这样，"社会管理格局"就演变为"社会管理机制"，并且增加了"法治保障"的内容，突出法治在社会管理中的强制力作用。

党的十八大以后，中国共产党在新的历史方位和时代背景下，继续深化对中国特色社会主义管理体系的认识。2013年11月，党的十八届三中全会指出，全面深化改革的总目标是完善和发展中国特色社会主义制度，推进国家治理体系和治理能力现代化。全会提出了"加快形成科学有效的社会治理体制""创新社会治理""改进社会治理方式"等要求，实现了从社会管理向社会治理的根本转变。2015年10月，党的十八届五中全会提出"完善党委领导、政府主导、社会协同、公众参与、法治保障的社会治理体制，推进社会治理精细化，构建全民共建共享的社会治理格局"③。"社会管理体制"演变成了"社会治理体制"，"政府负责"变成了"政府主导"，突出治理主体的多元性。2017年10月，党的十九大报告提出："打造共建共治共享的社会治理格局。加强社会治理制度建设，完善党委领导、政府负责、社会协同、公众参与、法治保障的社会治理体制，提

---

① 《中共中央关于加强党的执政能力建设的决定》，人民出版社2004年版，第25页。
② 《坚定不移沿着中国特色社会主义道路前进 为全面建成小康社会而奋斗——在中国共产党第十八次全国代表大会上的报告》，人民出版社2012年版，第34页。
③ 《中共中央关于制定国民经济和社会发展第十三个五年规划的建议》，人民出版社2015年版，第42页。

高社会治理社会化、法治化、智能化、专业化水平。"① 从表述中可以看出,"共建共享的社会治理格局"演变成了"共建共治共享的社会治理格局",更加突出社会治理理念;"政府主导"又改回了"政府负责",强调党的全面领导和更加科学合理的制度安排;提出了社会治理的"四化"要求。2019年10月,党的十九届四中全会审议通过了《中共中央关于坚持和完善中国特色社会主义制度 推进国家治理体系和治理能力现代化若干重大问题的决定》(下称《决定》)。《决定》指出:"完善党委领导、政府负责、民主协商、社会协同、公众参与、法治保障、科技支撑的社会治理体系。"② 这一表述的变化主要集中在两个方面:一是"社会治理格局"变成了"社会治理体系",从"体制"到"格局"再到"体系",标志着中国共产党对中国特色社会主义治理体系的探索完成了整体性、系统性、重塑性构建;二是社会治理体系增加了"民主协商"和"科技支撑"的内容,使得内容更加丰富。2022年10月,党的二十大报告对"全面发展协商民主""积极发展基层民主"作了专门论述。

二、中共中央关于基层社会治理的决策部署

党的十八大以来,围绕着基层社会治理,习近平总书记发表了系列重要讲话。习近平总书记强调,党的工作最坚实的力量支撑在基层,经济社会发展和民生最突出的矛盾和问题也在基层,必须把抓基层打基础作为长远之计和固本之策,丝毫不能放松。"要加强和创新基层社会治理,使每个社会细胞都健康活跃,将矛盾纠纷化解在基层,将和谐稳定创建在基层"③,贯彻落实习近平总书记关于基层社会治理的重要论述,党和政府制定了政策文件,推出了政策措施。

2021年4月,中共中央、国务院印发了《关于加强基层治理体系和治理能力现代化建设的意见》(下称《意见》)。《意见》指出,基层治理是国家治理的

---

① 《决胜全面建成小康社会 夺取新时代中国特色社会主义伟大胜利——在中国共产党第十九次全国代表大会上的报告》,人民出版社2017年版,第49页。
② 《中国共产党第十九届中央委员会第四次全体会议文件汇编》,人民出版社2019年版,第12页。
③ 《论把握新发展阶段、贯彻新发展理念、构建新发展格局》,中央文献出版社2021年版,第376页。

基石,统筹推进乡镇(街道)和城乡社区治理,是实现国家治理体系和治理能力现代化的基础工程。《意见》规定了加强基层治理体系和治理能力现代化的基本原则、主要目标、总体要求以及组织保障。《意见》指出,提升基层治理体系和治理能力现代化,要坚持党对基层治理的领导地位,把党的领导贯穿于基层治理的各方面和全过程;要放权赋能给基层,增强乡镇(街道)的行政执行能力、为民服务能力、议事协商能力、应急管理能力、平安建设能力;要健全基层群众自治制度,加强村(居)民委员会规范化建设、健全村(居)民自治机制、增强村(社区)组织动员能力、优化村(社区)服务格局;要推进基层法治建设、思想道德建设和发展公益慈善事业;要充分利用大数据、人工智能等,加强基层智慧治理能力建设。《意见》还从考核评价、资金投入、队伍建设、体制创新、氛围营造等方面规定了组织保障措施。《意见》的出台标志着党和政府在基层治理方面顶层设计的初步完成。

乡村是基层治理的一大板块,治理有效是乡村振兴战略的目标之一。所谓乡村治理是指一个由国家和社会共同作用形成的公共权威,并围绕乡村社会的公共事务而开展的一系列基层集体行动,是国家治理体系的重要组成部分。[①] 从概念不难看出,乡村治理要求权力配置的多元化,治理主体的多元化和必须服务于乡村社会公共利益最大化。为推动乡村治理现代化,2019年3月,中央全面深化改革委员会第七次会议审议通过了《关于加强和改进乡村治理的指导意见》。

《意见》明确了乡村治理的总体要求、主要任务和组织实施。《意见》提出要着力建立健全党委领导、政府负责、社会协同、公众参与、法治保障、科技支撑的现代乡村社会治理体制;以自治增活力、以法治强保障、以德治扬正气,健全党组织领导的自治、法治、德治相结合的乡村治理体系;构建共建共治共享的社会治理格局,走中国特色社会主义乡村善治之路,建设充满活力、和谐有序的乡村社会。《意见》擘画了乡村治理的阶段性目标,到2035年,乡村公共服务、公共管理、公共安全保障水平显著提高,党组织领导的自治、法治、德治相结合的乡村治理体系更加完善,乡村社会治理有效、充满活力、和谐有序,乡村治理

---

① 章浩、李国梁、刘莹:《新时期乡村治理的路径研究》,首都经济贸易大学出版社2021年版,第7页。

体系和治理能力基本实现现代化。《意见》还详细规定乡村治理的十七项主要任务和组织领导体制。《意见》是一份聚焦乡村治理的专门性文件，为提升乡村治理水平指明了方向，规划了路径。

三、湖北省委关于基层社会治理的决策部署

2020年3月10日，习近平总书记在湖北考察新冠疫情防控工作时指出："这次疫情防控凸显了城乡社区的重要性，也暴露基层社会治理的短板和不足。要夯实社会治理基层基础，推动社会治理重心下移，构建党组织领导的共建共治共享的城乡基层治理格局。"① 贯彻落实习近平总书记重要讲话精神，湖北省委加强顶层设计，初步构建了"1+1+N"的省域治理现代化制度体系。

6月10日，湖北省委十一届七次全会召开。全会审议通过了《中共湖北省委关于贯彻落实党的十九届四中全会精神、推进省域治理现代化的决定》（下称《决定》）和《中共湖北省委 湖北省人民政府关于推进疾病预防控制体系改革和公共卫生体系建设的意见》（下称《意见》）。其中，《决定》就是"1+1+N"制度体系中的第一个"1"，统揽各方面制度建设，起管总的作用。《意见》是第二个"1"，对疾病预防控制体系改革和公共卫生体系建设作出了安排部署。"N"是关于公共卫生、应急管理、大健康产业发展和城乡基层社会治理的一系列配套文件。② 城乡基层社会治理是湖北省省域治理现代化"1+1+N"制度体系中的重要组成部分。

2020年8月，贯彻省委十一届七次全会精神，湖北省委办公厅、省政府办公厅印发《关于深化新时代党建引领加强基层社会治理的意见》《关于深化街道管理体制改革的实施意见》《湖北省机关企事业单位党员干部下沉社区实施办法》《关于深化新时代志愿服务工作助力基层社会治理的意见》《湖北省机关企事业单位党员干部下沉社区实施办法》《关于城市社区党组织书记实行事业岗位管理的试点方案》6个文件，推动省域治理现代化制度体系中的"N"落地减小。

---

① 中共中央党史和文献研究院：《十九大以来重要文献选编（中）》，中央文献出版社2021年版，第473页。
② 《湖北省构建"1+1+N"制度体系 推进省域治理现代化》，《湖北日报》，2020年6月12日。

《关于深化新时代党建引领加强基层社会治理的意见》重点解决城乡治理体系不健全、协同共治合力不够、治理方式不优、治理能力不强、治理保障不足等问题，对党建引领城乡基层社会治理进行全面部署。其中，在乡村治理方面，分别对乡镇、村、城乡接合部和农村社区、村级集体经济四个重点领域的治理进行部署。在协同共治方面，围绕调动企事业单位、群团组织、社会组织和新兴领域参与基层治理的积极性，健全区域协同共治机制。在治理方式方面，注重发挥政治引领作用、自治基础作用、法治保障作用、德治教化作用和信息支撑作用。在治理能力方面，着力加强街道（乡镇）干部、社区（村）党组织书记和城市社区工作者队伍建设。《关于深化新时代志愿服务工作助力基层社会治理的意见》提出要扩大基层志愿者服务队伍，通过向社会招募，利用新时代文明实践中心进行统筹协调。积极组织建设志愿者服务组织，提高志愿者服务专业化，实现志愿服务的常态化。突出创新志愿服务工作机制，从建立资源融合机制、创新多元筹资机制、健全权益保障机制、推行激励嘉许机制、构建应急联动机制、完善信息共享机制等六个方面，为志愿服务提供支撑保障。这些"N"制度对于促进乡村治理都具有非常重要的指导价值。

第二节 "十星"创建是推进基层社会治理的伟大实践

"十星"创建是竹山在物质文明与精神文明建设发展失衡的情况下，开创的农村精神文明建设的"伟大创造"。在这个过程中，"十星"创建坚持党的全面领导，尊重农户主体地位，成立和发挥各种社会组织的作用，坚持自治、德治和法治的相统一，并尝试了技术支撑，践行了党和政府对乡村基层社会治理的决策部署，积累了宝贵的经验。

一、"十星"创建坚持了党的全面领导的政治原则

中国共产党的领导是中国特色社会主义的本质特征，党政军民学、东西南北中，党是领导一切的。"十星"创建是党领导的农村精神文明建设的伟大实践，党的领导是其取得成绩的首要原则。

（1）党的领导为"十星"创建提供了正确方向。"十星"创建活动，是中国

共产党坚持物质文明和精神文明协调发展的伟大实践，中国共产党关于社会主义精神文明建设的理论创新成果和决策部署，为"十星"创建提供了指导思想、政策指引、措施保障，提供了遵循科学社会主义基本原则，沿着社会主义道路前进的正确方向。

"物质贫困不是社会主义，精神贫乏也不是社会主义"。① 中国共产党始终坚持"两手抓，两手都要硬"，一手抓物质文明，一手抓精神文明，促进物的全面丰富和人的全面发展。三十年来，"十星"创建内容和创建标准虽然时有变化，但始终坚持道德引领和致富引领，紧紧抓住了农民求善、求富这一农村精神文明建设的牛鼻子，既避免了片面夸大意识对物质的反作用，又避免了陷入物欲横流的拜金主义之中。"十星"创建三十年的实践证明，中国共产党关于精神文明建设的指导思想确实帮助竹山人民走出了思想落后、精神落后的窘境，点燃了他们对建设富裕美好幸福生活的新希望，树立了追求美好未来的新典范，实现了既"富脑袋"又"富口袋"的社会主义精神文明建设的双重目标。

（2）党的领导为"十星"创建提供了成熟完善的制度保障。中国共产党强大的政治领导力、思想引领力、群众组织力、社会号召力，为"十星"创建提供了成熟完善的制度保障。

三十年来，"十星"创建形成了从县委到乡镇党委再到村支部的纵向领导体系。这一体系以其价值的统一性和步调的一致性，以其层层抓落实的压力传导和工作成效，为"十星"创建提供了强大的政治领导力。"十星"创建形成了不同职能部门按照工作职责对口帮建某颗"星"的横向组织体系，充分发挥了党政部门的党建引领优势和资源统筹能力，为"十星"创建提供了部门指导和资源保障。"十星"创建内容和创建标准的每一次优化，都是基层党组织根据党和国家发展战略，尤其是关于社会主义精神文明建设的新部署，以及竹山的发展大局和中心工作，而作出的调适。这是基层党组织坚持原则性和灵活性的统一，将党的决策部署和地方实际结合起来创造性开展工作的体现，保障了"十星"创建的源头活水。"十星"创建始终以满足人民美好生活需要为出发点和落脚点，充分调

---

① 《高举中国特色社会主义伟大旗帜 为全面建设社会主义现代化国家而团结奋斗——在中国共产党第二十次全国代表大会上的报告》，人民出版社2022年版，第22页。

动了人民群众的积极性和主动性,为"十星"创建提供了强大内生动力。"十星"创建营造了以"十全十美、十星光荣"为核心的"十星"文化,为人民群众提供了价值引领和行为准则,形成了"十星"创建的文化软实力。

(3) 党对农村精神文明建设的领导在"十星"创建中得以强化。"十星"创建切实解决了罗家坡村九年换11任村支书的尴尬局面,增强了基层党组织的凝聚力和战斗力,提升了基层党组织的权威,夯实了党执政的群众基础。"十星"创建坚持党性和坚持人民性的统一,既尊重党的全面领导,又尊重人民群众的主体地位。通过设置爱国星(道德星),引导人民爱党爱国爱社会主义,增强人民群众的政治觉悟和爱国热情,通过每年的表彰,树立模范,增强创建主体荣誉感,通过政策倾斜,提升了"十星级文明农户"获得感,增强吸引力。"十星"创建充分遵循了共建共治共享的理念,发挥了党委的领导作用,政府的负责作用,人民群众的主体作用,社会组织的协同作用,形成了"十星"创建的强大合力。"十星"创建围绕大局、服务中心,在地方脱贫攻坚、全面建成小康社会、实施乡村振兴战略中发挥了精神动力和价值引领的作用,使得农村精神文明建设有了实实在在的着力点。这些创建过程中积累的宝贵经验,是党对农村精神文明建设领导力强化的表现,也是新时代加强党对基层社会治理的宝贵经验。

二、"十星"坚持人民至上的价值导向

人民群众是历史的创造者,是中国特色社会主义事业的深厚力量,"十星"创建充分尊重了人民群众的主体地位,发挥了人民群众的历史主动性和创造性。

(1) "十星"创建指明了基层社会治理的前进方向。习近平总书记指出:"我们的人民热爱生活,期盼有更好的教育、更稳定的工作、更满意的收入、更可靠的社会保障、更高水平的医疗卫生服务、更舒适的居住条件、更优美的环境,期盼着孩子们能成长得更好、工作得更好、生活得更好。人民对美好生活的向往,就是我们的奋斗目标。"[①] "美好生活的向往"是对善治的追求,"十星"创建为善治的实现创新了实践模式。"十星"创建涵盖了基层社会治理的方方面

---

① 《复兴之路》,人民出版社2013年版,第441页。

面,涉及人民群众生活的方方面面,是一项系统性民生工作。

"十星"创建内容虽然经历了十八次变化,但万变不离其宗,创建内容都与人民中的幸福生活和美好生活息息相关。每一颗"星"都是一个方向,都涉及对物质文明、政治文明、精神文明、社会文明和生态文明的追求。每一颗"星"都有具体标准,且都具有一定的难度,但又可以通过自身努力获得,这为创建工作提供了可实施性。每一颗"星"都为人民群众指明了生活中所需要努力的方向以及需要达到的目标。正是有了这种既有高尚性又可以通过努力达到的创建内容,使得老百姓的美好生活目标具体可感,为追求善治指明了前进方向。

(2)"十星"创建保障了基层社会治理的文明品质。党的十八大以来,习近平总书记创造性提出了"两个结合"重大论断,坚持马克思主义基本原理同中国具体实际相结合、同中华优秀传统文化相结合,孕育出中华文化和中国精神的时代精神。基层社会治理作为党治国理政的重要内容,同样坚持了"两个结合"的理论创新路径。"十星"创建作为基层社会治理的重大实践,其创建内容遵循马克思主义治理观,继承中华优秀传统治国理政智慧,规定了人民群众要达到的精神境界和所呈现的精神面貌,具有高度的文明品质。

"十星"创建活动为每颗"星"都规定了创建标准,这是一种正向引导,同时规定了每颗"星"的否决条件,这是反向倒逼。"十星"创建让人民群众知晓什么应该作、什么不应该做,找到了争取每颗"星"的着力点和规避点,从而使得创建有的放矢。同时,"十星"创建还形成了规范的评星、亮星、讲星、传星、品星、创星流程和机制,得"星"人人传颂,丢"星"家家知晓,形成了一种浓郁知荣辱、明是非、讲正气、作奉献的氛围。在这种氛围中,人民群众养成了崇德尚善、明德惟馨的精神追求,提高了基层社会治理的精神品质。

(3)"十星"创建明确了基层社会治理的人民群众主体地位。人民是基层社会治理的主体,具有知情权、参与权、表达权和监督权。"十星"创建坚持人民群众的主体地位,"'创星'活动在一定程度上让农村基层干部找到了一个新形势下有效组织农民和有效管理农村事务的平台。'创星'活动的本质是农民自我教育、自我管理、自我提升。基本程序是'宣传-创建-自评-互评-审定-公示-授牌'，每个环节都突出了群众的广泛参与，体现了对民意的尊重"。① "十星"创建是改革开放背景下，农村社会治理模式的创新。

基层社会治理中人民群众的义务和权利是统一的。"十星"创建通过不同的"星"明确了人民群众的义务，并通过创建标准，使得义务的履行具有可操作性和可执行性。人民群众对标对表创建内容和创建标准，改变自身生活和生产方式，养成良好的文明习惯，履行自身的义务。"十星"创建在明确了人民群众义务的同时，也明确并丰富了人民群众的权利，建立了"3+X"激励机制和"十星级文明农户示范户"奖励机制。例如，获得"3+信用星"，就可获取信用等级证，享受贷款利率优惠的权利，获得"3+文教星"，就可享受科技培训，实用技术推广等权利，这些权利为人民群众争优创先提供了外在的动力，使其在获得荣誉感的同时又实实在在获得了实惠，更增强了创建信心。通过义务和权利的统一，真正将人民群众在基层社会治理中的主体地位落到实处。

三、"十星"创建推进"三治融合"的基础性模式

党的十九大报告明确提出，加强农村基层基础工作，健全自治、法治、德治相结合的乡村治理体系。自治、法治、德治"三治融合"是基层社会治理的基础性模式。自治可以理解为人们按照已经确定的程序、目标，通过集体的选举确定人选，并使他们按照确定的规则行使集体内部的管理、决策、判断等权力。自治的实质是民主参与到与自身利益相关的事务的管理中并具有实质的判断与决策权。在现代社会，法治是与人治对应的范畴。法治首先是一种文明理性的法律精神，其次是一种民主、宏观层面的治国模式；法治兼具动态与静态的特点，静态的法治即具备完善的法律规划体系，动态的法治是指任何国家机关、组织、个人都要在法律的框架内行事，尊重法律的至高权威。现代德治是在法治的框架下，国家和社会用道德引导、控制、评价社会成员的一种手段。② 这里需要强调的是，自治、法治、德治都是统一于党委领导之下的。自治、法治、德治是一个在

---

① 中央文明办一局、湖北省文明办：《全国创建星级文明户工作座谈会经验汇编》，湖北人民出版社2013年版，第14页。
② 卞辉．《现代乡规民约与农村基层社会治理创新》，中国民主法制出版社2022年版，第65~67页。

乡村治理中发挥着不同作用，但又相互配合的系统，其中，自治是核心，法治是保障，德治是基础。"十星"创建坚持了"三治融合"的治理模式。

（1）群众自我管理、自我服务、自我教育、自我监督的自治能力明显增强。从组织上看，作为自治性组织的村委会在"十星"创建中发挥了重要的组织协调作用，在"五级联动"机制中，发挥着"村组主抓"的作用；"各地在实践中，还充分发挥村民理事会、乡风理事会、道德评议会等群众性自治协会的作用，由协会来制定创建内容、标准，组织评选、奖励和监督"。[①] 在这个过程中，实现了"十星"共建在组织上有载体、有平台、有抓手，很好地实现了群众的自我管理、自我服务、自我教育和自我监督。

从创评流程上看，"自评—互评—审定—公示—授星"都是对群众自治能力的体现，这一流程能够对于群众的自治给予较好的反馈，帮助群众清晰自身存在的问题以及自我调整的方向。群众再根据反馈意见，发挥主观能动性，进行调整，达到创评目的。从效果上看，群众的主人翁地位得到了保障，主动作为的意识和能力显著提升，"拆墙争星"的故事很好地说明了这一点。邻居间因为琐事产出矛盾，两家不相往来，砌起了石墙，因此无法获得团结星，两家自觉羞愧，主动向彼此承认错误，拆除隔墙，相互帮助，后来如愿评上了团结星。这个故事体现了在争星创星过程中，人民群众知荣辱，晓善恶，进行自我管理、自我教育，在处理事情上更理性。

（2）遵纪守法是"十星"创建的初衷、动力和成果之一。法纪星作为三颗基础"星"的一星，具有权威性和约束力，是国家意志在"十星"创建中的体现。增强法治是"十星"创建的初衷之一，也为"十星"创建提供了外在约束力和动力，也是"十星"创建的重要成果之一。

法纪星要求群众尊法学法守法用法，这是基于法律素养的要求；要求群众见义勇为、远离封建迷信和黄赌毒，这是基于文明素养的要求；要求群众合理表达利益诉求，积极参与村级社会治理，积极参与"扫黄打非""扫黑除恶"等专项斗争，这是基于政治素养的要求。可以说，"法纪星"是对农村群众法治意识和

---

① 中央文明办一局、湖北省文明办：《全国创建星级文明户工作座谈会经验汇编》，湖北人民出版社2013年版，第14页。

法治能力的全面性要求。同时,其他"星"也体现了法治的要求,比如爱国星、信用星,爱国星的否决条件中包括了对法定义务的不履行,围绕着信用星制定了信用评级体系。法治具有强制力,各级党委和政府制定的"十星"创建"方案""意见"和"条例"具有行政法规的效力,以规范力和约束力推动了创建活动的顺利开展。

通过将法纪星作为"十星"创建中的基础内容,法治在推动竹山基层社会治理中发挥了重要的作用。"溢水镇东川村是电站移民接收村,社情民意复杂。通过开展'村规民约九倡导九禁止''网上评十星'等系列活动,把群众创星争星的热情演变成了遵从公序良俗、敬畏法律规约、理性平和化解矛盾的自觉行为,焕新了村风民风,焕发了和谐新风,该村荣获全国第七批民主法治示范村、省级文明村、全省首批宜居村庄等殊荣。"① 这是法治作为"十星"创建成果的硕果之一。

(3) 注重结合区域文化进行道德感化,是"德治"的重要内容。竹山通过开展文明实践活动,建好道德法治教育平台,开展"德治"建设,这主要体现在开办"道德讲堂"、选树道德模范、制定新的乡规民约等方面。

竹山在"道德讲堂"开办过程中从群众需求出发,充分参考群众意见,通过身边人、身边事等贴近百姓生活的生动事例引导群众自强厚德,取得了良好的效果,形成了宝贵的经验。一是形成了"好人有好报"的社会共识;二是提高了以文化人、以文育人、以文塑人的能力;三是突出文明实践,通过实践将道德观念深植人心;四是营造了做好事、追求真善美的社会氛围;五是建设了光荣价值体系,让人民群众有动力,有追求。同时面对不同群体,"道德讲堂"设置了机关、企业、行业、社区、村镇等类型的"道德讲堂",以及流动"道德讲堂",实现了对社会群体的全覆盖。

竹山积极选树道德模范,发挥先锋模范的"排头兵"作用。"竹山县11万农户中获评十星户5.8万户,通过'十晒十比十评',2000余示范户荣登村级好人榜,涌现出全国道德模范刘学举、全国优秀共产党员王焕云、全国文化志愿服

---

① 《十星照亮善治路 竹山县基层治理结出累累硕果》,荆楚网,2021年12月18日。

务先进个人王义富等一大批时代楷模。"① 身边榜样的先进事迹更具有引导性，起到了润物于无声、育人于无形的作用。

竹山在基层"德治"中还非常注重新乡规民约的作用。新乡规民约坚持以马克思主义中国化时代化最新理论成果，尤其是习近平新时代中国特色社会主义思想为指导，结合当地优秀传统道德民俗，聚焦乡村实际，通俗易懂，易于操作。溢水镇九华村"将家风家规同法治建设相结合。坚持以'忠、仁、孝、善、和、义'为中心，以'家训促家风，家风带民风，民风扬社风'为理念，对陈氏、周氏、李氏等家族的家规祖训搜集整理，来感化教育身边人，老规矩、老传统代代相传"。② 柳林乡（全乡）"6个村采取'支部牵头、党员带头、群众参与'的模式，按照'易记、易懂、易行'的原则，将群众提出、认同的'小政策''土办法'整理融合，通过村民自己'提'、群众共同'议'的方式修订完善村规民约，并公示公开接受群众监督，形成'约'有人查、'事'有人管的氛围，切实让村规民约'接地气'，在群众中焕发生命力。"③ 这些充分契合当地群众需求和民风民俗的新乡规民约在教化人心，推动"德治"方面发挥了重要作用。

以自治"化解矛盾"、以法治"定分止争"、以德治"整风化雨"。"十星"创建践行了"三治融合"的基层社会治理模式，实现了社会既安定有序又充满活力的治理目标，促进了共建共治共享的社会治理格局的形成。

（4）充分利用技术支撑，推进基层社会治理。随着"十星"创建工作的不断展开，涵盖的主体越来越丰富，创建的工作越来越复杂，为了提升创建质量，"十星"创建引进互联网思维，进行技术赋能，确保了创建工作的与时俱进。互联网思维是指在互联网技术、大数据、云计算等科技背景下，随着"互联网+"与各行业的融合发展，政府部门、企业等相关主体运用信息技术手段分析解决问题的思维和方法。竹山也顺应技术发展的新形势，"顺应新时代交流传播规律，适应疫情防控常态化形势，利用'竹山县新时代文明实践信息系统'实现由

---

① 《竹山："标配+创新"擦出新时代文明实践"新火花"》，十堰文明网，2021年6月21日。
② 《竹山县溢水镇东川村荣获第七批"全国民主法治示范村"》，十堰司法行政网，2018年7月31日。
③ 《竹山县柳林乡：村规民约引领文明新风尚》，十堰文明网，2023年1月13日。

'面对面''院子会'的传统评星方式调整为'网上评十星'。截至目前，17个乡镇通过评星系统注册 94063 户，参评 93954 户，评出"十星户"56947，占比 60.6%"。① 现在"十星"创建的评选工作已经通过网络进行评选，乡里街坊只需要在家里动动手，即可参与互动和评比，增加了信息的透明性和共享性，更加公平公正，同时增强了评比效率和评比的公信力。

此外，竹山县还将新时代文明实践融入"十星"创建，"将文明实践和志愿服务纳入'十星级'系列文明创建测评体系，创新形式实现了'网上评十星'，不断推动文明实践和十星创建深度融合。启用了功能完善的'竹山县新时代文明实践信息系统'，方便群众点单、所站派单和志愿者接单，实现志愿服务信息化管理"。② 这些举措，都是顺应互联网时代的新技术、新思维，主动求变的结果，推动了"十星"创建内容的丰富和方式的创新。

第三节 "十星"创建深入推进基层社会治理的新思考

推进基层社会治理是中国共产党治国理政的重要内容，是推动国家治理体系和治理能力现代化的重要内容。中华人民共和国成立以来，从社会管控到社会管理再到社会治理，党不断推动中国特色社会主义治理理念的创新，社会治理模式也随着社会主要矛盾的变化而做到了与时俱进。"十星"创建作为基层社会治理的伟大实践，在推进基层社会治理中理应发挥更大的作用。

一、新时代基层社会治理的典型经验——"枫桥经验"

"枫桥经验"是历久弥新、与时俱进的化解基层矛盾的优秀经验。20 世纪 60 年代初，浙江省诸暨市枫桥镇的干部群众在社会主义教育运动中创造了"依靠和发动群众，坚持矛盾不上交，就地解决，实现捕人少，治安好"的经验。毛泽东同志亲笔批示"要各地仿效，经过试点，推广去做"。"枫桥经验"由此诞生。

---

① 《竹山县创新"十星级"文明创建机制》，湖北文明网，2021 年 11 月 25 日。
② 《竹山："标配+创新"擦出新时代文明实践"新火花"》，十堰文明网，2021 年 6 月 21 日。

第三节 "十星"创建深入推进基层社会治理的新思考

"枫桥经验"是中国基层社会治理的一大发明,对于维护新生的人民民主专政政权,调动各方面积极因素投身社会主义建设,发挥了重要作用。

改革开放以来,"枫桥经验"被运用到维护社会治安和社会稳定领域,坚持党的全面领导,坚持把经济建设放在首要位置,坚持以人民为实践主体,坚持将矛盾化解在基层,不断丰富和拓展了"枫桥经验"。改革开放年代的"枫桥经验"主要包括"四前"工作法、"四先四早"工作机制、"大调解"机制和网格化管理。所谓"四前"工作法是指组织建设走在工作前,预测工作走在预防前,预防工作走在调解前,调解工作走在激化前。所谓"四先四早"工作机制是指预警在先,矛盾问题早消化;教育在先,重点对象早转化;控制在先,敏感时期早防范;工作在先,矛盾纠纷早处理。所谓"大调解"机制包括党政领导、部门参与、上下联动、优势互补等内容。所谓网格化管理是指形成了"纵向到底,横向底边"① 和"纵向联动,横向整合"的社会管理网格系统。

进入 21 世纪,"枫桥经验"被运用到"平安浙江""法治浙江"建设中。2004 年 5 月,浙江省委通过了《关于建设"平安浙江"促进社会和谐稳定的决定》,浙江成为全国最早提出并全面部署"大平安"建设战略的省份。2003 年 7 月,习近平同志在浙江省委十一届四次全会上提出"八八战略",要求切实加强法治建设。是年 11 月,习近平在枫桥调研时指出:"在改革开放新时期,虽然面临的形势任务都发生了变化,但'枫桥经验'没有过时,必须坚持群众路线不动摇,依靠发动群众,建设平安社会,解决社会矛盾,促进经济与社会协调发展。"2006 年 4 月,浙江省委通过《关于建设"法治浙江"的决定》,要求总结、推广和创新"枫桥经验",建立健全矛盾纠纷疏导化解机制、打防控一体化工作机制和基层管理服务机制,把综治工作覆盖到全社会。

这一时期,浙江省各地市也结合本地实际,创造性运用了"枫桥经验",并丰富了"枫桥经验"。比如,舟山市根据"党委领导、政府负责、公众参与、社

---

① "纵向到底,横向底边"中"纵向到底"指的是从上而下直到最低的乡、村(社区)组等基层组织一级;"横向到边"一般是指本级政府所辖的各个工作部门,包括政府各组成单位、工作单位、垂直管理单位、外地派驻单位、群团、企事业性质的单位等。

会协同"要求,从划分基层社会管理的基本单元(网格)着手,通过强化基层服务、实现基层管理重点转移,实现了基层社会管理全面创新。温州创造"民主恳谈会"模式。

中国特色社会主义进入新时代,"枫桥经验"实现了从化解社会基本矛盾机制到创新基层社会治理机制的转变,其内涵进一步得到了丰富。2013年,浙江桐乡在全国率先开展自治、法治、德治"三治融合"的基层治理实践。经过多年发展,"三治融合"成为全国基层社会治理的重要品牌。2017年,党的十九大将其写入报告,2019年,中央政法委将其称为新时代"枫桥经验"的精髓。2021年7月,中共中央、国务院印发《关于加强基层治理体系和治理能力现代化建设的意见》,提出要用5年左右时间,建立起党组织统一领导、政府依法履责、各类组织积极协同、群众广泛参与,自治、法治、德治相结合的基层治理体系。现在,"枫桥经验"形成了"坚持党建统领、坚持人民主体、坚持'三治融合'、坚持'四防并举'、坚持共建共享"的基层治理模式。

党的十八大以来,习近平总书记多次就"枫桥经验"发表讲话。2013年10月,习近平总书记指出,各级党委和政府要充分认识"枫桥经验"的重大意义,发扬优良作风,适应时代要求,创新群众工作方法,善于运用法治思维和法治方式解决涉及群众切身利益的矛盾和问题。2019年1月,习近平总书记在省部级主要领导干部坚持底线思维着力防范化解重大风险专题研讨班开班式上强调,要推进社会治理现代化,坚持和发展"枫桥经验",健全平安建设社会协同机制,从源头上提升维护社会稳定的能力和水平。2020年9月,习近平总书记在基层代表座谈会上指出,坚持和完善新时代"枫桥经验",加强城乡社区建设,强化网格化管理和服务,完善社会矛盾纠纷多元预防调处化解综合机制。

党的十八大以来,新时代"枫桥经验"先后被写入《中国共产党农村基层组织工作条例》《中共中央关于坚持和完善中国特色社会主义制度、推进国家治理体系和治理能力现代化若干重大问题的决定》《中共中央关于制定国民经济和社会发展第十四个五年规划和二〇三五年远景目标的建议》《中共中央国务院关于支持浙江高质量发展建设共同富裕示范区的意见》等重要文件。"枫桥经验"

已经成为中国社会基层治理的重要法宝和一面旗帜。①

二、"十星"创建深入推进基层社会治理的新思考

（1）坚持党的全面领导，发挥党建的引领作用。坚持党的全面领导是"十星"创建的重要前提和首要原则。"十星"创建活动是乡村基层治理的成功实践，为乡村社会治理在治理主体、治理内容、治理模式等方面积累了经验。新时代，"十星"创建深入推进基层社会治理，贯彻落实《中国共产党农村基层组织工作条例》《关于加强和改进乡村治理的指导意见》等文件精神，坚持党建引领，健全完善农村基层党组织、配齐配强农村基层党组织班子、提高农村党员队伍的整体素质，发挥基层党组织在基层社会治理中的战斗堡垒作用和党员的先锋模范作用。同时，推动党委领导、政府负责、民主协商、社会协同、公众参与、法治保障、科技支撑的社会治理体系，在乡村的落地见效，创新农村基层社会治理体制，提高农村公共服务水平，尤其是充分发挥"十星"创建在创评流程和奖励机制，组织领导和共建机制等方面积累的经验，为基层社会治理打造更具有可推广价值的"竹山模式"。

（2）实现经济倍增先行区目标，厚实基层社会治理的物质基础。坚持物质文明和精神文明协调发展，一直是"十星"创建坚持的原则。突出致富星，"一星带九星"，激发人民群众致富奔小康的内生动力，是"十星"创建服务于脱贫攻坚战略、全面建成小康社会的重要举措。在"十星"创建内容2022年版中，服务于乡村振兴战略，设了产业发展星和共同富裕星，这都是对物质文明一以贯之的追求。在新时代的中国，发展依然是党执政兴国的第一要务，推动高质量发展是推进中国式现代化的首要任务。因此，竹山要想推动"十星"创建深入基层社会治理，首要任务就是增强综合经济实力，发展高度的物质文明。2021年8月，中共竹山县委第十四届第十四次全体会议审议通过了《中共竹山县委、竹山县人民政府关于新时代推动竹山高质量跨越式发展加快建设"经济倍增先行区、绿色

---

① 综合参考：中共浙江省委政法委、绍兴枫桥学院：读懂新时代"枫桥经验"，浙江人民出版社2020年版；邹东升、陈思诗：新时代党建引领基层社会治理，中国民主法制出版社2021年版；朱盼玲：社会治理创新——地方实践与共同体构建，九州出版社2021年版；《"枫桥经验"的发展历程与重要启示》，杭州网，2021年11月22日。

发展示范县"的实施意见》,明确以绿色生态为基底,以现代产业为支撑,以产城融合为载体,以共建共享为目的,着力建设"竹房神保"组团先行区、绿色产业聚集区、文旅康养示范区、精神文明引领区。这是竹山新的发展定位。这一目标的实现,将会为竹山推进"十星"创建和推进基层社会治理现代化夯实物质基础。

(3) 推出专业化人才政策,为基层社会治理夯实人才基础。"十星"创建活动能够取得如今的成绩,对乡村人才的重视是非常重要的原因。无论是在"十星"的创建标准中,还是在"3+X"激励机制和示范户奖励机制中,都包含了对人才的渴望以及对人才发展的支持。例如,"致富星"创建标准要求对经济发展落后的农户给予帮扶和技术支持,这个过程势必要求党和政府进行大量的招才引智,导引着党和政府对乡村人才的培育和使用。"十星"创建还注重对具有一技之长,熟悉乡村情况,具有一定威望的乡村人才的新乡贤的培养。"十星"创建在乡村人才育才引才用才爱才上的成功经验,将指导培养一支有文化、懂治理、有专长的乡村治理人才队伍。基层党组织和政府要围绕着这一目标,从人才资源聚合、乡村治理经费落实、乡村治理设施装备保障、担当激励机制建立等方面推出专业化人才政策,加大人才的培养和使用力度,夯实基层社会治理的人才基础。

(4) 培养互联网思维,提升基层社会治理的智能化水平。互联网思维是指在互联网技术、大数据、云计算等科技背景下,随着"互联网+"与各行业的融合发展,政府部门、企业等相关主体运用信息技术手段分析解决问题的思维和方法。"十星"创建在具体实践中,已经开展了"网上评十星"活动,初步提升了创建活动的智能化水平,积累了一定的经验。竹山县应该与时俱进,发展县域互联网技术,建立互联网平台,推广互联网技术,将人民群众纳入"网"里,增强统筹共建能力。竹山县领导群体应积极学习互联网技术,带动党政人员,特别是与群众联系密切的村镇干部学习互联网技术,提高网络舆情研判和处置能力。要加强乡村网络建设能力,实现互联网的全覆盖,为人民群众提供更加充分的网络资源。要提高信息的整合和传播能力,将信息技术科学有效地运用到"十星"创建和基层社会治理中,提高基层社会治理的智能化水平。

(5) 利用"十星"创建成果的溢出效应,营造乡村基层治理的良好环境。

第三节 "十星"创建深入推进基层社会治理的新思考

经过三十年的创建，竹山已经形成了包括"十星级文明农户""十星级企业""十星级集镇""十星级企业""十星级学校"等在内的"十星级"系列文明创建。这一系列活动渗透到竹山的每一个行业和领域，渗透到居民生活的方方面面，竹山人民创星追星颂星的"十星"文化已经形成。"十星"在创建内容的科学性、组织领导的贯通性、激励机制的有效性、组织管理的规范性上，形成了一整套的模式，积累了宝贵经验。而且，"十星"创建本身也是基层社会治理的伟大实践，竹山人民群众在"十星"创建中已经受到了自我管理、自我服务、自我教育、自我监督的训练。更重要的是，"十星"创建已经走出竹山，飞向全国，成为农村精神文明建设的一面旗帜。这些溢出效应，都有利于竹山基层社会治理迅速找准定位、谋划措施、推进工作。可以说，"十星"创建活动为乡村基层治理营造了良好环境。

（6）加强与全国具有优秀基层治理经验的县市的交流，取长补短。注重与其他地区的交流，是"十星"创建成功的经验之一。这种交流不仅是竹山创建经验的对外宣传推介，还有邀请领域专家学者为创建进行理论构建和进程把脉，不断提升创建水平。竹山在三十年的创建过程中，广泛与全国各县区进行积极交流，不断分析自身优势和不足，在交流中明确了定位，思谋了对策，提高了创建的科学性和规范性。竹山推进乡村基层治理，自然也要学习和借鉴其他地方的先进做法和经验。例如，"枫桥经验"中的网格化管理，将点状的机关、干部、群众进行划分，由上到下，由点汇成线，由线聚成面，区域有划分，事权有主张，落实更便捷。现在湖北正在大力施行网格化管理，通过网络建立线上连接，实时动态，实时跟进，不落一人，提高了治理效率。这些都是值得竹山学习的先进经验。在对外交流中，竹山也可以进一步宣介自身经验，提升竹山基层社会治理模式和经验的影响力，打响竹山在全国的知名度。

第六章 "十星"创建与乡村振兴战略

重视"三农"问题是中国共产党取得新民主主义革命、社会主义革命和建设、改革开放和社会主义现代化建设、新时代接续奋斗成就的重要法宝。以毛泽东为核心的中共第一代领导集体将"三农"工作作为全党的大事，推进土地改革和对农业的社会主义改造，将农业现代化列入"四个现代化"之中，统筹城乡发展，开展大规模的农业基础设施建设，促进了农业发展，为我国工业化开辟了道路。改革开放年代，农村率先采取了一系列放开搞好经济的措施，促进了农业增产、农民增收和农村发展，也为城市经济体制改革夯实了基础，积累了经验。从1982年《全国农村工作会议纪要》以中央一号文件名义下发，以后历年中央一号文件都关注"三农"问题。中国特色社会主义进入新时代，以习近平同志为核心的党中央继承和发展中国共产党"三农"工作思想，深刻把握社会主义现代化建设规律和我国城乡关系发生的深刻变化，顺应亿万农民对美好生活的向往，正式提出了乡村振兴战略，促进了"三农"工作的高质量发展。

第一节　中共中央关于乡村振兴战略的决策部署

乡村振兴战略是新时代"三农"工作的总抓手，是党和国家的重要任务。习近平总书记和党中央对此推出了一系列政策，采取一系列措施，推动乡村振兴战略的深入实施。

一、习近平总书记和党中央关于乡村振兴战略的理论构建和决策部署

党的十八大以来，以习近平同志为核心的党中央对于做好"三农"工作，做

出了一系列重要论述，形成了与新时代"三农"工作相适应的战略决策、政策体系和具体举措。2017年10月，党的十九大报告首次提出实施乡村振兴战略。报告重申了"三农"工作的重要地位，提出新时代条件下乡村振兴战略的总体要求，即产业兴旺、生态宜居、乡风文明、治理有效、生活富裕。围绕着总要求，提出建立健全城乡融合发展体制机制和政策体系，加快推进农业农村现代化。贯彻落实党的十九大精神，同年12月召开的中央农村工作会议全面分析了"三农"工作面临的形势和任务，研究了实施乡村振兴战略的重要政策并进行部署。会议明确了实施乡村振兴战略的目标任务：到2020年，乡村振兴取得重要进展，制度框架和政策体系基本形成；到2035年，乡村振兴取得决定性进展，农业农村现代化基本实现；到2050年，乡村全面振兴，农业强、农村美、农民富全面实现。会议还对中国特色社会主义乡村振兴道路怎么走，提出了七条路：重塑城乡关系，走城乡融合发展之路；巩固和完善农村基本经营制度，走共同富裕之路；深化农业供给侧结构性改革，走质量兴农之路；坚持人与自然和谐共生，走乡村绿色发展之路；传承发展提升农耕文明，走乡村文化兴盛之路；创新乡村治理体系，走乡村善治之路；打好精准脱贫攻坚战，走中国特色减贫之路。

2018年中央一号文件《关于实施乡村振兴战略的意见》，提出了实施乡村振兴战略的重点任务：提升农业发展质量，培育乡村发展新动能；推进乡村绿色发展，打造人与自然和谐共生发展新格局；繁荣兴盛农村文化，焕发乡风文明新气象；加强农村基层基础工作，构建乡村治理新体系；提高农村民生保障水平，塑造美丽乡村新风貌；打好精准脱贫攻坚战，增强贫困群众获得感；推进体制机制创新，强化乡村振兴制度性供给；汇聚全社会力量，强化乡村振兴人才支撑；开拓投融资渠道，强化乡村振兴投入保障；坚持和完善党对"三农"工作的领导。2018年全国两会期间，习近平总书记参加山东代表团审议时提出，要实施好乡村振兴战略，必须完成好"五个振兴"，即产业振兴、人才振兴、文化振兴、生态振兴、组织振兴。9月22日，习近平总书记在中共中央政治局第八次集体学习上指出，农业农村现代化是乡村振兴战略的总目标，坚持农业农村优先发展是总方针，产业兴旺、生态宜居、乡风文明、治理有效、生活富裕是总要求，建立健全城乡融合发展体制机制和政策体系是制度保障。习近平总书记还强调要处理好"四个关系"，即：长远目标和短期目标的关系；顶层设计和基层探索的关系；

发挥市场的决定性作用和更好发挥政府作用的关系；增强群众获得感和适应发展阶段的关系。9月26日，中共中央、国务院印发了《乡村振兴战略规划（2018—2022年）》，围绕促进农村振兴战略的总要求，明确了阶段性重点任务，部署了一系列重要举措。

2019年全国两会期间，习近平总书记在参与河南代表团审议时，又提出实施乡村振兴战略的"六个要"。即：要扛稳粮食安全这个重任、要推进农业供给侧结构性改革、要树牢绿色发展理念、要补齐农村基础设施这个短板、要夯实乡村治理这个根基、要用好深化改革这个法宝。

此外，2019年中央一号文件《关于坚持农业农村优先发展做好"三农"工作的若干意见》，2020年中央一号文件《关于抓好"三农"领域重点工作确保如期实现全面小康的意见》，2021年中央一号文件《关于全面推进乡村振兴加快农业农村现代化》，2022年中央一号文件《关于做好2022年全面推进乡村振兴重点工作的意见》，2023年中央一号文件《关于做好2023年全面推进乡村振兴重点工作的意见》，均对推进乡村振兴战略作出了重要部署。2020年10月，十九届五中全会审议通过的《中共中央关于制定国民经济和社会发展第十四个五年规划和二〇三五年远景目标的建议》，首次明确提出"实现巩固拓展脱贫攻坚成果同乡村振兴有效衔接"。2021年4月，《中华人民共和国乡村振兴促进法》出台。[1]

总结党的十八大以来，习近平总书记和党中央关于乡村振兴战略的重要论述，可以将其概括为总目标、总原则、总要求、制度保障、"四个关系""五个振兴""六要"和"七条路"，形成了体系完整、内容丰富、逻辑缜密的习近平

---

[1] 综合参考：《决胜全面建成小康社会 夺取新时代中国特色社会主义伟大胜利——在中国共产党第十九次全国代表大会上的报告》，人民出版社2017年版；《中央农村工作会议在北京举行 习近平作重要讲话》，新华社，2017年12月29日；《中共中央国务院关于实施乡村振兴战略的意见》，人民出版社2018年版；《习近平参加山东代表团审议》，央视网，2018年3月8日；《习近平在中共中央政治局第八次集体学习时强调：把乡村振兴战略作为新时代"三农"工作总抓手 促进农业全面升级农村全面进步农民全面发展》，央视网，2018年9月22日；《乡村振兴战略规划（2018—2022年）》，人民出版社2018年版；《习近平参加河南代表团审议》，央广网，2019年3月9日；《中共中央关于制定国民经济和社会发展第十四个五年规划和二〇三五年远景目标的建议》，人民出版社2020年版。

乡村振兴观。

二、湖北省委、十堰市委对党中央乡村振兴战略的贯彻落实

2018年4月，习近平总书记在湖北视察时指出，实施乡村振兴战略是新时代做好"三农"工作的总抓手。要聚焦产业兴旺、生态宜居、乡风文明、治理有效、生活富裕，着力推进乡村产业振兴、人才振兴、文化振兴、生态振兴、组织振兴，加快构建现代农业产业体系、生产体系、经营体系，把政府主导和农民主体有机统一起来，充分尊重农民意愿，激发农民内在活力，教育引导广大农民用自己的辛勤劳动实现乡村振兴。这是习近平总书记赋予湖北乡村振兴的使命和任务。

贯彻落实习近平总书记重要讲话精神，2018年11月，湖北省委、省人民政府出台了《关于推进乡村振兴战略实施的意见》（下称《意见》）。《意见》明确了湖北推进乡村振兴战略的总体要求，分别从加快推进农业强省建设、着力建设富美乡村、大力推进城乡融合发展、深入推进农村改革、强化乡村振兴组织领导和保障等五大方面21小方面作出部署，为湖北推进乡村振兴战略指明了方向。2019年5月，湖北省委、省政府印了《湖北省乡村振兴战略规划（2018—2022年）》（下称《规划》）。《规划》详细规定了到2020年、2022年、2035年、2050年湖北乡村振兴战略要实现的目标，并具体安排了构建乡村振兴发展新格局、加快农业现代化步伐、培育壮大乡村特色产业、建设荆楚"四宜"美丽乡村、推动城乡"四网"互联互通、繁荣发展荆楚乡村特色文化、创新"三治联动"乡村治理体系、持续增进农民福祉、大力推进"三乡"工程、强化乡村振兴制度性供给等方面的具体工作。之后，湖北省又出台了《湖北省市县党政领导班子和领导干部推进乡村振兴战略实绩考核办法（试行）》《湖北省乡村振兴促进条例》《湖北省县域经济发展"十四五"规划》《关于做好2022年全面推进乡村振兴重点工作的意见》《关于新时代支持革命老区振兴发展的实施意见》《湖北省推进农业农村现代化"十四五"规划的通知》等文件，完善了乡村振兴战略的政策体系。

2022年6月，湖北省十二次党代会又明确提出以强县工程为抓手，全面推进乡村振兴。报告指出：县域是农村经济、社会、文化等发展的基本单元，是解决

城乡发展不平衡性的主阵地。县城是推动城乡融合发展的关键支撑，要实施强县工程，加快推进以县城为重要载体的就地城镇化和以县域为单位的城乡统筹发展。强县工程重点是促进农民增收，核心是推动城乡协调发展，关键是缩小城乡差距。湖北省十二次党代会为全省在全面建成小康社会的基础上推进乡村振兴战略作出了规划。①

十堰市是鄂豫陕渝毗邻地区中心城市，在推动乡村振兴战略中能够发挥区域示范作用。十堰市委贯彻落实党中央、湖北省委关于乡村振兴战略的决策部署，结合建设绿色低碳发展示范区的发展定位，创造性开展了乡村振兴工作。2019年7月，十堰市委、市政府印发了《十堰市乡村振兴战略规划（2018—2022年）》（下称《规划》）。《规划》紧扣乡村振兴战略的总要求，确定了2020年、2022年发展目标，并展望2035年和2050年的发展目标，提出了十堰市乡村振兴的26项主要指标和"54321"重大目标任务。在《规划》的指引下，十堰市各县市区创造性地开展工作，推动乡村振兴战略在区域的落地，取得了骄人的成绩。2023年4月，湖北省委、省政府下发《关于2022年度全省市县党政领导班子和领导干部推进乡村振兴战略实绩考核结果的通报》，十堰市以市州第二名的成绩，获评2022年全省乡村振兴实绩考核"优秀等次"。所辖县市区中，丹江口市以Ⅱ类县第二名的成绩获评"优秀等次"，郧西县、竹山县分别以Ⅱ类县第一名、第二名的成绩获评"进位明显"。② 在这其中，竹山县推出了"十星促五兴"的本土方案。

第二节 "十星"创建与竹山社会主义新农村建设

社会主义新农村的概念由来已久。1955年底，毛泽东主席主持起草了加快

---

① 综合参考：《中共湖北省委 湖北省人民政府关于推进乡村振兴战略实施的意见》，《湖北日报》，2018年3月23日；《湖北省委省政府印发〈湖北省乡村振兴战略规划（2018—2022年）〉》，《湖北日报》，2019年5月20日；《立足新发展阶段 贯彻新发展理念 努力建设全国构建新发展格局先行区 奋进全面建设社会主义现代化新征程——在中国共产党湖北省第十二次代表大会上的报告》，《湖北日报》，2022年6月24日。

② 《十堰市获评2022年度全省乡村振兴战略实绩考核"优秀等次"》，十堰市政府网，2023年5月6日。

农业、农村发展的《一九五六年到一九六七年全国农业发展纲要》("四十条"),当时被视为建设社会主义新农村的伟大纲领。1956年,全国人大一届三次会议在审议通过《高级农业生产合作社示范章程(草案)》时,提出了"建设社会主义新农村"的奋斗目标。1957年10月,《人民日报》针对"四十条"公布发表的社论题目是《建设社会主义农村的伟大纲领》,从此,社会主义新农村建设成为农村工作的重要目标和内容。

改革开放以后,"社会主义新农村"概念不断被提及,并被赋予新的内容。这一时期,中国农村发生了巨大变化,管理体制上废社建乡,经营方式上由大集体生产变为家庭联产承包责任制,而且提出了要建设"具有高度物质文明和高度精神文明"的新农村。进入90年代,各地普遍开展了农村小康建设,积累了丰富经验,"社会主义新农村"概念的内涵愈益丰富和明晰。1998年10月,党的十五届三中全会审议通过了《中共中央关于农业和农村工作若干重大问题的决定》,明确提出了到2010年建设有中国特色社会主义新农村的奋斗目标。

进入21世纪,"社会主义新农村"概念发生了质的飞跃。2002年11月,党的十六大规划了全面建设小康社会的宏伟目标,拓展了"社会主义新农村"概念的思想基础。在此基础上,2005年10月,党的十六届五中全会提出要按照"生产发展、生活宽裕、乡风文明、村容整洁、管理民主"的要求,扎实推进社会主义新农村建设,并且从经济建设、政治建设、文化建设、社会建设等方面规定了社会主义新农村建设的具体任务。[1] 贯彻落实党中央的决策部署,竹山县依托"十星"创建开展了社会主义新农村建设。

一、紧扣社会主义新农村建设总要求,调整"星"标,开展"十星"创建

精神文明建设必须根据不同历史时期的新变化、新要求,适时调整其内容和标准,做到与人民群众生产生活条件的改善息息相关,才会具有实效性,也才能

---

[1] 综合参考:陈希玉:《农情与农道》,黄河出版社2007年版;王立胜:《中国农村现代化社会基础研究(修订版)》,济南出版社2018年版;王先明:《中国乡村建设思想百年史》,商务印书馆2021年版。

获得广泛的社会认同。从 1993 年到 2022 年，竹山县"十星级文明农户"的内容标准历经了 18 次调整，不断被赋予新的时代内涵。进入 21 世纪，对应社会主义新农村建设"生产发展、生活宽裕、乡风文明、村容整洁、管理民主"的总要求，竹山及时调整"星"标，赋予"十星"创建新的内容和标准。

致富星不再是低水平的解决生存问题的脱贫星，而是顺应社会主义市场经济发展要求、农业农村现代化要求的创业星，就是做到"住房改善收入高，产业项目最关键。家用电器样样有，致富路上跑在前"。这就是说，住房不能是硬凑的，不能房建了什么也没装进去；不仅要收入高，而且要有产业项目，收入具有稳定性、持续性。可见，生产发展、生活宽裕有了新解释。为促进产业发展，竹山通过信用星创建，让农户以文明作担保，以诚信作抵押，帮助农村经营户解决资金问题。这就将精神文明建设与物质文明建设有机统一了起来。竹山县是外出务工大县，农村留守儿童、空巢老人现象突出。因应这一情况，竹山县就将"十星"创建与志愿服务结合，在竹坪、得胜、宝丰、溢水等劳务输出大乡镇成立"天英"留守儿童托管中心，并招募"爱心妈妈"，携手公益组织，结对关爱留守儿童。为构建和谐社会，竹山县抓好道德星、文体星的创评活动。比如，为赋予农民更多健康向上的生活情趣，通过"十星"创建助推民歌擂台赛、农民运动会、花鼓彩船等乡村文化活动举办。为排查矛盾、化解纠纷、维护社会稳定，加强基层社会治理，建立了中心户长制，等等。这些措施都是竹山将"乡风文明、村容整洁、管理民主"付诸实践的充分体现。

为激励农户投身社会主义新农村建设，竹山县还创新了精神鼓励和物质刺激机制。所谓精神鼓励，就是发挥先进的示范带头作用，竹山在认真调研和反复酝酿、讨论的基础上，启动实施了"十星"示范农户评选活动。2007 年，在全县评选出 200 个"十星级"示范户，其中"十星级文明示范农户"100 户，"十佳好公婆""十佳好儿媳""十佳孝子""十大农村致富带头人""十佳中心户长""十佳生态农家""十佳公益标兵""十大优秀文化中心户""十大农村杰出青年""十大科技示范户"各 10 户，起到了很好的示范引领作用。所谓物质刺激，是指推出了"3+X"激励机制。即把"十星"划分为经济因素星和非经济因素星两类，以非经济星道德星、法纪星、卫生星为基础星，在基础星获得后，每获得一颗其他星，即可获得相应的惠农政策奖励。虽然后来随着创建内容和创建主体的不同,"3+X"激励机制的"3"和"X"都有所改变,但这套激励机制所体现的层次性、差异化和全覆盖特性,引导了群众把力量汇聚到社会主义新农村建设上来。

二、开展"十星级文明村"创建,使"十星"创建与社会主义新农村建设高度融合

在紧扣社会主义新农村总要求调整"十星级文明农户"创建内容,引导农民投身社会主义新农村建设的同时,竹山县还推出了"十星级文明村"创建活动,实现了"十星"创建与社会主义新农村建设的高度融合。这一创建活动经历了一个逐步深化的过程。2001年,竹山县开展了"两个文明建设综合示范村"活动。2002年,开展了"强强共建两个文明综合示范村"活动。2003年,在不断总结和探索的基础上,正式启动了扶贫、信用、生态、文化、平安、健康六大工程。2005年初,借鉴海南创建生态文明村的做法,启动了绿色小康村创建活动。继而将"六大工程"和"十星"创建作为两翼驱动、以建设绿色小康村为主体目标,形成了"一主两翼"的农村精神文明建设新模式。2006年,竹山县正式下文开展"十星级文明村"创建。

"十星级文明村"创建坚持以科学发展观为指导,以"十改十建创十星"为载体,以创新体制机制为动力,以政府主导、村级主抓、群众自主、部门主帮为主要形式,坚持"虚实结合、实事求是、虚功实做""创评结合、以创为主、以评促创""点面结合、以点带面、逐步延伸"的原则,分层推进,分类指导,循序渐进,连片创建,不断提高城乡居民文明素质,创优发展环境,发展致富产业,引导群众积极建设富裕和谐文明幸福家园。遵循上述指导思想,"十星级文明村"的创建内容被规定为发展星、党建星、生态星、新风星、法纪星、科教星、计生星、信用星、服务星和村务星。对于每颗星的创建标准,也做了符合新农村建设要求,符合竹山县农村发展实际,符合农村老百姓实际需求的规定。比如放在首位的发展星的创建标准是:村(居)集体经营性收入不少于5万元,农民人均纯收入超全县平均水平10%;积极调整产业结构,制定有经济和产业发展规划并落实到位;产业发展稳步推进,有1~2个特色产业基地,经济示范户每年增加5个以上;剩余劳动力转移率达90%;村庄建设规划科学,布局合理,村

内主次干道全部硬化,建立健全通村水泥路长效养护机制,水泥路入户率达到80%以上;供水供电等基础设施完善配套,水、电入户率达到100%;生活水平质量较高,农户砖混结构房屋达95%,新建房屋全部使用规范图集;20户以上的自然村电视入户率达90%。这一规定对社会主义新农村建设的总体要求作了接地性的通俗易懂的表述和规定,使得新农村建设有了真实的抓手和载体。

"十星级文明村"创建采取了典型示范到逐步推广的工作方法,通过培植示范点、打造示范带、创建试点村,积累经验,再延伸辐射。竹山县将擂鼓镇烟墩梓村、宝丰镇施洋路社区、麻家渡镇罗家坡村等10个村确定为县级"十星级文明村"创建核心示范点。将竹房城镇带确定为县级"十星级"文明创建核心示范带,沿线各村作为"十星级文明村"示范村来打造,形成竹山县最具有特色的百公里文明示范带。将236省道生态文明旅游示范带沿线各村作为"十星级文明村"重点村来创建,打造百公里生态文明走廊。同时要求各镇都要选树2~3个"十星级文明村"创建试点村。

竹山县还将规范创评软件、实施信用工程、繁荣村级文化、发挥党员示范作用、培植一批市场主体、开设村民道德讲堂作为创建的重点工作,使得目标聚焦、措施聚焦、成果聚焦,推动了创建活动的深入开展。在开展"十星级文明村"创建的同时,还开展了"十星级文明社区""十星级文明乡镇"的评选活动,形成了"十星"创建系列活动,共同推动社会主义新农村建设目标的实现。

竹山在社会主义新农村建设过程中开展"十星"创建,通过"十星"创建助推社会主义新农村建设,实现了精神文明建设与物质文明建设的有机统一,强化了党对社会主义新农村工作的领导,夯实了农村党的基层组织,带动了农村产业发展,纯化了乡村风气,整洁了乡村环境。

三、"十星"创建推进社会主义新农村建设的成就与"竹山模式"

2011年6月,洪湖市委宣传部调研竹山"十星"创建活动。竹山县委宣传部在介绍经验时,将"十星"创建推进社会主义新农村建设的成就概括为五个方面。一是群众综合素质明显增强。通过创建,城乡居民荣辱意识和文明意识不断提高,文明习惯不断养成,一大批新型农民和新型移民在创建中脱颖而出。在移民安置区广大群众由农民变成居民,实现了生产方式、生活方式和思维方式的转型,建设美好幸福生活的热情空前高涨。二是生态宜居环境明显优化。在生态星的创建中,各乡镇坚持开展乡村清洁行动和绿化行动,乡村卫生状况日趋良好,人居环境日趋改善。三是城乡一体化步伐加快。十星级系列文明创建活动的开展,助推了社会主义新农村建设和城乡一体化建设步伐。目前,236省道沿线的百里生态文明带、305省道沿线的百里城镇经济带创建初见雏形,两条示范带上涌现出了一大批示范户、示范村和示范镇,城乡文明程度进一步提高,省委确定将305省道沿线作为全省"城乡一体化示范带"。四是群众生活条件明显改善,1006个20户以上自然村全部实现通水、通电、通水泥路、通电话、通广播电视的目标。全县98%以上的农户参与了新型合作医疗,70%农户饮上了安全水,群众健康更有保障。五是党群干群关系融洽和谐。很多乡镇健全了一批评星协会、文体活动协会、环境卫生协会、红白喜事协会、公益建设协会等群众互助合作组织,为群众提供更多参与村级管理和公共事务的机会,使群众在参与"十星"系列创建中实现自我约束、相互监督、共同提高,团结意识、和谐意识明显增强。通过党建星、服务星等星的创建,党员、干部增强了为人民服务的本领,群众在参与"十星"系列文明创建中得到了实惠,干群关系更趋融洽。

对"十星"创建推进社会主义新农村建设的经验,竹山县和上级部门一直在进行系统总结和理论构建。

2005年12月14日,湖北省文明办组织省专家、学者及省直部门在竹山召开了"十星级文明农户"创建与社会主义新农村建设座谈会,总结提炼竹山经验,将竹山实施"六大工程"、深化"十星"创建、建设绿色小康村的做法肯定为全国建设社会主义新农村的"竹山模式"。有的专家概括出了"竹山模式"的创新性、系统性、科学性和亲民性四大特征。其中,就系统性而言,"从文明新村的创建目标,到目标分解后的'六大工程',再到'十星级文明农户'的具体评比项目,使竹山的文明新村创建活动,呈现出从目标系统到第二层级系统的重点工程项目,再到第三层级系统的具体创建内容,这样一个完整的系统性工程。显然,这种系统的完整性,有力地保障了竹山县文明新村的创建效果"。[①] 有的专

[①] 冯桂林:《"十星级":社会主义新农村建设的竹山模式》,转引自:《"十星"创建——中国农村精神文明建设的竹山模式》,湖北科学技术出版社2013年版,第158~159页。

家称"十星"创建是社会主义新农村建设的重要探索,具有"创建活动与农村中心工作有机统一,融为一体""创评标准具体可依、科学合理""创建体系四层联动,结构功能优化""创建活动持之以恒,产生良好的累积效应"① 等特点。还有的专家指出,"竹山模式"是对中国农村现代化道路的有益探索,"这种探索集中体现在使传统'三农'实现就地化这一点上,特别是这一探索能做到上下联动,即上层精英与下层民众的互动"。②

"十星"创建推动社会主义新农村建设的经验,为后来竹山"十星"创建推动脱贫攻坚战,进而推进乡村振兴战略实施提供了有益启示,打下了坚实基础。

第三节 "十星"创建与竹山县脱贫攻坚战

党的十八以来,脱贫攻坚成为农村工作的重点,竹山县贯彻落实习近平总书记关于脱贫攻坚的重要论述,运用"十星"创建因地制宜地开展了脱贫攻坚工作。2017年3月,为进一步擦亮"十星"品牌,助力精准脱贫,竹山县委、县政府决定在全县开展"十星创建·精神脱贫"行动。

一、"十星创建·精神脱贫"的顶层设计

竹山县将群众脱贫动力、农村具体工作和全面小康目标相结合,进行了"十星创建·精神脱贫"的顶层设计。这一设计包括"五大观念""五大机制"和"三大行动"。

(1) 以"五大观念"激活内生动力,实现知信行的思想链接。"五大观念"是指坚持筑梦、立志、扶智、弘德、惜福观念,达到树立自强意识、自信心理、自觉心态、自律习惯、自爱风范的目的。具体而言,就是坚持扶贫先筑梦,弘扬"十星光荣,脱贫靠我"的价值观,树立自强意识;坚持扶贫先立志,弘扬"愚公移山,弱鸟先飞"的事业观,树立自信心理;坚持扶贫先扶智,弘扬"勤能补

---

① 彭光芒:《"十星"创建是社会主义新农村建设的重要探索》,转引自:《"十星"创建——中国农村精神文明建设的竹山模式》,湖北科学技术出版社2013年版,第161~162页。
② 萧洪恩:《"十星"创建与中国特色农村现代化建设道路》,转引自:《"十星"创建——中国农村精神文明建设的竹山模式》,湖北科学技术出版社2013年版,第165页。

拙，耕读传家"的人生观，树立自觉心态；坚持扶贫先弘德，弘扬"孝悌忠信，礼义廉耻"的道德观，树立自律习惯；坚持扶贫先惜福，弘扬"安康是福，节俭惜福"的幸福观，树立自爱风范。

（2）以"五大机制"倒逼攻坚决心，实现点线面的组织链接。强化组织领导机制，形成县级主导、部门主帮、乡镇主抓、村组主推、群众主体格局。县委宣传部、扶贫攻坚办统筹协调，县委文明办加强业务指导，制定出台了《"十星级文明农户（家庭）"创建办法》《"十星级文明村（社区）"创建办法》、新版文明单位测评体系、全县"十星"系列创建活动实施方案，印制《"十星创建·精神脱贫"指导手册》，推动创建活动规范化和常态化。县直各部门及工作队在做好自身"十星"系列创建的基础上，认真履行指导职责和联系村共建工作。乡镇党委政府将此项工作摆上重要议事日程，根据全县总体实施方案，成立了领导小组和工作专班，制定了本乡镇切实可行的行动方案，列出了时间表、路线图和任务清单，一项项抓好落实。

强化宣传引导，形成内容丰富、方式多样、渠道多元的宣传格局。县委宣传部、县委文明办统筹指导全县"十星创建·精神脱贫"氛围营造工作。县广播电视台、"今日竹山"等媒体大张旗鼓报道先进事迹、典型案例和模范人物，发挥了媒体聚焦和舆论引导作用。各乡镇、村、帮扶单位利用公益广告、广播、专栏等，形成潜移默化的宣传氛围。通过基层夜话、网络对话、家访谈话等形式，消除了群众的精神疑虑和心理瓶颈。通过大力挖掘勤劳致富典型事例和模范人物，张榜公示"十晒十比十评"典型等方式，形成了比学赶帮的氛围。

强化创评运行机制，制定了分工明确、职责清晰、流程规范的创评运行机制。竹山县为开展好"十星创建·精神脱贫"这一系统工程，制作了《全县"十星创建·精神脱贫"创建示意图》，对"星承家风·精神脱贫""星耀村风·小康示范""星淳社风·文化强县"三大行动的流程及其相互关系进行了详细解析，一目了然。竹山县还制作了《全县"十星创建·精神脱贫"三大行动任务分解表》，列明了三大行动的各个具体创建活动项目（细化到每个子项目）以及相应的工作要求、责任单位（含牵头单位、配合单位、部门指导单位、督办单位、组织实施单位、具体业务指导单位等）。

强化试点推进，形成富有科学性的试点推进机制。各乡镇每年集中力量打造一个"十星创建·精神脱贫"综合示范点，县文明委和各乡镇党委政府分别每年组织一次"十星创建·精神脱贫"现场推进会，组织各乡镇、村观摩学习，总结推广经验，创新落实成效。

强化督办考评，形成具有约束力的督办考评机制。竹山县委宣传部、县委文明办会同县委督查室、县政府督查室和县扶贫攻坚办，建立月询问、季督查、年评优和明察暗访、定期通报、考评挂钩等工作机制，对工作被动、创建不实、履责缺位的单位按相关规定予以追责问责。

(3) 以"三大行动"提升文明指数，实现家村社的风气链接。采取家县共建的方式，推动城乡文明程度同步提升。"三大行动"包括：实施"星承家风·精神脱贫"行动，实现精神脱贫自觉化；实施"星耀村风·小康示范"行动，实现移风易俗风尚化；实施"星淳社风·文化强县"行动，实现十星文化大众化。

二、"十星创建·精神脱贫"的"三大行动"

"三大行动"是"十星创建·精神脱贫"的主体内容，也是载体和抓手。

(1) 开展了"星承家风·精神脱贫"行动，实现精神脱贫自觉化。习近平总书记强调："家庭是社会的基本细胞，是人生的第一所学校。不论时代发生多大变化，不论生活格局发生多大变化，我们都要重视家庭建设，注重家庭、注重家教、注重家风，继续培育和弘扬社会主义核心价值观。"①"十星创建·精神脱贫"将良好家风的培育和弘扬放在重要地位。

"星承家风·精神脱贫"行动的具体内容包括：①继续深化"十星级文明农户"创建。县委文明办指导，各乡镇统筹协调，各行政村具体组织实施，各精准扶贫工作队协助，发挥十星创评协会职能，优化了创评流程，调动各农户参与创建的积极性，尤其是高度重视贫困户争创"十星级文明农户"的组织引导和评选表扬工作，让积极主动、进步明显、精神感人的贫困户同等享有"十星级文明农户"的成就感和获得感。②启动"十星级文明家庭"创评活动。各乡镇、县直

---

① 中共中央党史和文献研究院：《习近平关于注重家庭家教家风建设论述摘编》，中央文献出版社2021年版，第3页。

及乡（镇）直各单位组织城镇（社区）居民、干部、工人等非农户家庭参与"十星级文明家庭"创建。以机关、小区为单位，采取对十星户授牌、其他户在楼道口集中公示等办法，把家庭、家风、家教融入"十星级文明家庭"创评标准，将家庭志愿者作为文明家庭创建的重要条件，发挥家庭在文明城市、文明社区、文明单位创建中的基础作用。③广泛开展"十晒十比十评"活动。各乡镇和相关部门统筹协调，以村、社区、机关为单位，聚焦精神脱贫，在抓好"十星级文明农户""十星级文明家庭"创建基础上，继续深入开展"十晒十比十评"活动。通过评树系列"十星+最美"典型，引导全县群众比精神、比道德、比勤劳、比文明、比节俭。各乡镇、各村（社区）、各单位广泛发现身边的典型户，将典型人物推介上"竹山好人榜"。④分类命名"十星级文明示范户"。按照分类申报、统一表扬原则，各乡镇、各单位在自行组织评选表扬本级示范户基础上，向县文明委申报县级示范户。"十星级文明示范户"从"十晒十比十评"典型中产生。县委、县政府每年命名表扬500个"十星级文明示范户"，在实行精神嘉奖的同时给予一定的物质奖励；分别命名表扬"十星级精神脱贫示范户"200户、"十星级文明农户"示范户200户、"十星级文明家庭"示范户100户。为受到命名表扬的农户、家庭，颁发证书，赠送全家福、十星文化楹联、民俗年画、家训匾、电子万年历等奖品。

（2）开展了"星耀村风·小康示范"行动，实现移风易俗风尚化。乡风文明是社会主义新农村建设的灵魂。

"星耀村风·小康示范"行动的具体活动包括：①以"三倡导三反对三不超"为主要内容，狠抓移风易俗。把移风易俗、精神脱贫作为"十星级文明村（社区）"创建的重要内容、考评的主要指标，通过宣传发动、立规定约、发现典型、考评兑现，让"倡导集体搬家、倡导勤俭节约、倡导移风易俗，反对大操大办、反对封建迷信、反对赌博抹牌，宴请不超三桌、席面不超三百、送礼不超一百"成为移风易俗的自觉行动。②扎实开展"十星级文化大院"创评。各创建村（社区）选出1至2个自然村院进行重点培植，集中打造"文化大院"，做到村院布局合理、生态良好、秩序和谐、民风淳朴，乡贤楷模众多，产业支撑有力，文化特色鲜明，创建氛围浓厚，确保"十星级文化大院"中"十星级文明农户（家庭）"达到80%以上。③全面开展"十星级文明村（社区）"创评。

县委文明办印制了文明村创建指导手册,统一创建台账管理,对文明村创建加强指导和示范培植。各乡镇组织动员所有行政村(社区)积极对标参创"十星级文明村(社区)"。评星结束后,乡镇党委政府命名表扬一批"十星级文明村(社区)"。④抓好"十星级文明村(社区)"建设"七个一"工程。各乡镇在组织"十星级文明村(社区)"创建中,突出"七个一"建设内容,即一会(十星创评协会)、一规(村规民约)、一队(志愿服务队)、一堂(道德讲堂)、一场(十星文化广场)、一榜(十星好人榜或村情榜)、一墙(十星文化墙),促进群众自我约束、自我教育、自我管理、互相监督、共同提高。⑤分类命名"十星级文明村"示范村和"十星级文明社区"。按照"一村一品、一村一韵"原则,各乡镇组织"十星级文明村(社区)"评选,表扬一批乡镇级示范院和示范村,并择优申报一批县级示范村和文明社区。县级示范村分为"十星级精神脱贫示范村"和"十星级美丽乡村示范村",并分别予以表扬奖励。

(3)开展了"星淳社风·文化强县"行动,实现十星文化大众化。良好的社会风气是社会主义本质的要求,也是社会主义新农村建设的重要内容。

"星淳社风·文化强县"行动的具体活动包括:①加强公益宣传,涵养社会主义核心价值理念。按照"上墙头、进心头、全覆盖、深渗透"要求,广泛发布了社会主义核心价值观、中国梦、遵德守礼、志愿服务、讲文明树新风、精神脱贫、家规族训、村规民约等,将"十星创建·精神脱贫"宣传工作做到家喻户晓,内化于心,外化于行。②组织系列创评,抓实全域"十星"创建。在主抓"十星级文明农户(家庭)""十星级文明村(社区)"创建基础上,推进各单位各系统主抓的系列创建活动,促进"十星"创建覆盖到所有村镇、机关、企业、学校、道路、景区、游园、窗口,涵盖到所有个人、农户、家庭、机关科室和企业班组。③用活德育载体,形成好人满县之风。继续办好道德讲堂,启用了市民道德讲堂总堂,组织市民接受道德教育。继续建好"竹山好人榜",营造了"善行竹山、好人满县""聚焦精神脱贫、村村见事见人"的浓厚氛围。继续推进志愿服务,弘扬"奉献、友爱、互助、进步"的志愿者精神。④抓好文化扶贫,加快文化小康进程。按照"重拾传统技艺,重建乡愁文化"的思路,在乡土人才作用发挥,老祠堂、老民宅等乡愁文化载体保护,民间文艺内容和形式创新等方面,传承了传统文化,厚植了乡愁根脉情结。竹山还注重强化阵地建设,推动科教文卫惠民，培植文化产业，推动了文农商旅融合发展。⑤组建宣讲团队，讲好精神脱贫故事。县委宣传部牵头，组建了一支由文艺骨干、脱贫典型、扶贫干部组成的县级精神脱贫宣讲团，在各乡镇和重点脱贫出列村进行巡回宣讲，讲透十星文化和精神脱贫的理论内涵和基本道理，讲活身边的物质脱贫和精神脱贫典型，激发了群众勤劳致富、奋力脱贫的精神动力。⑥狠抓结对共建，形成城乡共进格局。竹山县建立了文明单位结对共建文明村的工作机制。帮扶村的"十星创建·精神脱贫"工作绩效纳入了共建单位的精神文明建设考核内容。⑦举办系列活动，营造精神脱贫氛围。竹山县认真组织了道德模范、美德少年、最美残疾人、文明家庭评选活动。县文明委命名表扬了一批"十星级"文明单位和个人，评出了一批"十星创建·精神脱贫"创新案例和未成年人思想道德建设创新案例。

三、"十星创建·精神脱贫"的具体成效

遵循科学合理的顶层设计的指导，采取具有可操作性的具体举措，"十星创建·精神脱贫"行动取得了明显成效。

一是"我要脱贫"的志气逐渐养成。坚持扶贫与扶志扶智相结合是新时代中国特色精神扶贫理论的核心内容。习近平总书记强调，脱贫致富贵在立志，只要有志气、有信心，就没有迈不过去的坎，要激发内生动力，调动贫困地区和贫困人口积极性，实现从"要我脱贫"到"我要脱贫"的转变，靠辛勤劳动改变贫困落后面貌，形成脱贫光荣的新风尚。通过"十星"创评，着重树立"十星光荣、脱贫靠我"荣辱观，激励贫困群众自强、自律、自爱，消除"等靠要"思想。2019年，全县分组分院召开"十星级文明农户"评星会3700余次，10.7万农户参加评选，评出"十星"农户5.68万户，占比53.1%。在城乡启动"十晒十比十评"活动，分类型培植典型，引导群众见贤思齐，催生脱贫致富动力。全县涌现出全国第六届孝老爱亲道德模范刘学举，全国孝心少年徐航，中国好人、全国最美乡村医生、全国优秀共产党员王焕云等时代楷模，成为人民学习的榜样。除了精神上的激励，竹山县还注重"以奖代补"催生脱贫动力。2017年、2018年，整合"十星创建·精神脱贫"资金1100多万元，对重点脱贫村、"十星"示范户（分农户和家庭）、精神脱贫示范户、带动贫困户发展的市场主体实

行"以奖代补",其中每年表彰50个左右"十星级文明村"示范村、500个左右"十星级文明户"示范户、100个左右"十星级脱贫示范户",分别给予每村5000元、每户500元和1000元奖励。

二是"我能脱贫"的能力逐渐提升。扶贫必先扶智,扶智就需要发挥教育和道德的作用。习近平总书记强调,扶贫必扶智,让贫困地区的孩子们接受良好教育,是扶贫开发的重要任务,也是阻断贫困代际传递的重要途径。2017年以来,竹山县组织3000余名十星科普志愿者,深入基层普及种养殖等农业科技知识,扶持壮大特色产业,催生"网红"农民近2万人,地方特产年网销额2.5亿余元,极大增强了贫困村民摆脱贫困的信心。竹山县充分利用资源优势,培育富民特色产业,拓宽农民增收途径。采取"一对一"结对帮扶、经济合作组织帮扶等措施,培养群众由农民向产业工人转变。通过不断激活能人资源,释放能人效应,近5年培育新型农民10万余人、种养大户4.8万个、合作社500余个,带动14.9万名贫困群众迈上脱贫致富奔小康之路。文旅结合、文创结合成为新气象,涌现25个生态文化旅游示范村,培植"十星红"红茶等大批文创产业链条,2018年,全县文化产值9.81亿元,GDP占比9%。

三是"十善十美,十星光荣"的文明新风逐渐形成。习近平总书记强调,要倡导和引导贫困群众改变陈规陋习,树立文明新风。竹山深入开展"星承家风""星耀村风""星淳社风"等行动,广泛开展"十晒十比十评"活动和移风易俗活动,带领农民群众养成文明健康的生活方式,形成和谐淳朴、友善守信、扶贫济困的文明新风。在各示范村大力实施"七个一"工程,按照"一村一品"的思路,培植出"星源罗家坡""仁里总兵安""和合枣园""感恩龙井"等精神文明创建县级示范村55个。先后推出城关镇十星歌广场舞大赛、官渡镇秦巴民歌擂台赛、麻家渡镇十星文化艺术节、宝丰镇花鼓船歌擂台赛等重要群众性文化活动,形成了一批影响深远的节会文化品牌。

针对普遍存在的婚丧嫁娶等方面的不文明之风,竹山县委办印发《关于促进文明操办婚丧喜庆事宜的意见》,竹山县文明委出台《文明操办婚丧喜庆事宜,促进精神脱贫的实施方案》,推动文明操办婚丧喜庆事宜落细落实,对贫困户和非贫困户操办的项目、范围和标准等进行细化和量化，拟定移风易俗村规民约通告，采取由村支两委与农户签订协议书的办法推行村民自律自治，共同约定"九倡导九禁止"和奖惩办法。县委文明办推出移风易俗操作手册和工作简报，指导各村管好"两本账"：一是建好家庭明白账，通过调查问卷、家庭人情台账和道理宣讲，帮群众算明白人情攀比的危害；二是建好村级移风易俗工作台账，加强群众事前申报承诺、事中督办检查、事后奖惩兑现的表格填写和痕迹管理。通过两本账，树立了新风，实现了移风易俗。

四是安幼养老工作取得明显成效，为务工人员解除了后顾之忧。早在2014年，竹山县政府就在全国首推《竹山县学生校外托管机构管理暂行办法》，帮助符合条件的托管中心注册为民办非企业单位，使之"身份"合法化。明确县政法委、综治办为业务主管单位，民政局为办证单位，教育局、团县委、妇联、文明办和各乡镇党委政府齐抓共管。实现精准扶贫与留守儿童托管中心、"希望家园"等建设和社会化集中托管有机结合，逐步建立"党政支持、团建主导、部门联动、社会帮扶"四位一体的留守儿童关爱模式。

"十星创建·精神脱贫"以来，竹山县探索在较大易迁安置点、人口集中村庄建设农村安幼养老服务中心46家，为3741名留守儿童、2146名留守妇女、3100名留守老人提供贴心暖心的关爱服务。为防止留守儿童关爱呵护责任缺位，竹山县率先采取"政府主导、市场运作"的办法，引进6家社会组织，建起20所覆盖17个乡镇的标准化校外托管中心，形成了"天英留守"和"星源阳光"两大留守儿童托管品牌。留守儿童托管中心，融"党政引导、市场主导、家庭主体、学校配合、部门联动、社会帮扶"于一体，是农村社会管理体系和未成年人思想道德建设的伟大创新，得到湖北省委、十堰市委主要领导的充分肯定和央视等20余家权威媒体宣传推介。①

"十星"创建推进社会主义新农村建设的成绩和经验，为竹山以"十星"创

---

① 综合参考：《"十星创建·精神脱贫"现场推进会召开 把十星品牌擦得更亮》，今日竹山，2018年12月12日；《十星创建精神脱贫》，今日竹山，2020年9月4日；《星光灿烂小康路 竹山以"十星"创建助推精神脱贫纪略》，《十堰日报》，2020年9月15日；《深化十星创建 提供精神动力——来自竹山县脱贫一线的调研报告》，《农民新报》，2021年3月26日。

建推进乡村振兴战略的实施，积累了宝贵的经验。

第四节 "十星"创建与竹山县乡村振兴战略

乡村振兴战略是在社会主义新农村建设、脱贫攻坚战取得胜利后的再出发。相比社会主义新农村建设的总要求，乡村振兴战略在立意上、举措上有了新的高度，内涵也更加深刻。根据变化了的内涵和要求，2022年3月，竹山县委农办、县委文明办结合竹山加快建设"经济倍增先行区、绿色发展示范县"的实际，制定出台了《竹山县实施"十星促五兴"推进乡村振兴工作方案》（下称《方案》）。

一、调整"十星级文明农户"创建内容和标准，实现"十星促五兴"目标

竹山县根据乡村振兴战略总要求的五个方面，调整了"十星级文明农户"创建内容和标准，拓展了"十星"创建的场域，也为乡村振兴战略提供了途径。

（1）争创产业发展星、营商环境星、人才培育星，推动实现产业兴旺。2021年10月，竹山县十五次党代会就"实施乡村振兴战略，建设更高起点的富裕竹山"，明确提出要加快农业产业化发展。对照"产业兴旺"要求，落实党代会部署，"产业发展星""营商环境星""人才培育星"的任务被规定为：深入实施"藏粮于地、藏粮于技"战略，落实最严格耕地保护制度，牢牢守住粮食安全底线；围绕"一主两大四特"①优势产业，完成产业发展年度目标任务，打造有较强的辐射带动和示范引领作用的主导产业，加强新型经营主体培育；全面梳理办事清单，精简规范办事流程，弘扬"店小二"精神，完善基础设施配套服务功能，落实企业用地用电用水等政策支持，持续优化营商环境；加强党员干部"三农"工作培训力度，规范党员发展，充实基层党员队伍和村级后备干部库；建立村级乡贤活动室，成立产业协会，动员乡贤能人积极参与乡村治理和产业建设；

---

① "一主两大四特"优势产业是指以茶叶产业为主导，以生猪为主的大畜牧产业、以菜籽油和木本油料为主的大粮油产业，以食用菌、中药材、烟叶、竹产业为主的特色产业。

多途径多方式开展高素质农民培育工作,大力培育专业型人才。

(2) 争创科教文卫星、文明创建星,推动实现乡风文明。竹山县十五次党代会提出"构建现代产业体系,建设更高质量的实力竹山"要"实施数字赋能工程","强化科技创新应用";提出"坚持保障改善民生,建设更高品质的幸福竹山"要"提升社会文明程度"。这些目标也具体到了"科教文卫星"和"文明创建星"的创建任务中:推进数字乡村建设,推进农业技术推广、实用科学技术推广、农村义务教育、农村医疗卫生改善等重点工作,持续开展科学知识、卫生健康知识、农技知识等宣传普及,提倡文明健康生活方式;挖掘地方特色文化资源,培植一批文化品牌,促进文化与旅游、农业融合发展,持续壮大乡村文化产业;扎实开展文明实践活动,深入开展习近平新时代中国特色社会主义思想宣传教育,培育和践行社会主义核心价值观;广泛选树先进典型,讲好身边榜样故事,引导人们见贤思齐、崇德向善。持续推进移风易俗,开展高价彩礼、大操大办、餐饮浪费等专项整治,倡树文明新风。

(3) 争创人居环境星,推动实现生态宜居。竹山县十五次党代会明确提出"坚持绿色低碳发展,建设更高颜值的美丽竹山"。建设"美丽竹山",竹山要从"加强生态保护修复""提升县域环境质量""深化'两山'实践创新"等方面着手。这些要求折射到"人居环境星"上就是:深化乡村生态文明建设,积极开展省、市森林城镇(乡村)、生态乡镇(村)创建;全面落实河湖长制、林长制,持续开展"绿盾行动"① 专项检查和问题整改;坚持"多规合一"② 的实用性村庄规划编制,严格执行规划,加强村内建筑风貌管控;推进"厕所革命",加强农村生活垃圾和农村污水治理,常态化开展村庄清洁行动,巩固提升农村饮水安全、农村养老、农村殡葬等基础设施,持续改善农村人居环境。

(4) 争创平安稳定星、便民惠民星,推动实现治理有效。竹山县十五次党代

---

① 绿盾行动是生态环境部等多部门为贯彻落实《中共中央办公厅国务院办公厅关于甘肃祁连山国家级自然保护区生态环境问题督查处理情况及其教训的通报》精神,全面强化自然保护区监管,坚决查处涉及自然保护区的违法违规问题,联合组织开展的自然保护区监督检查专项行动。

② 所谓"多规合一",是将国民经济和社会发展规划、城乡规划、土地利用规划、生态环境保护规划等多个规划融合到一个区域上,实现一个市县一本规划、一张蓝图,解决现有各类规划自成体系、内容冲突、缺乏衔接等问题。

会提出"坚持保障改善民生,建设更高品质的幸福竹山""提升社会治理效能,建设更高水平的平安竹山"。这两大任务要求"平安稳定星""便民惠民星"的任务是:加强民主法治建设,深化法制宣传教育,深入开展平安乡村、法治乡村创建,进一步规范村级事务管理,完善人民调解组织网络;常态化开展扫黑除恶专项斗争,依法严厉打击农村黄赌毒和侵害农村妇女儿童人身权利的违法犯罪行为,防止邪教向农村渗透;常态化开展安全生产风险排查和专项治理,依法严厉打击农村制售假冒伪劣农资、非法集资、电信诈骗等违法行为;落实外来人口和房屋出租户规范化管理,加强社区矫正对象监督管理和刑满释放人员的安置帮教;加强乡村重点公共区域公共安全视频监控覆盖。抓紧抓牢新冠疫情常态化防控工作;深入推进"多务合一"和党群服务中心数字化建设,各种政务服务信息化管理系统作用充分发挥。

(5) 争创党建引领星、共同富裕星,推动实现生活富裕。竹山县十五次党代会提出要"坚定不移全面从严治党""坚持保障改善民生,建设更高品质的幸福竹山",这就要求"党建引领星""共同富裕星"的创建任务分别为:坚持"三农"重中之重地位,健全以党组织为领导核心的农村基层组织体系,全面落实从严治党要求,落实党风廉政建设和意识形态工作主体责任,深入开展"一诺三评"创十星和学习教育活动,推行无职党员设岗定责,夯实基层党组织战斗堡垒,充分发挥党员先锋模范作用;坚持清廉村居建设与清廉文化、清廉家庭建设有机融合,持续加强清廉村居建设;持续壮大村集体经济,有效化解村级债务,建立防范防止返贫的长效机制,支持党员创办领办致富项目,鼓励党员致富能手结对帮扶困难群众,推动农村居民稳定增收。

二、竹山实施"十星促五兴"推进乡村振兴的保障机制

《方案》详细规定了实施"十星促五兴"推进乡村振兴的总体要求,乡村振兴示范村、示范乡镇的基本条件,创建阶段以及工作措施,并且以附件的形式规定了乡村振兴示范创建建设程序(2022年版),"十星级"乡村振兴示范乡镇(文明乡镇)测评体系及任务分解(2022年版),"十星级"乡村振兴示范村(文明村)测评体系及任务分解(2022年版),从而形成了一系列实施"十星促五兴"推进乡村振兴的保障机制。

《方案》指出，实施"十星促五兴"推进乡村振兴要坚持党建引领、激活细胞，坚持规划先行、产业优先，坚持因地制宜、彰显特色，坚持分工协同、整合力量等四大原则。四大原则充分突出了党的领导和人民主体地位的统一，总体规划和重点工作的统一，做到了因地制宜、实事求是。《方案》提出，要按照"三个一批"要求（即充分利用生态宜居家园、美丽乡村等原有发展成果"挂牌一批"，本着"缺什么补什么、需要什么建什么"的原则"建设一批"，整合各地、各部门、各行业优势资源"谋划一批"），坚持点面结合，分步推进，力争用1~3年的努力，打造一批省市乡村振兴示范村（县级乡村振兴重点示范村），培植一批县级文明村、乡村振兴示范村和乡村振兴示范乡镇，辐射带动实现全域乡村振兴，积极争创全国乡村振兴示范县。为此，《方案》将创建过程划分为4年4个阶段，即试点示范阶段（2022年）、试点辐射阶段（2023年）、振兴全域阶段（2024年）、总结提升阶段（2025年），并详细规定了每个阶段的具体任务。《方案》还规定了强化组织领导、强化资金保障、强化宣传引导、严格创建考评、强化督办检查等五项工作措施。

竹山县还紧密结合乡村振兴总要求的五大方面，对乡村振兴示范村、示范乡镇建设对象提出了基本条件。要求建设对象应积极开展精神文明、文化旅游、卫生教育、民主法治等乡村振兴有关示范创建。同时要具有一定区位优势，能够形成片区开发态势，注重建设好"口子镇""口子村"；经济发展较好，至少有一个主导产业，村集体经济实力较强；积极开展农村人居环境整治，域内环境干净整洁、生态环境良好，有拓展建设休闲农业和乡村旅游等新业态潜力；深入挖掘本土历史文化，乡风民风淳朴，积极倡导文明新风尚；村"两委"班子团结务实，有较强的战斗力和执行力，在群众中有较高的威信，组织发动群众能力较强。干群关系和谐，群众积极性高。这样就让示范村、示范乡镇有了具体的对标标准。

《方案》还以附件的形式明确了乡村振兴示范创建建设的程序：确定名单——实施建设——考核评估，并且详细规定了每道程序的责任单位、完成时限以及拟完成的任务。

《方案》分别以列表形式对"十星级"乡村振兴示范乡镇（文明乡镇）、示范村（文明村）制定了详尽的测评体系，并进行了各自创建任务分解。两大测评体系系统、全面、明确,针对性、可操作性、量化考核性强。通过设置每颗"星"在整个乡村振兴战略中的权重、明确每颗"星"创建标准的多条具体标准及其权重、相对应的指导单位、牵头单位,一个以"十星促五兴"的完整网络和建设谱系展现在世人面前。

竹山"十星"创建三十年,是农村精神文明建设"来自基层的伟大创造",是基层社会治理的一面旗帜,在推动社会主义新农村建设、打赢脱贫攻坚战中都发挥了重要作用。以往创建模式和经验,必然会催动"十星"创建在竹山乡村振兴战略中发挥重要作用,并探索出乡村振兴战略实施的"竹山模式"。

附录：调研、采访成果

调研团队在调研和采访的基础上，整理出了采访稿，积累了大量第一手资料，现将采访成果的精华部分集录如下。

一、重大事件亲历者采访稿

竹山县"十星"创建活动的历程、经验和努力方向
——采访竹山县委宣传部副部长、县委文明办原主任董武同志

题记："十星级文明户"创建活动是竹山的县级活动，由县委进行总的领导，县委宣传部、县委文明办因为其工作性质和职责，在其中发挥了重要作用。2022年7月，"十星级文明户"创建活动调研团队（简称"调研团队"）对竹山县委宣传部副部长、县委文明办原主任董武同志进行了专访。董武同志向我们介绍了竹山县"十星级文明户"创建活动的历史、经验和努力方向，内容丰富，见解独特。因为篇幅有限，加之部分内容还处于思考阶段，故只将采访主体部分摘录如下。

调研团队：董武同志，您好，请问您是哪一年到文明办工作的？初到文明办，您是如何认识"十星级文明户"创建活动的？又参与了哪些活动？

董武同志："十星"创建活动是1993年3月在罗家坡村试点，我是2003年4月到文明办工作，恰逢"十星"创建10周年。2021年12月，组织部调整我由县委宣传部副部长兼文明办主任改为副部长兼融媒体中心主任。我在文明办工作了将近19年，"十星"创建30年，我经历了20年，非常长的一个过程。

2002年，时任县委书记贺兴国参加了中央文明办在广西百色市举行的一次区域性连片创建经验交流，在这次全国会议上，贺兴国同志对精神文明建设有了更新的认识。回来就提出要实施"六大工程"深化"十星"创建活动。当时文明办为了办好这个会，请我来帮忙写材料。后来文明办缺人，我就被调到文明办了。

当时"十星"创建活动已经是竹山县的品牌了，影响非常大。1996年以后，中央文明办每两年都要开一次全国的农村精神文明建设工作座谈会，或是现场会，或是经验交流会，每次都会特邀竹山县委书记或者县委常委、宣传部部长参会，竹山县也高度重视，每次基本上都是县委书记参会，要么是宣传部部长陪同、要么是文明办主任陪同。中央文明办定期安排中央媒体，回访竹山"十星"创建工作的开展情况，进行宣传报道。中央领导也非常重视竹山"十星"创建活动，1996年7月，时任中宣部部长丁关根同志对竹山"十星"创建作了批示。后来很多各级别领导对"十星"创建工作都有所指示或批示。因此，竹山"十星"创建活动在全国是非常有影响力的。

2003年我到文明办后就开始从事"十星"创评工作。我翻箱倒柜地把一些资料搬出来看，过去很多材料都是手写的，电子档的文稿都比较少，我就翻阅了很多的资料，经过一个多月，对"十星"创建的来龙去脉就梳理得差不多了。之后，我陪同县里领导多次参加中央、省、市的相关会议，进一步扩大了"十星"创建活动的知名度和影响力。

2012年，中央文明办调研组组长杨新贵来竹山调研，他调研的主要目的是要确立2013年全国农村基层建设现场会是在青岛开还是在竹山开。他的第一站就到了竹山，去看了"十星"创建活动的发源地——麻家渡罗家坡村，还有上庸镇。座谈会上，他说有几个没想到，没想到竹山的"十星"创建是几届县委一届接着一届干的，不像有些地方新官不理旧事，一届县委一个口号，竹山一直是咬定了"十星"创建这个品牌不放松，然后一直在搞，这个做得非常好。第二点就是竹山在不同的时期，"十星"体系不变，但是内容标准在变，不断地赋予一些新的变化，让"十星"这棵老树不断地焕发新的枝条，或者讲老瓶装新酒，老典型又焕发新的活力，这个做得比较好。另外就是在不同的历史时期始终在通过办试点，然后再大范围推广，点线面结合，还赋予一定的机制去推动这些工作，县委县政府在经费的保障、政策的驱动等方面给了很大的支持，让这项工作能够铺开。他还说其他省份有的地方专门搞城乡清洁运动，他也去调研过，结果这些地方的村容村貌，不如竹山，因为竹山养成了健康生活习惯，村容村貌自然就好了。他当时在会上表态说回去后就建议第二年现场会在湖北竹山开，然后不到一个月，他写的调研报告，就被刘云山同志批复了。

"十星"创建先后得到了丁关根、刘云山、刘奇葆三任中宣部部长的亲笔批示，中央文明办用两次全国性的会议来推广竹山"十星"创建的经验。第一次是在1996年的11月，会址选择在武汉东湖，因为当年竹山的交通不便，承办会议比较困难。第二次是2013年全国星级文明户创建工作座谈会，在十堰开了两天多，高速没通，第一天是看现场，几十台大巴从房县到竹山到竹溪，然后转个圈回到十堰，整整看了一天。第二天就是开会，会上主要推广竹山经验。会议的名称为什么叫星级文明户座谈会？1996年中央文明办号召全国各地要学习竹山的"十星"创建经验，但是有些省份觉得10颗星太多了，不好记，而且这10颗星涵盖了方方面面，五大文明都有涉猎，有些就想主要突出精神层面的，不要面面俱到，所以有些地方就设了7颗星，有的地方设了5颗星，大部分的都是按照"十星"标准来设的，中央文明办第二次推广竹山经验时，放眼全国各地，有些地方是搞7星的，有些地方是搞5星的，后来为了便于概括，就叫"全国星级文明户创建座谈会"。

在历史上，竹山"十星"创建确实得到了中央层面一如既往的重视和支持。我比较有感触的是2018年中央文明办在湖北省东湖宾馆开了一次全国文明城市测评体系修订会议座谈会。在这个座谈会上，中央文明办二局局长吴向东在给全国文明办主任搞培训的时候，前后三次提到竹山"十星"创建，这一点给我留下了深刻的印象。

今年中央文明办再次向我们县委书记约稿，省部里面也有这个计划，明年是"十星"创建30年，我们要提前谋划，要再策划一个比较有影响力的活动，也想争取中央文明办、省文明办给予一些重视，搞一个有纪念性的活动。

调研团队：您是哪一年接任文明办主任的？采取了哪些措施强化"十星"创建呢？

董武同志：我是在2015年担任文明办主任的，一上任就率先提出了"十星文化"的概念。概念提出后得到了县委领导的认可。领导觉得要让群众认同"十星"创建活动，就要有一些文化符号和形式。所以，我们每年到年底都会组织本地的书法家写十星楹联，这是"十星文化"最早的一种形式，后来还有剪纸、皮影、民间谚语、民间故事，现在也还有诗社，比较出名的有得胜镇的"稻香诗社"，通过这些引导"十星文化"的传播。

2010年，县里第一次组织了十星文化研讨会，请了市内的一些专家学者来座谈，2015年又搞了一次，主题是"十星文化与中国梦"，请了国内的一些专家过来，研究十星文化与中国梦怎么样对接。

这几年围绕着新时代文明实践中心、全国文明城市等工作，我们持续推进"十星"创建活动，先后为竹山县争得了全国文明城市、全国新时代文明实践中心试点县两块牌子，并且在2017年实现了全国道德模范"零"的突破，就是全国孝老爱亲模范刘学举同志。

调研团队：是的，刘学举同志也是我们的采访对象。我们知道除了刘学举同志，"十星"创建活动还涌现出了许多先进典型，对于这些典型，县委宣传部、文明办是如何将他们推出竹山、推向全国的？

董武同志：刘学举同志是一名农民党员，前后40年一共赡养了11位老人，其中很多是非亲非故的。当时为了宣传这个典型，文明办也是花了很大的力气。当时，我安排了三位工作人员过去，然后派台车，要求他们必须在刘学举家待够三天，必须要深入挖掘这个事例。前后时间太长，很多赡养的细节，刘学举都记不清了。采访组回来后交稿，我看过后就觉得不够打动人。我就亲自给刘学举打了一个下午的电话，反复核实一些细节，并且在纸上给每个老人做了一个简史，包括他们什么时候来的、什么时候去世的，多大年纪，当时身体状况如何，哪些是有亲戚关系的，哪些是无亲无故的。最后就得出了一组数据，到2017年时，刘学举已经送走了六七个老人，这些老人去世时的平均年龄是88岁，最长者是90多岁，这些老人在他家里平均被赡养了20多年，这个数据是很有用的，在这11个人里头有两个双目失明的，还有两个是四肢有残疾的，一个是腿有残疾，还有一个是胳膊有问题，到现在他家里还有一个双目失明的被赡养者。

这些数据拎出来了以后就很震撼了，因为一般的人赡养自己的父母是天经地义，想顺带养一两个人，好像觉得还可以，但是几十年陆陆续续赡养这么多人，就难做到了。后来我把这些数据拎出来，用数据说话，这个材料就有影响力了，那年我们也没想到，本来只想报省里道德模范，谁知道省里面一下子就推到全国了，我们就实现了全国道德模范"零"的突破。

"中国好人榜"竹山上榜了几个，今年上榜了王义富，去年上榜了王惠民，以前还有一位王耀林，一位累死在岗位上的村书记。竹山还有"全国文明乡镇"2个、"全国文明村"2个，还有全国文明城市、全国文明单位，竹山现在在中央文明办的五大奖项系列中，只缺少一个"全国文明校园"。这在湖北是比较少见的，可以说湖北省还没有第二个像竹山这样在国字号荣誉拿得比较全的。

这些年，在推送先进典型上，竹山还是总结出了一些经验。一是对标对表中央文明办的五大奖项系列，严格按照标准去推送。二是有意识地培育、发现、挖掘和包装先进典型。如何讲好先进典型的故事，这是有技巧的，需要我们宣传者去揣摩。三是紧紧抓住和围绕着"十星"这块牌子进行申报。坚持这三点，竹山各行各领域的申报都有所突破。例如，县药监局申报获批了全国药品生产示范县，交通系统申报成功了"全国四好农村路"，政法委申报成功了全国综合治理先进单位。

还有一点值得总结，那就是我们坚持了久久为功，坚持不懈。历史上，我们也曾经搞过很多活动名称和口号。后来，县委领导就说，新口号不要年年提，搞得老百姓不知道说什么，要抓住一两个经典口号，持之以恒地搞下去。比如，组织系统就坚持不懈地做了"十星级党组织"和"十星级党员"两个品牌活动。

调研团队： 对于进一步提升"十星"创建水平，你有什么建议？

我觉得还是要做好顶层设计，将"十星"创建上升为县级一揽子战略的高度，进行工作统筹规划、统筹部署和统筹落实。现在，县委县政府已经开始把"十星"创建真正上升为县级战略，由县委统筹。这项工作目前还是由宣传部、文明办牵头。县委要真正把它捏在手上，然后涉及精神文明领域的几颗星，让文明办来抓，涉及党建领域的就让组织部抓，涉及平安创建法纪的让政法委去抓，涉及生态的，由生态的一些部门去抓，涉及文化、教育的，就由相关职能部门主抓。各个部门都可以抓着某一颗星，那么"十星"的考评，最终就可以与县里边的综合目标考核融会贯通了。考评的指标都装在"十星"里边，因为"十星"最大的好处就是它是一个框，本身这个框可以变，然后框里装的东西可以变，因时而异,随着时代的变化,随时可以调整,调星设星,重新来修订完善它的细化标准。把"十星"创建上升为一个县级战略的话,就由县委各个部门来抓某一颗星或者某个领域,把它真正地统起来,这样"十星"的影响力就更大,成为一个县委战略,高度就不一样了。

目前,很多党政部门都有一套自己的体系,各自体系需要打通,需要整合,需要简化。我觉得没必要搞那么多其他的测评体系,现在各个部门都搞自己的App,下边基层真是很难。我们需要勇气把不同的测评体系打通、精简,这就是我们现在经常提的系统思维。当然这项工作是需要县级层面统筹的,各个部门统筹不起来,文明办更没有这样的权限和能力。目前能够做的是部门帮建,在罗家坡的展览馆里面,有很多历史文件就是讲部门帮建。每颗星都有牵头单位和责任单位,责任单位是一个,也可以是多个,由牵头单位来整合资源,我们称之为帮星机制,也就是部门要帮星,部门就围绕它的职能去帮。

"十星"创建活动的创始人之一和重要亲历者
——采访竹山县原县委文明办主任杨桂凤

题记：杨桂凤同志曾长期在竹山县委文明办工作，经历了"十星"活动的创建、发展和创新，可以说是"十星"活动的创建人之一和重要亲历者。2022年7月19日，调研团队对其进行了采访。因为篇幅有限，只将采访主体内容摘录如下。

调研团队：杨主任，您好，请先给我们介绍一下您的工作经历吧？

杨桂凤同志：我是1994年12月调到宣传部的。当时的文明办还是宣传部的一个科室，随着精神文明建设越来越重要，文明办升级为正处级单位挂靠在宣传部下，文办主任是正书记。我来的时候正好赶上"十星"创建从试点到逐渐推开的阶段，可以说我见证了"十星"的草创阶段，见证了他的成长。

调研团队：您对"十星"发源地——罗家坡村的前期历史应该很了解吧？

杨桂凤同志：罗家坡村是个非常富有的村庄，因为加工绿松石使很多农民富起来了，但是精神文明建设很差。村民们物质世界很富足，但精神世界十分崩塌，做了许多有违道德和法律的事情。当时竹山县的宣传部部长叫章先友，他是"十星"的创始人，也是我的老公。在精神文明建设过程当中，我和他携手共进，共同面对出现的难题。

调研团队：您能讲一下你们之间相遇相知的过程吗？

杨桂凤同志：我老公是个非常有想法有能力的人，人人都把他誉为竹山的理论家。当时一篇反映罗家坡村人精神世界崩塌的报道《腰缠万贯的精神乞丐村》发表在《人民日报》上，一时间各大报纸纷纷转登，在全国引起了轰动。于是，县委宣传部派人进驻该村，调研了解情况，思谋解决之道，破解两个文明发展不均衡的问题，多方研讨后，就开展了"十星级文明农户"的评选活动。当时带队去罗家坡村调研，并拍板决定开展"十星级文明农户"创建活动的就是章先友。当时他不是我老公，后来因为一起从事竹山精神文明建设走到一起。

调研团队:"十星级文明农户"的最初形式是什么样的?

杨桂凤同志:每一家每一户通过自评、互评,创评会评议等方式决定每一家农户可以得到几颗星。最初的十颗星是五爱星、法纪星、计生星、科技星、文教星、新风星、义务星、团结星、卫生星。每颗星都有创建标准,村民对照着标准给自己评星,觉得自己符合哪几颗的创建标准,就给自己评哪几颗。然后是互评环节,当时主要是开院子会,大家面对面,我觉得你达不到这颗星的创建标准,就说出来,并说出理由,大家举手表决你要不要得,这种形式有时候火药味还是很浓的。互评结束后,创评会还要审议,然后公示,然后是挂牌,刚开始挂牌时是敲锣打鼓的,搞得很隆重很红火,从而就造成了一种星多光荣,星少可怜的浓郁氛围,老百姓创星追星的热情就被调动起来了。当然,星不是一成不变的,不同的时代,根据时代特色又赋予了"十星"不同的含义。

调研团队:当时你们抓"十星"创建有哪些方法,或者说流程。

杨桂凤同志:我们当时首先是办试点,最开始,你不可能说每一个地方都抓,先前是全县500多个村,现在合并的是200多个村,一下子都铺开,搞不过来。我们先在县里抓点,罗家坡村就是最重要的一个点,还有其他点,我们几个骨干每个人都抓了1~3个点,抓点抓出经验了,知道怎么开展建设了,宣传发动怎么搞、任务怎么安排、创评流程怎么规范、成果怎么上报,我们都积累了经验,然后慢慢从点到面,一步步地推进,分步推开的。

第二种方法就是宣传,正面宣传,正面引导,就是把"十星级文明户"的做法,通过电视、媒体报纸、专题片传播出去,选树典型,形成一个良好的社会氛围,让每个人形成倡导"十星"就光荣,不倡导"十星"就可耻的认知,形成人人参与,人人评星的大环境。当时的社会是人人唱"十星",人人争"十星"的一种社会氛围。当时竹山那可谓是一片文明,人人都在创新,家家户户都在谈论"十星",当时就是这样的一个情况,就是以得到了"十星"为荣,没有得到"十星"就努力去达到标准。

调研团队:我们还想了解一下,当时有没有一些物质上的奖励?

杨桂凤同志:当时是出了一个文件,当时社会发展与现在不同,农户要交很多税,负担比较重,但如果你是"十星级文明户",县里可以酌情免一部分,在招工、入伍、提干方面给予一些优惠,这是非常有吸引力的。另外,家里有孩子上学的，我们还送一点课本，送个书包，减免一点学费。这只是一些通常的做法，各个乡镇还可以根据各自的情况，制定不同的奖励机制。虽然那时候给的物质奖励不多，但这是一种肯定，拿到这个东西就觉得自己比较厉害。人人都讲求脸面，那一块牌上别人10颗星，他家里少一颗星，肯定心里头不舒服。当然，后来时代变了，物质奖励也变了。到了21世纪，老百姓的日子都好了，国家还废除了农业税，你再在这方面做文章已经不行了，就开始搞一些致富工程，激发农民致富奔小康的自觉，在这些方面给予更多的激励。

调研团队：当时有没有每一颗星评出一个典型的做法？

杨桂凤同志：是有的，最开始是普通的评选，随着一级一级地深入，我们一户一户地选出最优秀的，最后把每一颗星树立一个标杆。我们在倡导"十星"的过程中，不同时期不同阶段，要采取不同的手段，要不然大家就都觉得没有兴致了。比方说，计生部门就联合妇联，在罗家沟村，搞了一个妇女联盟，"十星"评选和妇联的工作联系起来，这样就形成了典型。后来就形成了部门帮建机制，县级行政部门根据工作职责帮建一颗或两颗星，使得每颗星更具有针对性。

调研团队：您对于"十星"创建有没有保留一些文献资料？

杨桂凤同志：当时的材料我准备得特别充足，我想要把竹山县精神文明建设打造成一个正面典型，所以每一次活动，无论是中央、省市领导视察，还是外出参会，还是其他地方的来参观，我都请记者朋友帮忙拍一些照片，作为原始资料。图片比文字还是要震撼一些，另外音像资料文字资料，我也保存得比较多。我想将来有机会将他们都整理出来。

调研团队：后来"十星"创建就超出了农民单一范畴，发展到各行业各领域，请您给我们谈谈这方面的情况吧！

杨桂凤同志：当"十星级文明农户"有了一定成效，我们就在此基础上推进"十星级工商户"建设，不法工商户那个时候非常猖獗，买卖假货，我们与工商局联合起来规范工商户的经营。当时就是一步一步推广，从农村农户、工商户，再企业、工厂、机关，相应地提出了"十星级学生""十星级干部""十星级党员"。最后，就是你们看到的，"十星"创建覆盖了竹山的各行业各领域。

调研团队：嗯，现在声势很大。我们还想听您讲讲中央级媒体对竹山"十星"创建的宣传报道。

杨桂凤同志：这方面的报道很多，我就讲一个亲身经历的吧！当时新华社有一个年轻记者叫邱先成，在采访别的项目的时候偶然听说了"十星"创建，就对这个活动产生了强烈兴趣，他写了一篇关于国内动态的报道，这篇报道很有影响。这篇报道形成过程中，我也参与了，提供了一些素材，所以印象深刻。后来，中央每两年召开一次精神文明建设现场会，竹山要么是发言单位，要么是参会与单位，每年竹山的精神文明建设动态，中央有关部门也在实时关注。我自己也多次参与这样的活动，也是受益匪浅。

调研团队：那就请您谈谈您或者竹山县其他领导对外交流的情况吧？

杨桂凤同志：当时竹山全县都在抓"十星"，形成了人人创"十星"追"十星"，比学赶超的氛围。中央认为"十星"创建适合在中西部地区推广，所以组织集体学习。八大新闻单位包括人民日报、光明日报以及中央电视台"焦点访谈"栏目都来采访。当时中宣部组织培训，他们点名叫我去参加，我一个文明办主任，最小的官，但我是典型单位的代表，来自基层，工作经验丰富，因此格外受宠。中宣部还开了一个培训班，安排部级干部给我们讲课，这种经历可能我们普通人一辈子都没办法体验到的，但由于我们是示范村，所以我才有这样的机会。

调研团队：您客气了。您在文明办的时候，对各个乡镇的精神文明建设还做了哪些贡献。

杨桂凤同志：我们文化中心当时有100万，那个时候100万是很多的，每个乡镇分发12.5万进行精神文明建设，总共搞了12个乡镇，并且配备电脑等设备，这些都是中央对于我们乡镇进行的助力。我希望中央对我们进行扶持，也就大胆要求了。在文明办工作，要胆大心细，要善于搞外交，文明办的工作就是这样的，好多人都不愿意当班长，但是我当得津津有味。希望能够尽自己最大的努力，对乡镇发展贡献自己的力量。

调研团队：您在工作中很有满足感吧？

杨桂凤同志：作为一名共产党员，作为一名干部，我认为我在过程中很享受我的岗位，很有成就感。因为我的工作得到了各级媒体的重视，各级单位的参与，社会的参与，我的工作是人人管，都在用心落实"十星"创建。十堰市到处都在推广"十星"创建，公家车上有，楼道电梯里有，新闻媒体上有，公共宣传栏上有，我心想这都是我和我老公用心工作结得果实，所以让我很有成就感。我的人生经历让我觉得很自豪，我见识了每两年召开一次的全国会议。大家因为我性格开朗也都愿意和我交朋友，愿意和我打交道，结识了许多志同道合的朋友。

调研团队：您是巾帼英雄的代表，现在社会男女还是有一点不平等的，您怎么看待呢？

杨桂凤同志：现在总说女干部不能长漂亮，你长得漂亮别人喜欢在背后说些风言风语，不关注你本身的能力，我觉得这是非常差劲的行为，女生也可以为国家发展贡献自己的力量，并且女生所特有的细致细心都会对工作有很大的帮助。

调研团队：嗯，我们非常同意您的看法，如果有年轻干部投身"十星"创建，您有什么建议？

杨桂凤同志："十星"建设好不好，主要看干部对它重视的程度。"十星"创建只是一个载体，干部可以进行创新发展，干部是引导百姓的重要带头人。哪一级的干部都重要，干部不认真，这项工作绝对做不好。开始一件事是很新鲜的，但持久下去，要靠干部动脑筋做创新。新干部所处的环境跟我们那时候不一样了，但无论环境怎么样，热情要有，脑子要动，要创造性开展工作。

调研团队：嗯，那您对"十星"创建有什么期待？

杨桂凤同志：我希望未来可以将竹山"十星"创建活动拍成影视剧。"十星"创建活动的主题是非常正能量的，符合现在培育和弘扬社会主义核心价值观的需要，"十星"创建中涌现出了很多典型人物和典型事迹，都很感人的，也是正能量的，这都是很好的素材。"十星"创建是一个过程，体现着基层精神文明建设的过程，对社会发展具有积极影响。

附录：调研、采访成果

老歌王唱响新时代

——采访2022年"中国好人榜"上榜人王义富

题记： 从小王到老王，从文化站站长到退而不休，40多年来，王义富始终热衷于弘扬传统文化，发挥自己写歌唱歌的特长、秉承为民唱歌的情怀和持续志愿服务的精神，牺牲小家为大家，以"说、唱、演、讲"等形式投身文明实践，讴歌新时代，歌唱新生活，传播新风尚，用歌声将党的理论政策"飞入寻常百姓家"。2022年7月，调研团队采访了王义富同志，参观了王义富同志的暑期夏令营，听了小孩子们讲的故事，看了小孩子们的书法作品，感受到了王义富同志对孩子们、对竹山文化的爱。但因为是聊天的方式，王义富同志说不用整理成为稿件，可以用他个人先进事迹的材料。现将王义富同志的"湖北省第八届助人为乐道德模范事迹申报材料"摘录如下。

王义富，男，汉族，1951年2月出生，竹山县麻家渡镇人，中共党员。1977年8月参加工作，1983年7月加入中国共产党。先后担任麻家渡镇文化站站长、宝丰镇文化馆馆长、宝丰镇党委宣传委员等职务，现任宝丰镇退休干部。自走上工作岗位起，他在工作之余充分发挥自己能歌善演的特长，及时生动地把党的路线、方针政策送到千家万户，把文明新风传到城镇乡村，把好戏好歌带给基层群众，把矛盾纠纷化解在萌芽状态，他用实际行动诠释出助人为乐"让大家快乐，才是人生最大的快乐"的真谛！

一路星光一路歌。用歌声宣讲党的政策，传承地域文化，讴歌时代新风，快乐一方百姓，是王义富终身践行的初心。为此，他用毕生精力为党默默工作不分内外白昼任劳任怨，为群众热情歌唱翻千山越万岭乐此不疲。40多年来，他勇当船歌文化的传承者，争当地域文化的传播者，乐当文化宣讲的志愿者，笔记记了300多本，花鼓船歌写了3000余首，彩船玩遍30000多户，深入各地机关、学校、村和企业义务宣讲近3000场，免费发放文化丛书5000余册，受益群众30多万人。

彩船划向新时代。紧跟时代，紧贴群众，服务于民，为民而歌，这是王义富40多年来写船歌、唱船歌的一贯宗旨。自党的十八大以来，王义富借用"打油诗""顺口溜""三句半""彩连船""连厢舞"等表演形式，自编、自导、自演1000多首接地气的花鼓船歌，深入全县254个村免费宣讲500余场，将党的理论政策宣讲到基层。其中《十星歌》《喜迎十九大歌唱新巨变》《十谢领袖习主席》等歌曲传唱至今。为使船歌文化薪火相传，他于2018年成立工作室并招收5名徒弟，倾囊传授平生所学。此外，他还教授了400多名学生掌握彩船技艺，培养100余名船歌小艺人。2018年，竹山县启动新时代文明实践中心建设，王义富主动投身其中，用文艺形式讲活党的理论，为党的创新理论"飞入寻常百姓家"做出自己的贡献。

乐助乡民畅惠风。40多年来，王义富自觉扮演着管事佬的角色，他累计创作、传唱各类劝诫型歌谣1000余首，有效化解家庭不和睦、邻里不团结等矛盾纠纷300多起，成功阻止了4起上访事件，挽回了13个濒临破裂的婚姻家庭。微薄的工资待遇并未影响他乐助乡民的热心，面对身边老弱病残，他总是慷慨解囊。40年来，先后受他无偿帮助的人数多达300人。此外，他还常年热衷于开展爱心助学活动，先后帮助10余名贫困学生顺利完成学业。

2007年1月《人民日报》以《深山"歌王"王义富》为题报道了他的事迹，他的歌声先后多次在中央电视台等媒体进行过宣传。40年来，他先后荣获竹山县、十堰市、湖北省优秀共产党员，县级、市级道德模范，全省优秀政协委员、宣传思想工作先进者、湖北好人、优秀志愿者等100多项殊荣。2018年1月，王义富被文化部授予"2017年度全国文化志愿服务典型个人"荣誉称号，2020年，王义富工作室理论宣讲志愿服务荣获第五届中国青年志愿服务项目大赛全国银奖、全省金奖，2021年王义富入围9月份湖北"荆楚楷模"、获评十堰市党史学习教育"十佳百姓宣讲员"。

"十星"创建发源地——罗家坡村的掌舵人
——采访罗家坡村前村委会主任张永刚

题记：罗家坡村从"腰缠万贯精神乞丐村"到"十星级文明户"创建活动的发源地、模范村，村委会主任张永刚在其中发挥了重要作用。

调研团队：张主任，您好。罗家坡村是"十星"创建的发源地。但我们知道这个"发源地"是源自一个不那么光荣的故事，可以跟我们谈谈吗？

张永刚同志：改革开放初期，也就是刚刚 10 多年的时间，很多人依靠绿松石产业富起来了，但村民的无政府主义心态非常严重，把我们村搞乱了。明明有钱，电费就是不交，为了耕地的界线，打架时常有之，各自为政，集体观念淡薄，社会矛盾、社会治安比较差。我刚当上村主任，就面对这么一个乱摊子。我把仅有的一点钱拿出来垫了电费，其他的费用我能垫上的也垫上了，但这不是长久之计啊，怎么办？当时我们镇上有个宣传委员叫刘志斌，有一次我们在一起聊天，他说，老张啊，现在有五星级宾馆，我们搞一个"十星级文明农户"怎么样，针对罗家坡村的实际情况，哪些问题突出，就把哪些问题列出来，搞一个评选。我说，这倒是一件好事，可以试一试。我就找了几个村干部和有声望的村民一起座谈，大家跟我一样的想法，毕竟兄弟相残还上了《人民日报》，大家脸上都无光。因此，大家就统一开始做"十星级文明农户"创建活动。

这是个新鲜事物，大家都没有经验，属于摸着石头过河，但因为设置的"星"的内容都是符合我们村当时实际的，仅经过一年效果就非常明显了。后来，县委宣传部、麻家渡镇委、镇政府就把"十星"内涵规范明确出来了，推广出去了。竹山县委认为这种方法很好，值得研究，值得探索和推广，可以成为竹山的品牌。县委领导都很支持，时任县委书记何世学为了鼓励我们把"十星"搞下去，就修建了一条宝石大道，就是你们过来时走的那条路，这样一来，人们的热情就都起来了。

从 1993 年开始，我们大力开展"十星"评选活动，一年搞两次，年中测评，年末复评,搞到1997年的时候,进入高潮了。1997年好多媒体对我们的活动进行了报道,引起中央和省委的重视,1996年的一个中央指示就说"十星级文明户"创建活动是"来自基层的伟大创造"。我们通过这个活动改变了社会面貌,改善了经济环境,老百姓的精神面貌发生了根本性的变化。

调研团队:你觉得"十星"创建对我们村这么多年的发展产生了哪些实实在在的影响和好处?

张永刚同志:通过"十星"评比,给人们的观念确实带来一种震撼。大家首先有了规矩意识,无论干什么事还是按正规来,不能去搞违法乱纪的事,通过诚实劳动达到发家致富的目的。你不通过诚实劳动,你不守信,你靠骗那是不成的,你靠欺诈也不长久,靠一夜暴富也是不可能的。我觉得这就是实实在在的观念改变,就是第一位的好处。

如果说到实物的,具体的,那就是因为我们是发源地,县委县政府、镇委镇政府都很重视我们,给我们一些资金支持,宝石大道修起来了,其他的路也硬化了,垃圾桶有了,人们房屋的土墙变成砖墙了,村容村貌明显改善。

调研团队:最初设计"十星",是均衡的还是有所差异的?

张永刚同志:还是有所侧重的,根据不同时期的工作,突出不同的内容。初创阶段,为了防止乱搭乱建、实现移风易俗,我们把"道德星""法纪星""信用星"这三颗星作为"十星"的最基本条件。这三颗"星"是底线,都实现才能够开展自评。

后来情况又发生了变化,大家奔小康的热情高涨。时任县委书记佘立柱在麻家渡镇搞调研,他问我如果调整内容,你认为哪一个最重要?我说是"致富星",因为我们的目的就是要大家都富起来。我们通过发展哪些产业富起来呢?经过这么多年的发展,主要是三个产业,一个是绿松石加工产业,一个是莲藕养殖产业,再一个是茶叶产业。当然,后来我们的茶叶产业失败了,为什么失败了?一个是黄泥巴地的气候干燥,茶叶种植要有山有水,我们这是缺水。莲藕产业后来也做了调整,发展为莲蟹鱼虾一体混合式养法。

调研团队:"十星"创建从无到有,从小到大,有没有遇到什么困难,是怎么克服的?

张永刚同志:前期还好,后期我不再担任村主任了,还在推进这项活动,就有人说一些风凉话了，有人讽刺也有人打击，说什么现在你不是干部了，也不是村主任了，你咋那么卖力？你为什么要这么卖力？你想得到啥？甚至我的堂兄都说，你有啥好处，你去为人家搞工程的，对你有啥好。我说，你不要这样说，我们都是希望社会和谐，我的指导思想就是希望全村人和谐，共同发展，共同富裕。对于别人的不理解，我想很重要的一点就是调整好自己的心态。我跟我老伴都能自食其力，感情也不错，还不用麻烦儿女，我也不攀比，就想做点有意义的事情，多少能够做点贡献。这样想着，也就不在乎别人说什么了。

调研团队：向您的无私致敬。我最近也在做乡规民约的事情，请问您在这一块开展了哪些工作？

张永刚同志：我们的乡规民约是"十星"创建活动的一部分。我们现在制定的内容，一部分来自老祖宗留下的传统美德，有很多过去不讲了，我们现在再把它捡起来，有一部分是结合新时代新要求新加进去的。内容其实就是那些，要孝顺公婆、和睦家庭、教育子女，要关心公益事业，要爱护环境，要勤俭节约，等等。为了实践这些村规民约，我们建立了很多理事会，比如红白理事会、家庭纠纷调解会、妇女儿童保护协会，等等。我们还想办法让从村里走出去的"牛人"给家乡做一些事，你们刚才在村委会也看到了，照片上那些人都是我们村走出去的有成就的，他们也做了不少事情，比如修路啊，关爱孤寡老人，等等。

调研团队：您作为首创者，对现在的"十星"创建有什么建议吗？

张永刚同志：第一还是从文化入手，把我们的十星文化做大做强，文化的软实力是非常强大的。第二个是要有切实的激励机制，一定要给予鼓励，精神鼓励和物质鼓励。有时候，东西不在于多，一些小礼品，一张奖状，老百姓都会感到满意，因为这里边有一种认可和肯定。大一点的，就是信贷额度之类的，给老百姓发家致富解决一些政策和资金问题。第三个是要从政策方面去抓落实，上边要有更明确的顶层设计，然后层层落实，狠抓落实，建立考核机制，优秀的要奖励，不合格的要通报批评，让各级领导真正重视"十星"创建，而不是停留在口头上！我看有这三种方法，就能够把事情继续推广下去，走深走实。

群众致富的"领头雁"
——采访上庸镇九华村党支部书记胡成国

题记：胡成国同志是九华村党支部书记，他带领群众开山修路、发展多种经营，建设美丽乡村，带领九华村脱贫致富，受到了群众的一致拥护，被大家称为"领头雁""主心骨"。

调研团队：胡书记您好，首先请您给我们介绍一下九华村的基本情况吧。

胡成国：我们九华村位于上庸镇的南部，现有住户538户1720人，版图面积14.6平方公里，其中有精准扶贫户是173户428人。我们村目前的基本情况就是这样的。

调研团队：我看您这儿还有电商，主要是卖什么产品？

胡成国：是村里面的合作社带动贫困对象就业的产业，村里有几个合作社，有茶叶合作社、食用菌合作社、蜂蜜合作社、药材合作社、竹产业合作社、粮酒合作社，你看我们这酒挺多的，我们的酒有跟丹江口的酒厂合作的，也有跟贵州茅台镇合作的，产业还是挺多的，这就是电商产业主要的销售类型。

调研团队：嗯，咱们村是抓住了电商经济的契机。老百姓都说"要想富先修路"，您给我们讲讲您带领群众修路的故事吧？

胡成国：我们村里面的路挺多的，九华村是3个村合并的，有8个小组，硬化路有30多公里，是分批修成的，几乎实现了家家户户通路，现在大概只有10户到家的公路还没有通，我们计划明年修通，到时候就实现了对全村家庭的100%覆盖。在党的十八大之前，修路的钱主要来自群众捐赠，那时候钱很少，我们组织组上的群众多出一点，然后向政府要一点，慢慢修，慢慢修，后面又把从我们这出去的老板，实力好一点的接回来，让他们也帮忙修，我们再向上级要一点。精准扶贫的时候政策好一点，上面有政策，支持力度加大，修路的进程也加大了，就修成了你们现在看到的几乎覆盖全村家家户户的硬化路。

调研团队：咱们修路的这个过程还是充满了自力更生、艰苦奋斗的。您这儿合作社经营情况怎么样？合作社主要是面向贫困户吗？

胡成国：合作社的情况，前边介绍了一些，我再详细介绍一下。茶叶合作社的规模比较大，茶叶的种植、茶园的管理、茶产业的产供销都是比较复杂的。从种子的播种，到幼苗的管理、除草、施肥、除虫，再到修剪、采摘、收购、加工、销售，工序非常繁杂。现在我们基本上形成了从种植到采摘，再到加工的一条龙产业链。

食用菌合作社的发展过程也是我们争取资金先建厂坪建大棚，然后用国家的精准扶贫政策，让贫困户争取帮扶贷款，不要利息的，村干部分头给贫困户培训指导技术，也形成了从大棚生产到收购销售的一条龙服务产业链。

蜂蜜合作社是扶贫干部成立的合作社，先引导群众加入里面，然后给他指导技术，我们这些蜂蜜还有包装的好了的，还有没包装好的，还有一桶一桶地放到里面的，这都是纯天然的生态产品。

粮酒合作社的酿酒原料最初来自精准扶贫户种植的高粱，酒厂收购，给他们提供销售渠道。后来随着酒厂规模的做大，本地种植的高粱就不够了，我们就从东北收购高粱。我们生产的高粱酒是窖藏的，在地下挖地窖，用钢筋混凝土倒起来，把高粱酒吊下去之后，放到那里面存凉、窖藏。窖藏10年的，现在有40吨8万斤，窖藏之后，我们又跟酒厂合作提纯，提纯之后勾兑包装，用我们的名称，用他们的技术，再进一步把酒变为商品，可以进超市，可以在电商线上销售。

我们的药材合作社有金线莲，金线莲非常好，可以泡茶喝，可以炖汤，母鸡汤、排骨汤、猪蹄汤都可以加金线莲在里面，它是养生的东西，养生护肝。除了直接食用，还可以转换成酒，我们也生产金线莲的酒，有好几款产品。

调研团队：合作社实现了经营方式的企业化，很棒！我们知道九华村是美丽乡村建设示范点。这个示范点咱们是凭借什么优势争取到的？又采取了哪些措施巩固示范点？

胡成国：我们的优势主要在于淳朴的乡风。村里对乡风、村风、民风培育得很好，管理得很严格，上访的几乎没有，乡风、村风、民风，这是我们的第一个优势。第二个优势就是我们的位置比较独特，村下面是库区，上面是国家级森林公园，建了一个康养中心，九华村的康养中心森林面积有4万多亩。上庸镇是竹山县的后花园,九华村又是上庸镇的后花园,这样就形成了一个产业链。康养中心今年投入了几千万,现在已经开业了。天然氧吧,全部都是氧气,身体状况不好的话,在那里玩几天,身体就能够得到休养。

调研团队:刚才咱们讲到了乡风民风,咱们是用什么机制或者说措施来培育乡风民风吗?

胡成国:培育乡风民风,我们也下了很大的力气。很早的时候我们就组织党员代表、群众代表,讨论研究村规民约。我们的村规民约里面规定的内容很多,包括了生态的、文明的、孝老敬贤的、遵纪守法的,人居环境的,等等。村规民约主要教育群众两条,一个是要遵纪守法,二是要与时俱进。村规民约的制定过程是比较民主的,集合了各方的意见和建议。制定之后,利用村委会的会议、小组的会、全体村民大会进行宣讲,入户宣讲。群众要遵守村规民约,特别是在移风易俗方面,管得特别紧,平时宣传一定要勤俭节约,婚事要求新办,丧事要求要简办,乔迁这些喜事要省办,过节也要从简,大事要小办,小事尽量不办。

原来的时候,村里人热衷于过生日,老年人要过生日,年轻人要过生日,天天都生日,都流行送礼,大家在外面打工,还要抽时间回来过生日。这其实就把精力、钱财和时间全部消耗在上面了。村规民约实行十多年以来,通过宣传和实施,现在风气好转了,过生日铺张浪费的事情几乎没有了。你想啊,过个生日办个事,烟花爆竹一放都耗费几千,特别是大热天,席面上的菜肉吃不完都浪费了,还有你请人家来,人家住得远,又不得不来,来了又得随份子,浪费时间和金钱。我们村在禁止过生日铺张浪费上是做得比较好的,一般的村达不到我们的程度。群众有时候也问我,书记你要求这么多,但隔壁村依旧大吃大喝?我说咱不管其他村,他们是在消耗自己的元气,我们是在埋头搞发家致富。

调研团队:咱们的村规民约是党的十八大之后才形成的还是以前就有?

胡成国:我们以前就有,这是我们以前发的小册子,原来的一些政策里面规定的,老化了,不适应形势,原来的跟党的十八大以后的是有差距的。比如,之前那个版本没有要求婚事简办,没有这个要求,不改不行,就一直讨论修改,我们讨论了两年,最后才定下来。再比如,原来我们没有那么要求人居环境,没有那么要求绿水青山,没有要求婚丧嫁娶(简办),没有明确的要求,那个太老化了,这个是进一步修改的。

调研团队：我看您这个上面有八大类，八大类是怎么划分的？是根据原有的村规民约修改的？

胡成国：修改了不少，原来搞得太简单，一个小册子，每家发一本。不适应新形势了之后，我就把它扩大范围，把村里需要约定的事物都放在里边。需要规范的事情，有的入了村规民约，有的没有入村规民约，没有入村规民约的，群众就会说你没有规定不许搞嘛，那我就去搞一下。因此，我就把能放的都放进去。

调研团队：在制定的时候，有没有参照"十星"的创建标准。

胡成国：我们是结合了"十星"创建标准的，"十星"的内容和标准更换得快，一两年就要更换一次，"十星"也不是固定的，也是与时俱进的，我们每1到3年就要换一次牌子。比如，原来"十星"就没有"生态星"，有"计生星"，现在生育开放了，不要"计生星"了，就改成"生态星"了，这个也是不断更改的。所以，我们的村规民约不更改不行，村规民约一定要在国家法律范围之内，还要结合"十星"的创建内容，村的自治内容不能大于国法。

调研团队："十星"创建活动给咱们村的精神面貌带来什么实质性的改变？

胡成国："十星"创建，竹山是发源地，"十星"创建给村民带来了不少的收获。比如"致富星"，如果是懒人的话，"致富星"就要被拿掉，他可能脸上还是减一下色的，他可能还要上进一下，它是有作用的。比如"法纪星"，有一家门上少了法纪星，违法了，大家一看他违法了，所以少一颗星。有人想发生矛盾发生冲突的话，想一下"法纪星"，可能就不能搞了。现在各方面都拿"十星"作标准，有小孩要订婚，人家亲戚来了一看，这一家怎么连"十星"都没有？我们村就有这种现象，人家一看他挂的精准扶贫的牌子，没有"致富星"，人家看一看就走了。这么看，"十星"还是起作用的，还是要进一步优化，要大力推广。

调研团队：作为亲历者，您"十星"创建有什么建议吗？

胡成国：我觉得在宣传鼓动方面要进一步优化，农村老年人，像我们这个年龄以上的，没有文化的人很多，他没有文化，看不懂，要加大宣传力度。因为群众完全在于引导，要加大宣传力度，要多搞一些宣讲的东西，要搞一些典型宣讲。

其次，还是要搞一点实质性的东西，要搞点奖励。这几年有物质奖励，但力度还不够。

调研团队：最后一个问题，党和国家现在提出推进乡村振兴战略，刚才您也提到了产业振兴、生态振兴。想问一下您，咱们村在人才振兴这一方面，吸引大学生到农村来和鼓励出去的"能人"返乡创业方面有哪些措施和成就？

胡成国：对于本村出去读书的大学生，首先我们要打感情牌，不时地问候一下，关心一下学习和生活。对其父母、家庭，有什么困难，要尽量帮一下，这样他的父母也会给他做工作。"村里对我们很照顾，咱们不能忘本啊"，这样就在他心里埋下了回来的念头。再就是，对待现在在读高中的学生，也要关心，给他们的家庭一些政策优化、贷款实惠，这是打基础的工作。另外，还要给予一定的物质奖励，我们原来也准备成立一个基金会，有那么几位老板，准备叫他们回乡搞一点基金，让他们拿钱，鼓励那些拔尖生，3000元、5000元的，鼓励他们好好学习，这些拔尖生将来不管是从政也好，经商也好，都是人才。我们用这种方式方法来帮扶他，来感动他，叫他将来成才之后回馈社会，发挥正能量，带动家乡去脱贫致富，给社会做贡献。

本村大学生已经毕业了，在外边创业成功的，我们要动员他们回乡，帮他们入党、从政、发展产业，从而推进乡村振兴。他们回乡创业发展，就能带动身边的人就业，就业就能增收

调研团队：目前，咱们村上有没有大学生村官，从咱们村走出去的大学生有没有回乡创业的，或者说有没有到咱们这里驻村扶贫的？

胡成国：目前我们有一名大学生村官，他才毕业，计划明年再招聘一个。我们跟咱们市区几个大学都有合作，让他们给我们培养人才。我们也会通过我们的渠道把人才送出去再深造，深造完了回来重点培养，这样就有了一个良性循环。

调研团队：乡村振兴里边还有一项组织振兴，请介绍一下咱们两委班子建设的基本情况吧？

胡成国：我们严格按上一级党委的规定开展队伍建设。村上干部满员，村支两委是5名干部，其中一名是女干部。我们的村级组织，战斗力还是蛮强的，还是真正地发挥了战斗堡垒作用的，在脱贫攻坚战线表现不错，在产业带动方面，他们都是合作社的负责人，战斗力跟其他村相比，不是我们夸自己，我们这个村还是强一点，还是中上等的。

二、"十星级文明农户"示范户采访稿

以皮影戏传播爱国之情
——采访"十星级文明农户"示范户周承志

题记：周承志，55岁，竹山县竹坪乡兴茶村人，竹山县竹坪乡非物质文化遗产皮影戏传承人，是"十星级文明农户"示范户，其事迹主要体现在"爱国星"创建内容上。源于对竹山高腔的热爱和自身的天赋，周承志把自己全部精力投入竹山高腔的各种演唱活动中，并且将爱各国主义教育融入其表演内容中。他既继承了《三代四状元》《百忍堂》等经典古戏，同时发展创新，与新时代新实践新成就相结合，编排《精准扶贫》《十颗星》《清风颂》《党风政风洁上庸》等反映竹山发展巨变和党风廉政宣传的时代新戏。2015年冬至今，竹山高腔剧团（原竹山县艺术团）三次邀请竹坪皮影戏班到县文化馆演出，并录像保存。

调研团队：您好，能跟我们讲一讲您作为"爱国星"典型代表的情况吗？

周承志：爱国、爱党，这是每一个公民最基本的义务，特别是在党的领导下，我们深山里面发生了翻天覆地的变化，我从心里感恩，感恩党的为民造福。要说我作为"爱国星"典型代表的事迹，那应该就是我为皮影戏非物质文化遗产所尽的绵薄之力。不想让我们的优秀传统文化没落，因此我决定终身从事发扬皮影戏文化的工作，用皮影戏去传达党的精神，让更多的人了解在党的领导下，国家的政治、经济、文化、社会、生活等各个方面发展的成就。

调研团队：那您的孩子们支持您这项工作吗？

周承志：家里有一个儿子，一个女儿，并且两个孩子都在上海开了自己的公司，可算是事业有成，儿子、女儿也担心我自己一个人在家，多次让我到上海去生活，去安度晚年，但我都拒绝了。我热爱皮影戏，我想要在家乡唱皮影戏并把它传承下去，儿子女儿知道我的想法也非常支持我，通过文化传播，丰富人们的

精神世界,增强精神力量也是一件非常有意义的事情。

调研团队:您是从什么时候知道了解皮影戏的呢?

周承志:记得小的时候,我们生产小队聘请一位专门演皮影戏的师傅来表演,我们都叫他王老师,他双手舞动皮影和线,把手指含到嘴里,能吹出小孩哭、蜂吼马叫鸟鸣等各种不同的声音,我大受震撼,后来我父亲也加入了王老师的团队,和王老师他们一起,给周边乡村群众带去了精神食粮。所以说,我从小时候就伴随着皮影戏长大,耳濡目染,对于皮影戏从小了解,从骨子里是热爱和喜欢的。

调研团队:听说您小时候还和父亲打过擂台?

周承志:由于我年轻气盛,扬言和父亲打擂台也不会输,我家老爷子还真就一气之下请来戏班子里的"拦门"师傅李远德、伴奏师傅陈中祥、乐器师傅周承华上门摆起擂台,我俩"当面锣对面鼓"地比试了起来。一场对垒下来,我毕竟年轻气壮,嗓门洪亮再加上脑子灵活,把父亲比下去了,戏班里叔叔辈的师傅们也都夸我唱得好,今后定能担当传承竹坪乡皮影艺术的重任。这其实也从另一个角度坚定我想要坚持做皮影戏的信心。

调研团队:那么您当时作为年轻人愿意从事这种效益比较低的工作吗?

周承志:考虑到皮影戏需要有传承人,最初是父亲想让我传承皮影戏行当。但是当时我年轻气盛,而且看皮影戏的人一天天减少了,我认为学皮影戏今后没啥前途,一心要出门打工挣大钱。

调研团队:是什么让您转变想法又选择了皮影戏,并且一直坚持到现在呢?

周承志:2010年9月,我在外务工,听说父亲病危的消息,急忙丢下手头工作赶回家,望着病床上奄奄一息的父亲,懊恼自责涌上心头,后悔自己不该只想着挣钱没有听父亲的话。父亲拉着我的手和我说,自己刚不久还代表竹山县参加了在十堰市举办的第四届世界传统武术节,在武术节上表演了竹山的皮影戏,那种由内散发出来的骄傲和自豪深深地感染着我。弥留之际,父亲拉着我的手说,皮影戏一定要发扬光大……从那天起我便立志要真正投入到皮影戏的传承创新中去。可惜我没有进戏班去学,到了父亲去世后第八天,皮影戏班的陈中祥师傅找上门来:"志娃子,今天我来上门求贤。你父亲唱了一辈子皮影戏,给我们大家带来了多少欢乐,他唱的皮影戏成了我们村很多人成长的记忆。你可不能让皮影戏在你手上失传了呀。"村书记刘明华也上门做工作，妻子、儿女也都支持我把皮影戏传承下去。自此陈中祥师傅带领我踏上了非遗传承之旅，精心传授皮影戏技能。为了全面掌握皮影艺术，我从学徒做起，给"拦门"师傅李远德打下手，空闲时跟陈中祥和周承华学习乐器、伴奏。虽说快50岁，我却是戏班里的"年轻人"，三个师傅中一个七十多，两个六十多，都恨不得早点把毕生的皮影戏经验传授给我。有时候看到我学得慢，师傅们颇有些"恨铁不成钢"，但我没有放弃，那种传承非遗的责任感和使命感激励着我更加刻苦地练习。

调研团队：皮影戏的创作主要以什么为背景，大概有哪些主题？

周承志：唱的都是竹山县当地的故事，传承了几代人了，是观众们喜欢的古戏，像《三代四状元》《百忍堂》等古戏。近年来，竹坪乡投入资金5万余元，支持本土皮影戏传承发展，有了政府支持，我们结合党史学习教育以及新时代的成就，创造了许多有特色的现代皮影故事，比如《精准扶贫》《十颗星》《清风颂》等。我自编自导的皮影戏《十九届六中全会精神放光辉》，用传统的艺术表演形式将党的十九届六中全会精神传播到基层群众的心中，满足了群众对党的理论知识和发展战略的了解渴望。结合皮影戏《薛仁贵征东》的曲调自编自导的演绎精准脱贫的皮影戏曲，得到了观众的一致认可和称赞，展示了我县脱贫攻坚战的新气象、新变化、新成果。以我擅长的皮影戏去唱新生活、新事物，歌颂党和祖国，歌颂人民，一直是这几年我传承皮影戏的中心想法。

调研团队：那么皮影戏的传播发展有遇到什么困难吗？

周承志：由于最近几年受疫情影响，又加上场地受限的原因，一年演出还不到三十场，这是我们目前遇到的重大难题。现在的场地是在我们村上，打鼓的时候打得整天响，唱歌再放开嗓子，可能会打扰到其他村民，没有一个专门的场地用于表演。再一个就是如何让年轻人传承下去也是一大难题，因为戏班队伍里最年轻的就是我了，但我也已经五十多岁了，教我的师傅们都七八十岁高龄了。对于今后的发展只能是喜忧参半，喜的是国家对地方戏曲文化保护的力度不断深入，让我的皮影戏班也看到了希望。但戏班人员年龄老化、收入不足以支撑运转的窘境也让我感到为难，同时外面打工挣钱的诱惑让戏班难进新人、难留新人，皮影戏面临后继无人的窘境。希望通过我的努力能有更多的人加入保护非遗文化、传承非遗文化。

国家需要我们做什么，我们就做什么
——采访"十星级文明农户"示范户柯玉荣

题记：柯玉荣，竹山县文峰乡东钦村"十星级文明农户"示范户，其先进事迹多体现在"爱国星"创建内容上，曾经担任本村文书以及疫情防控宣传员。

调研团队：您好，您是哪一年被评为"十星级文明农户"示范户的呢？心情怎么样？

柯玉荣：2022年被评为"十星级文明农户"示范户的。说实话，当时很激动，感觉得到这个奖非常开心，也感谢政府的支持和信任。

调研团队：您现在是做什么工作呢？

柯玉荣：我现在在东钦码头处开了一家小型超市。

调研团队：您的超市平时生意如何？

柯玉荣：平时生意很好，好多人都来我们这里买东西，有很多回头客，而且基本没啥差评。

调研团队：您的超市经营如此完善，可以讲讲您的经验吗？

柯玉荣：也没有什么经验可言吧，就是真心实意开店。我经营超市的时候，不管别人怎么涨价，我从来不会哄抬物价，是多少钱，就是多少钱。其次我的商品来源可靠，从不售卖假货，有很多商家，为了赚钱，很多过期的商品还在卖，从不关注老百姓的健康，只在乎自己赚了多少钱，但是我从来不搞这些。有时候很多村民买我的商品，我还会免费给他们送货上门，为村民提供实实在在的便利，大家也就都爱买我的东西。

调研团队：那作为"爱国星"的典型代表，您可以分享一下平时在工作之余的其他事迹吗？

柯玉荣：在2020年新冠疫情暴发的时候，我和家人们积极响应国家号召，配合村支两委工作。在做好自我防护的同时，主动申请参加疫情防控工作，免费制作宣传横幅，主动担任疫情防控宣传员。

调研团队：向你们的积极作为致敬！您觉得作为普通民众，应该怎么爱国呢？

柯玉荣：我觉得作为老百姓，首先要做到遵纪守法，要牢固树立以"遵纪守法为荣，违法乱纪为耻"的道德观念。在参加集体活动、社会活动的时候做到遵守国家的法律法规，遵守村规民约。作为学生，从小就要认真读书，努力学习，锻炼自己的能力，磨炼自己的品性，长大以后做一个对社会，对国家有用的人。同时也要坚决热爱社会主义制度，维护中国共产党的领导，维护祖国统一，反对分裂。在平时的生活中，要自觉通过网络学习习近平新时代中国特色社会主义思想，提升自己的理论水平和政治素养，为国家做力所能及的事情。

调研团队：您平时一定是个关注时事的人，现在主要通过哪些渠道了解国家大事？

柯玉荣：就目前而言，网络是最便捷的方式，我经常通过刷手机、看电脑，在网上了解国家大事，让自己也紧跟时事。经常关注央视网、人民网、新华网的新闻，还有每晚的新闻联播我天天都看，平时在店里也会翻翻书刊啊，还有杂志书籍，多方面了解国家大事和形势。

调研团队：您觉得从新闻联播中有什么收获吗？

柯玉荣：我觉得吧，新闻联播首先它权威性很强，国际大事，生活民生都有涉及，但同时又通俗易懂，老少皆宜，因为现在大部分老百姓，受教育程度还是不高的，光看文字不是很能理解，但听听广播就能理解多一点。我记得最让我感动的是，有时候左下角还会有手语，让农村好多聋哑人也能感受新闻联播的内容，所以我觉得吧，新闻联播真的很不错。

调研团队：那你们平时邻里之间会一起讨论热点新闻吗？

柯玉荣：会呀，肯定会的，我们经常在一起聊聊这个新闻谈谈那个新闻，有的时候意见不一致还要辩论一会呢！

调研团队：看来咱们村民们对国家时事都时刻关注而且有所想法啊，那在闲聊之余咱们村委会有没有组织你们开展一些爱国主义教育活动啊？

柯玉荣： 有啊，我们一般会在重大纪念日或传统节日举行升旗仪式，还在村内定期开展一些爱国主义教育，比如开展优秀党员事迹宣讲，组织社区老干部、老党员、老战士到群众当中去宣讲革命历史和光荣传统，组织大家观看革命教育电影，唱红歌比赛，等等。

调研团队： 您觉得这些活动成效如何？有哪些需要改进的地方吗？

柯玉荣： 我觉得取得的效果很好，很多老百姓包括小孩子都学到了很多东西。至于需要改进的地方，我觉得有这么几点吧。一是形式可以更丰富一些，我看城里事业单位会组织工作人员去一些革命烈士陵园、革命老区开展现场教育，其实村里也可以组织，村里出一部分钱，老百姓出一部分钱。二是上级安排的爱国主义讲座可以不仅讲国家的重大成就，也可以给我们讲讲国际形势。三是还是要多为老百姓做点实事，老百姓从国家受益，爱国情感自然而然就增强了。

调研团队： 我也很认同您的想法，现在全社会都在大力宣扬爱国主义教育，那您对我们新时代青年开展爱国主义教育有什么宝贵意见吗？

柯玉荣： 一个是我觉得学校要多一些爱国主义的教育内容和教育活动。我们现在很多家长都认为，小孩子学习好当然重要，但小孩子心地善良，心眼正，品德好也很重要。所以，学校不仅要重视小孩子的考试成绩，也要重视小孩子的品德，鼓励小孩子去做一些助人为乐的事情。二是家庭教育也很重要，父母要多给孩子讲一些爱国故事，尤其是发生在咱们这里的爱国故事。我们小时候就经常听老人讲一些革命烈士、革命英雄在我们这里战斗的故事，听一些劳动模范带领村民们修水利、建农田的故事，听一些英雄人物见义勇为，勇斗歹徒的故事，这些故事听得多了，就自然而然地有了一种崇敬之情，也想成为他们那样的人。三是我觉得国家也应该管一管娱乐节目，现在很多娱乐节目还有很多卡通动画片的观念和语言，我们这一代人接受不了，很多也是不适合小孩子的，小孩子都去追一些娱乐明星了，就不会去追我们的英雄。再就是网络，我们都刷抖音、微视频，有些内容也不是很健康，不适合小孩子去看，国家也应该管一管。

调研团队： 您说的很对，最后，您对于即将召开的党的二十大有什么期望吗?

柯玉荣：我希望党能多在社会各地开展爱国活动，多投入资金发展爱国主义教育，让我国出现更多的爱国人士，出现更多热爱祖国的人才，为国家事业做出贡献，同时也要更多关注农村的问题，大力发展民生，让百姓过上好日子！咱们就是普通老百姓，就有一个朴素的心愿，国家好，我们就好，国家需要我们做什么，我们就做什么。

大孝至爱、大爱无疆

——采访"十星级文明农户"示范户、竹山首位全国道德模范刘学举

题记：刘学举，竹山县柳林乡洪坪村村民。他40年如一日，先后赡养11位孤寡老人，只要自己有一碗米，也要为孤寡老人送去半碗，他用实际行动诠释了大孝至爱、大爱无疆，他温暖孤寡老人，感动了十里八乡的人们。2017年，刘学举被评为全国孝老爱亲道德模范，受到习近平总书记的亲切接见。还曾获得全国孝老爱亲之星、湖北省十大孝老楷模、湖北省道德模范提名奖、十堰市道德模范等称号。

调研团队：刘老先生，您好。我们知道您有很多的荣誉，我们对您的事迹也看到了很多报道，但还是想请您给我们讲一讲。

刘学举：其实也没什么好讲的，我觉得我只是做了一些应该做和能做成的事情，党和政府给了我这么多荣誉，我感觉到很光荣，也感觉到责任很大，这是对我的认可，也是鼓励。在孝老爱亲，造福百姓方面，这附近有些人比我做的还好，后来是因为新闻报道我的事迹比较多，才比较有名，党和政府给了我太多的荣誉和鼓励了。特别是2017年，在北京人民大会堂参加了全国道德模范的表彰大会，受到了习近平总书记的亲切接见，我激动了一夜没睡。这次，政府还奖励我十万块钱，我用这笔钱翻修了家里的土坯房子。之前，省里和市里的领导多次表态要帮我修房子，我都没同意，我觉得不合适，这次我就用这笔奖励修了房子，后来见到省里领导，我对他说："这个房子我自己建得起，国家给了我钱。"2018年在武汉，省里又奖励了我五万块钱，拿回家后，我跟妻子商量，说这五万块拿着不合适，房子也修好了，这五万块是国家给的，我不能再自己一个人享受，把钱分给老百姓也不好，最后我就想起村里有条路没有通，于是就把这笔钱用在了修路上，总共花了四万七，路修通后，之前村里人接送孩子上学要一个多小时，现在只用半个小时。

调研团队：您修的这条路真是造福了乡亲们啊，您是哪一年入党的？

刘学举：我是一个老党员，1975年入的党。

调研团队：您当年因为什么入的党，能分享一下成为党员的过程吗？

刘学举：那个时候大集体，我们这叫洪坪公社，我在西湾队第一生产队，当时生产队年年没粮食，我们年年吃国家供应食，要到竹溪去背粮食，来回要走两三天，很麻烦。那个时候我年轻嘛，心气也足，就说"要是我当队长就不用去背，我们生产的粮食就够自己吃"。结果第二年他们就选我做队长，一年就把产量搞起来了，除了够吃，还给集体储备了不少粮食。

调研团队：那您是怎么把产量弄起来的？

刘学举：去干活就实实在在地干，不能贪玩，大家都好好劳动，以前上工不上力，领导没做好带头作用，底下的老百姓也都跟着偷懒，结果就没有粮食，跟我一起干活的都知道我这个人有个实干精神，干起活来不惜力，不耍滑，因为这种品德，我在队里比较有威望和人缘。1974年我当了一年队长，把产量搞上去了，1975年驻队干部就帮我写好入党申请，让我签字，送到了公社，公社领导也觉得我这人实诚，肯干，有成就，很快就批了。7月1号，我就去公社参加了入党仪式，说了入党誓言。那宣誓说的话，肯定就要作数，然后我就接着干，干到1981年。等到分地、实施家庭联产承包责任制了，我就没干了，那时候不干不是因为身体有问题，也不是年龄大，更不是因为能力问题，很多村民和领导都希望我继续干。我主要考虑现在是单干了，群众的积极性没问题了，我的任务已经完成了。当然，还有一层原因是家里面老人太多了，父母、岳父母都在，还有远房的叔叔婶婶一家三口，婶婶是瘸子走路不方便，叔叔是瞎子，眼睛看不见，还有个儿子，智力低下，只能自己做点苦力养活自己，那时候看到他们心疼，也就把他们弄过来，照顾他们的生活。我想这是家里晚辈应该尽的义务，也是我们家的家风。后来，我发现跟我叔叔家情况差不多的家庭也有很多，甚至有的是没人照料的"五保户"，索性就把他们都接了过来。这就是我跟老人们当时拍的一张照片。

调研团队：（看了照片以后）这是您最早赡养的老人吗？

刘学举：最早的是生产队的"五保户"，叫于珍香，她是住在我家附近的，经常在我这里吃饭，后来我就把那个老婆婆搬到我们家里来了，在我们家住了一段时间，她跟我们说，希望我们不嫌弃她，她眼睛看不见，又没有伴，她怕回去,又孤单,于是我给她搭建了一个小房子,让她和我们住在一起。

调研团队: 您赡养这么多老人和您入党有没有关系?

刘学举: 入没入党我都会这样做,只是不当干部,回来照顾老人,一心一意地种地,家里面有上十口人吃饭,把地种好了才有粮食吃。

调研团队: 如果说赡养自己老人,还在情理之中,但赡养没有血缘关系的老人,就超出了"必须"的范畴,您的爱人同意吗?

刘学举: 她没有意见,我们双方的老人都在一起,后来迁过来的老人,我们双方都是一样的想法,老年人一个也是养,再来两个也是一样的。有时候我们出门,那些眼睛看得到的就照顾眼睛看不到的,跟他们交代清楚,让他们相互之间照顾。

调研团队: 您做的这些事,您周围其他人是怎么看待的?

刘学举: 门前屋后的,特别是亲戚,他们看到了都说我这是自找苦吃,这样做不划算,都为我着急。但我觉得没什么,我也相信他们早晚能够理解,毕竟咱们做的是好事。做好事,是我一贯的原则。

调研团队: 真的好令人钦佩!老先生,您当初做这件事的时候,是否跟您老一辈的家教家风有关系?您家的家风教训是什么?

刘学举: 我的爷爷奶奶在世的时候就收养鳏寡孤独老人,这些都不自觉地影响着我。我心中最敬佩的就是我的爷爷刘从青,他是家族的丰碑,可以说是爷爷影响了我的一生。即使在食不果腹的日子里,爷爷仍然收留了一位孤寡老人在家中。除了赡养孤寡老人,邻里但凡有事他没有不出手帮忙的。"代代孝,辈辈传"是爷爷生前跟我讲的,我自始至终都不会忘记。不管走到哪儿,不管去干什么,我最放不下的就是家里的老人。去北京那几天,我每天都要打电话给妻子,询问老人的身体状况。从小爷爷就告诉我们"家有老,千般好",家中有老人心里才安定,一家人才有根,要老年人享福。

调研团队: 您这么做是因为您爷爷的影响,那您这么做对您儿子孙子又产生了什么影响?

刘学举: 他们现在对我们很好,像我的孙子,我每次下山去镇上,都是他送我,每年过年其他孩子回来,都把我照顾得很好,我两个外孙,收养的姑娘生的小孩,他们用他们的压岁钱给我买衣服。

调研团队：那您的行为有没有感化咱们周围的老百姓啊？

刘学举：我们这里这样的人还是有一些，特别是看到我做好了的，他们也想这么干，但是他们的耐心可能还不太够。

调研团队：这么多年您在照顾老人的时候，有没有发生过什么矛盾？都是怎么解决的？

刘学举：也有的。有些老人因为过去的经历或者性格原则，有时候也会发一些牢骚，说一些不好听的话。但这时候我就告诫自己要懂得忍让，要理解他们。生气归生气，但我该给他吃的喝的都不变，我们做晚辈的不要太在意。

将苦难生活酿成美德之酒，历久醇香
——采访"十星级文明农户"示范户陈玉香

题记：陈玉香，女，汉族，1968年11月出生，竹山县秦古镇方家河村4组村民。自1987年起，她先后遭遇前夫暴亡、房屋倒塌、后夫大病、儿子残疾、儿媳重病等磨难，但她孝顺老人、善待儿媳、抚养孙女，把随时都可能支离破碎的大家庭经营得井井有条。陈玉香的青春一直伴随着家庭的苦难，她用淳朴的善良、艰辛的劳动、博大的胸怀，让这个老、弱、病、残、幼的大家庭于2017年实现脱贫，也让自强不息、孝老爱亲的传统美德焕发出时代的光彩。陈玉香是"十星级文明农户"示范户，其先进事迹多体现在"和谐星"创建内容上。2020年6月，被评为竹山县第五届道德模范，2022年5月，荣获十堰市第八届道德模范提名奖。

调研团队：您好，我们知道你是咱们竹山的道德模范，您能给我们讲讲您的事迹吗？

陈玉香：这事说起来就长了。我家在方家河村最偏僻的山坡上，山高地薄，种粮食比较困难，当时，同村的周才国经常来帮忙做农活儿，后来又托人求亲。我有姐有妹，但没有兄弟，你们可能不知道，在农村没有兄弟，村里就说这一家要"绝户"。当时我父母就提出要周才国入赘。1986年，我和周才国结婚了，结婚后，村里有些人就嘲笑他是"倒插门"，也可能不是有意的，就是开玩笑，但他就较真了，一气之下回了自己家。我一想这样不行啊，就安抚了父母，也跟着到了周家。但当时周家太穷了！老两口，四个儿子，除了周才国，还有三条光棍。周才国和三弟周才明从家里分出来，一人只有半间房。周才国把半间房给了三弟，请三弟帮忙盖了一间房，又搭了半间茅草棚子。我们就这样开始了过日子。1987年，我生了一个儿子，1989年，我们老二就出生了。当时我们的生活很艰苦，但两人感情很好，他勤劳肯干，不光接着盖了一间堂屋，还学着制作鞭炮来赚钱。但到了1993年9月，我当时正在屋后绑红辣子，"轰隆"一声巨响，我被震倒在地，听力受到严重伤害，爬起来一看，房子变成了废墟，他也走了。当时，老大才六岁，老二才四岁，怎么办呢？我当时也犯愁，也想到了改嫁。但改嫁就得把两个孩子带走，公婆肯定不同意，那是他们家的香火，他们的命根，将孩子留下，我心里也不舍。后来思考再三，也在别人的撮合下，我就跟他弟弟周才明结婚了，并住回了自己的父母家。他（周才明）与我同岁，过去出门打工时不小心砸断了一个大脚趾，还有尘肺病。结婚后，我们没要孩子，齐心协力把老大老二抚养长大。

老大周健九个月大的时候发烧烧成了脑膜炎，因为当时镇上医疗条件不好，没能治好，结果成了聋哑人。老大长大后，我们觉得不能让他单着，好歹成个家，将来我们走了，也有人照顾他，我们就给他张罗了一门亲事。儿媳叫张亚玲，竹溪县水坪镇店子沟人，她妈在她四岁的时候外出再也没有回来过，后来她爸去找她妈，也没找回，就这样她从小跟着奶奶生活，小学读到六年级就不上了。可能是受到父母都不知道去了哪里的刺激，她就有了精神障碍，才嫁过来的时候，总在门前的路上来回踱步，嘴里不停地小声叨咕。在别人眼里，她是个精神病患者，但在我眼里，她比亲生孩子还要亲，她也是个可怜人。我们花了一笔钱给她治病，教她做家务，下地干活，她现在放牛、采茶都没有问题。这些事，你们听起来可能很奇怪，觉得我们很可怜，但我从来没这么觉得。人活着就是经历事情的，就是奔着这个念头，我们才咬牙坚持的，并且把日子过好。我大儿子虽然聋哑，但还是有把子力气，现在跟着乡亲们在江苏那边打工，同行的乡亲对他也挺照顾，这样他就自己能养活自己，减少家庭负担，挣的钱还能补贴家用。我大儿媳在 2014 年给我们家生了一个孙女。他们一家三口现在过得还不错。

调研团队：听了您的讲述，我们很感动。现在再讲讲您二儿子一家吧。

陈玉香：老二叫周敬兵，2014 年 2 月生了一个女儿，孩子妈生完孩子后就走了。两个孙女都是我一把屎一把尿地带大的。等到了上幼儿园的年纪，咱们村里没有幼儿园，得到镇上去上学，孩子小啊，每天早上去晚上回，路上耽搁太多时间，孩子也受不了远路的颠簸。我们想家里一定要出读书人，一定要让娃娃们读书，于是连借带欠，在靠近集镇的秦家坪村购置了一套房屋，这里离幼儿园只有五六分钟。周一到周五，我就在秦家坪村照顾两个孙女读书，早上送，下午接。其他时间就在附近打短工，两个孩子的上学费用是一笔不小的开支，我们就是一口一口省下来的。我只上过四年级，现在辅导他们学习已经很困难了，实在没办法了就找邻居家的"大学生"帮忙。两个孩子虽然年纪小，但是很懂事。

调研团队：听说您父母的身体也不好，您是怎么照顾她的？

陈玉香：老母亲精神上有点障碍，但有妈总比没妈好，不管怎么着我都要给她养老送终。老母亲患有银屑病，得经常洗头洗澡。父亲七十二岁时过世了，现在母亲跟我住在一起。母亲今年八十三岁高龄，身体一直不太好，有时饭都吃不了。去年做了两次手术，医生说母亲年纪太大了，做手术也不一定有好转，但我们还是坚持带母亲看病买药。在这里我们要感谢政府给办的新农合，我们家有低保，医疗费用报销的还是挺多的。

调研团队：谢谢陈阿姨给我们分享您的故事，我们在您的故事中感受到了坚强和乐观。像您家里或者村里的孤寡老人、留守儿童等特殊群体，政府有什么帮扶措施？

陈玉香：政府的帮扶措施还是很多的，比如易地搬迁，大家住在一起更便于互相帮助，政府给予老年人、残疾人补贴，我们两个孙女上学，学校每年给予500块钱的补助，看病有报销。我们家趁着精准脱贫的政策，2016年，新种植了十亩多的茶叶，增加了收入。感谢党和政府的好政策。

调研团队：马上就要召开党得二十大了，您对二十大有什么期望？

陈玉香：在政府的领导下，生活肯定会越来越好，现在家里边电视、洗衣机都有，也有网络，可以和孩子们打视频电话……现在乡村面貌的变化，人民生活水平的提高，都是党给的。我们希望党和政府多多关注农村，关注农民，给我们更多的优惠政策，希望村里能够有更多的工厂，这样孩子们就能回来打工，一家人能够在一起。还希望学校能够离家近点，孙女们上学更方便。

先富帮后富，实现共同富裕
——采访"十星级文明农户"示范户张成文

题记：张成文，楼台乡肖家沟村人，"十星级文明农户"示范户，其先进事迹多体现在"勤俭星"上。他早年自主创业从事铝合金、门窗加工等业务，生意红火。后回村进行香菇种植，积极鼓舞群众的积极性，对待工作勤勤恳恳、兢兢业业，使香菇产业成为群众脱贫致富的支柱产业。

调研团队：蒋书记，您好，请您给我们介绍一下"十星级文明户"创建的基本情况吧！

蒋书记：因为我们竹山是"十星"的发源地，所以竹山基层文明建设领导小组、宣传部和各级党委政府都非常重视"十星"创建。我们这边每年评一次，一般都是在六月份，年中的时候初评，然后年底对"十星级文明户"复审一次。我们全村一共有五个村民小组，初评时，划分为三大区域，我们分片开群众会，家家参与，在会上，由老百姓先自评，对照自己的家庭情况，看自己"十星"能得到几星。先自评，之后将结果收上来，再由村干部、党员代表、群众代表这样的一个专业队伍，对这些自评上来的结果再互评一次。一般大家都是比较积极的，都希望自己得"十星"，但群众的眼睛是雪亮的，我们需要开代表会来复核，最后将评选结果公布出来，给村民上牌。

调研团队：如果村民对评选结果有异议，你们怎么解决。

蒋书记：我们肯定会拿出事实依据啊。根据各颗星的评选标准来办事，具体指出他哪个标准没做到。

调研团队：我们看到"十星"创建已经成为竹山精神文明建设的一张名片。

蒋书记：对，那时候我们县委书记佘立柱还在人民大会堂参加了"十星"创建经验交流。"十星"创建是咱们竹山开展精神文明建设的一面旗帜，一张名片。

调研团队：党的十八大以后提倡的社会主义核心价值观和"十星"的内容具

有一致性。比如社会主义核心价值观提倡诚实守信，"十星"里面也有"诚信星"。

蒋书记：是的，这说明"十星"设计还是很科学的，也是与时俱进的，所以它才能这么长久地坚持下来，而且它和百姓息息相关，包含了生活中的方方面面。如果每个人都按照"十星"的标准来严格要求自己，那农村肯定会振兴。从物质层面到精神层面到家庭氛围都包含到了。而且有一个良好的家庭氛围也能影响后代，也能传承下去，对后代子女的教育有很大的帮助。一些优秀的品质都可以传承下去。每个人都做好了，全村的风貌都会焕然一新。

调研团队："十星"创建之后对村民的日常生活有什么改变呢？

蒋书记：有很多方面的改变。比如原来农村邻里之间会经常吵架，自从搞了这个"团结友善星"，邻里之间基本上不会因为一些鸡毛蒜皮的小事而吵架。第二个，原来农村环境脏乱差，自从搞了这个"生态环保星"，就开始搞人居环境整治，到处都可以看到是干干净净的，对老百姓的生活习惯有很大的改善。

调研团队：以前农村的猪圈、厕所都特别脏。现在情况有所改善了吗？

蒋书记：现在大家都有环保的意识，会主动把垃圾放垃圾桶里去。之前农村生活习惯比较差，喜欢搞生日宴、升学宴、婚丧嫁娶大操大办。"十星"里面有个"文明新风星"，跟移风易俗联系得很紧密，经过这几年不断开群众会、评"十星"进行整顿，现在这种情况也得到了很大的改善。根据疫情防控的要求一般都是红白事简办，平时别的宴席不办。

调研团队：张成文先生，您好，请问您最开始是做什么工作的呢？

张成文：我最开始是从事铝合金、门窗加工方面的工作。

调研团队：那您是从什么时候开始从事香菇产业的呢？

张成文：大概是从2019年开始的。

调研团队：那您是因为什么想到要去种植香菇呢？

张成文：当时是因为村委会有号召嘛，有这样一个项目。

调研团队：那刚开始做这个项目的时候有没有担心亏本而不做了。

张成文：政府给提供了专业的技术团队，还有补贴，心里就比较有底。

调研团队：那第一批参加这个项目的人多吗？

蒋书记：参加的人多啊，我们村是整个楼台乡最早一批发展种植产业的，因为当时我们需要做产业扶持，引进了当地责任干部，制定了一个生产制造车间。大概 2017 年搞的时候，老百姓还在观望，他们认为这个产业一时还挣不到钱，一是因为他们没掌握技术，二是因为他们觉得没市场，不敢搞。后来在我们干部的带动下慢慢地做起来了。

调研团队：我们来的时候看到路边有一些大棚，但还不是很多。

蒋书记：我们技术还没掌握成熟，所以现在大棚少一些。

张成文：我们村去年种了 60 万亩，我们一个村相当于别处的一个乡镇。

调研团队：那你们的销售渠道有哪些呢？

张成文：销售那是不愁的，只要你有干的，人家来收干的；有湿的，人家来收湿的。

调研团队：销售也是政府找渠道吗？

蒋书记：销售不是政府来找渠道，政府不干预，主要是自己找渠道。

调研团队：那这个有哪些成本呢？

张成文：菌棒、人工、材料。

调研团队：香菇可以做成什么呢？

蒋书记：可以做成很多东西啊，香菇干或者其他一些半成品。

调研团队：目前本地主要是进行初加工吗？

张成文：主要是初加工，搞干的。要是搞深加工，搞鲜的，也可以搞，但是比较麻烦。

调研团队：你们这个是销到外省吗？

张成文：对。

调研团队：当时参加的人有第一年就回本的吗？

张成文：不要一年，几乎两个月就可以回本啦，香菇长得快，一下子就长好多，只要它长出来了，那基本上就开始慢慢地回本啦。

调研团队：现在种植香菇的土地用的是以前的耕地吗？

蒋书记：不是耕地，我们想办法用的是荒地、河滩。

调研团队：这个材料是直接购买加工好的菌棒吗？

张成文：我们当地有可以生产菌棒的企业，他们加工好，我们直接购买。

调研团队：是用的当地的农作物，稻秆之类的吗？

张成文：不是，我们这里封山育林，不能乱砍。我们是从外地买的巨木。

调研团队：香菇耐旱吗？

张成文：这个不受干旱影响，它就是怕潮，它受潮之后就长得快，它长太快了，我们就忙不过来。

调研团队：在您致富的过程中，其他人的态度转变是怎么样的呢？

张成文：其他人都是一开始怀疑、不相信能挣钱，然后看到第一批种植的人挣钱之后就纷纷加入进来。

调研团队：那有没有投资失败的呢？

蒋书记：没有，只要你出了劳动力，基本上都挣钱了。

调研团队：那你们是怎么保障质量的呢？

蒋书记：我们县的农业局和产业办对生产菌棒有严格的技术标准。

调研团队：我们了解到在发展香菇产业的过程中，您还带动他人一起脱贫。

张成文：政府也是一直要求"小伙带动大伙"。我们请的工人全部都是我们这里的贫困户，优先照顾他们，解决他们的就业问题。

调研团队：嗯，这一点您做得特别好，那对于"十星"创建您满意吗？还有什么要求？

张成文：很满意，我们村的干部都很年轻，村里干什么产业，他们都帮助把它搞好。村里有种香菇的，还有茶园的生产车间，这都是干部的努力。

再富也要节俭
——采访"十星级文明农户"示范户姜奎

题记：姜奎，男，49岁，竹山县擂鼓镇茶场村"十星级文明农户"示范户，其典型事迹更多体现在"勤俭星"创建内容上。目前经济来源为自己经营的摩托车修理铺和装修铺。

调研团队：您好，您是哪一年被评为"十星级文明农户"示范户的？

姜奎：我评选的时候是在结婚后10年，也就是2011年，那时候家庭条件也不好，但是好在我外出打工时学得了一门技术，凭借这门技术将我的生活条件不断地提高。条件好了以后，也没有忘了以前生活艰苦的时候。在创业的时候积极上进，努力寻找到自己的致富道路，并且保持了简朴的生活作风。这些是我评上"十星级文明农户"示范户的主要原因。

调研团队：刚刚您说您学了一门技术，您学的这门技术是什么以及您为什么去会学这门技术呢？

姜奎：技术就是摩托车修理，我是1992年出去在河北学的，那时候19岁，当时是想在外地打工还不如老老实实学一门技术，然后回到家里面自己创业，同时也方便照顾父母，减轻一些他们的压力。然后是在1996年回来开始创业。

调研团队：创业过程中，您有没有遇到一些印象深刻的比较困难的事儿？

姜奎：比如说刚刚开始的时候非常艰苦，有的时候连房租都给不起，没有钱只有问别人借，但是我比较守信用，我借了钱说是什么时候还就是什么时候还，就算是从别的地方借也要把它还上，我一直认为无论遇到什么困难，信用一定不能失。我一直说诚信是人的第二次生命，他甚至比字面意义上的生命更加重要。

调研团队：当您逐渐富起来之后有没有做一些回馈家庭回馈社会的事情？

姜奎：有，之前我们住在大山里，交通也不方便，房子也比较简陋，来到镇上也没有一个可以居住的地方，但当我有了一定的经济基础后，我把我的父母和丈母娘一起接到身边，一直孝顺他们，不用他们再过多劳累。我那个时候也培养徒弟,教他们学技术,每一年培养四五个徒弟,在我这免费培训,包他们吃包他们住,然后教他们相关的技术,现在我的徒弟遍及竹坪乡、大庙乡、秦古镇、擂鼓镇。

调研团队:除了修理摩托车之外您还涉及其他行业吗?

姜奎:我还做了一个建材生意,是内装装修建材,目前就只有一个门店,两个行业的门店都在一起,下半部分是建材,上半部分是摩托车销售和修理。

调研团队:你们这一辈人都勤勤恳恳地努力生活,勤俭不铺张,现在咱们好多年轻人,其实不像你们那时候那么节俭,现在都讲物质享受了,讲条件了,包括结婚都要大操大办,对此您有什么看法?

姜奎:我记得我是2001年结的婚,当时也没有自己的摩托车,只向朋友借了一辆,在农村讲究看日子,我不在乎那些讲究,说哪一天都行,只要我有空。赶上正月初几我闲的时候就把婚结了,媳妇接回家后就简单地举行了婚礼,也没看日子,也没有摆阔气的席面,但我觉得挺好的,我跟我老婆的感情到现在还挺好。现在动不动就是要6辆或者8辆甚至更多车一起去接亲,就只是要个牌面,动不动就是天价彩礼,没房没车没存款还不能结婚,这种感情能幸福了?

调研团队:2020年,我们全面建成了小康社会,下一步就是要搞乡村振兴。乡村振兴中的文化振兴就提倡新的勤俭乡风,作为"勤俭星"典型代表,您怎么发挥自己的号召力,引导大家养成勤俭节约的好习惯?

姜奎:现在我们已经进入小康了,主要是要稳住小康,我想还是不能铺张浪费,尤其是在婚丧嫁娶、清正廉洁方面。平时我就说物质上虽然有了,人的精神上没有,其实也等于说什么都没有。当然这样的深度是我们不能企及的,我们只能说做一些我们自己力所能及的事情,在政府的引导下一起前进。

调研团队:说到婚丧嫁娶,咱这里行情怎么样?大概要随多少份子钱啊?

姜奎:现在基本上比前几年好,原来的时候我记得有的人33或36岁时,他都要弄一次宴席,放个鞭炮,邻居看到别人这么弄了当然也不会放过这种机会,一有事情就举办宴席。就这样今天你举办一次明天我又举办一次,搞得一直都有宴席,不是正在举办、就是在准备办的路上,浪费人力物力,还捞不到一点好处。但是现在好一些了,一般都是一些比较重要的事情才会举办宴席,且举办的规模也很小,不再大肆举办活动。例如一些高寿老人,家里面的亲人就会置办一次宴会,但也只限于很亲近的亲戚朋友。

调研团队: 那相关工作是你们自发进行还是在政府的领导下呢?

姜奎: 政府在这方面做了不少工作,我们在政府的领导与号召下一起做一些相关的宣传工作。我们有一个诗社,诗社成员遍及全部得胜镇的乡村,共有20多人,靠诗社向镇上的14个村宣传移风易俗知识。

调研团队: 可以具体谈一谈这方面的情况吗?

姜奎: 我们出了一个专辑专门讲这个东西。当时是在2020年9月,自己作诗以朗读的形式向村民宣传移风易俗的知识。我是以编辑的身份参加那次活动的,活动诗词都是诗社成员自己创作的。这件事情还被新华社的《半月谈》报道过。

调研团队: 谢谢您的分享,精准扶贫在咱们村产生的效果明显吗?

姜奎: 我们这一块肯定产生了明显的效果,为啥呢? 先不说别的,首先农村的村貌现在变化很大,你们也看到了在来的路上没有土房子了,原来土房子最迟也是八几年建的,那个时候离现在也是三四十年了,你不重建它就成了危房了。现在所有贫困户,政府都把他们安置到安置房里面去了,也就是政府给他们建的房子,就在路旁边一栋又一栋的,非常漂亮。原来的时候要是下来一看,尤其是冬天的时候,你放眼望去到处都很荒凉的,现在种上竹子和一些常绿的树木,那看上去都是一派生机。还有就是道路也开始不断地变得更加宽阔,之前很多都是泥土路,现在都铺上了柏油,基本上都没有老破旧这种现象了。你看老百姓们基本上整体的精神面貌都还不错。主要是它有几个保障,像医疗这一块,现在是解决了一个大难题,谁生病了,他就能直接到医院去治,自己也花不了几个钱,国家都给报销。路上也没了穿不上衣服吃不上饭的人,这都是因为国家的政策好,让我们的村容村貌有了一个很大的改观。

调研团队: 对于现在的"十星"创建有没有什么建议或者想法?

姜奎: "十星"精神文明建设是从我们竹山开始,已经推动了30年了,这是很不容易的! 我觉得能够持续30年,主要是接地气,如果不接地气,它也不会生存这么长时间。"十星"创建活动解决了一些农村精神文明建设存在的共性问题,经验是可以向外推广的,当然这个过程还是需要慢慢进行,同时"十星"创建还要随着时间的变化,紧跟时代,不断完善。

重信守诺的平凡人

——采访"十星级文明农户"示范户程贤兰

题记：程贤兰，竹山县潘口乡潘口河村，"十星级文明农户"示范户，其先进事迹多体现在"诚信星"创建内容上，竹山县第三届道德模范，曾任竹山县人大代表，主要从事粮油、米面、面条、面粉零售和板栗种植、销售。

调研团队：您好，您是哪一年被评为"十星级文明农户"示范户的，是凭借什么评上的？可以分享一下当时的心情吗？

程贤兰：我被评为"十星级文明农户"示范户是在2015年。在评选的时候有几个条件：诚实守信，童叟无欺，邻里之间有较好的口碑；不坑蒙拐骗，不制假售假，无拖欠银行贷款和个人财物等缺乏信用现象；说话公道，办事公正，具有良好的社会信誉。我在参加评选的时候，政府知道我家祖上几辈人都非常守信用，加上我和儿子都诚信经营自己的小店，有了良好的声誉。第一次评选的时候，我以为我是评不上的，我就是一个普通老百姓，诚信经营一点小本生意，结果意想不到就评上了。当时心情特别开心，其实不论是评上或者没有评上，我都是有一个理念，就是要诚信做人。对上要对父母长辈讲诚信，对下要对教育儿女讲诚信，诚实守信。

调研团队：请您给我们讲讲您是如何诚信经营的吧。

程贤兰：首先对顾客要做到言而有信。有的时候我打油非常非常的忙，但是这个时候有顾客给我打电话，叫我给他送几斤油去，这个时候我脱不开身，但答应了就要做到，这个时候我会想尽一切办法兑现对顾客的承诺，准时准点地送到顾客的手中。如果实在没有时间我也会实话实说，不会去骗顾客。其次商品的品质要有诚信。油坊主要经营菜籽油、芝麻油和花生油，原料不作假，品质有保证，而且也不会有缺斤少两的情况。最后，定期抽检保证品质，纯手工无添加，重质量。大家愿意来我们这里买油一个很重要的原因就是我们这边的油都是手工的，都是全程公开透明的，我们的每一步他们都能看得清清楚楚。我们卖油是卖油的地方，加工是加工的地方，任何人来这一看都能看得清清楚楚。我们过程不作假，也从不会欺骗顾客，我们店里的客人都是靠口碑相传而来的。因此被竹山县农业农村局授予"放心油坊"。

调研团队：您这样一个"放心油坊"除了过程公开透明之外，卫生条件和安全生产管理制度等方面做得怎样？

程贤兰：我们这个"放心油坊"每一个季度都会由卫生监督局进行检查。他检查一看制作的流程，看卫生条件达不达标，以及有没有在制作的流程中弄虚作假，还会把油进行检验，看看油的质量达不达标等。

调研团队：听说您还是竹山县人大代表，可以给我们讲一下您当时是怎么入选竹山县人大代表的吗？

程贤兰：我是2016年选上的竹山县人大代表，当时经过村民们的推选还有村委会的推荐选上的，我们竹山县必须要有一个农民代表，我家祖祖辈辈包括我在诚实守信这方面做得非常好，县政府和人民觉得这点应该发扬光大，于是在2015就给我评选了"十星级文明户"示范户，在第二年又选我做了竹山县人大代表，竹山县就我一个农民代表。

调研团队：在生活中也有很多不讲信用的人，国家和政府都在严厉的打击，您对此有何看法？

程贤兰：诚实守信是咱们民族的优良传统，也是咱们每个人应该具备的基本素养之一。在现代社会，一个合格公民的基本要求就是要具备诚信意识，"以诚实守信为荣、以见利忘义为耻"，时时处处注重提高个人的诚信素质，保持良好的诚信记录。在每一个时代都有不讲信用的人，我们要去引导他们，让他们清楚诚信的重要作用。而且现在的青年人也要养成和发扬艰苦朴素的作风，勤俭节约，绝不铺张浪费。长大后也要养成勤俭节约不铺张浪费的好思想，现在很多青年人不是比自己谁的工作优秀，成绩出色，而是比较吃穿，为了吃穿做一些不讲诚信的事情，这是绝对不允许的，也是绝对杜绝的。

调研团队：您觉得如何让孩子养成诚实守信的好习惯？

程贤兰：诚实守信要从娃娃抓起，首先家长给孩子做榜样，如果父母不能做出一个诚实的榜样，实在很难说服孩子要诚实。要培养诚实的孩子，自己就不应该撒谎。在要求孩子诚实的同时，自己应该以身作则，不要不经意地在孩子面前说出做不到的承诺,或骗人的话,要在日常生活和工作中注意做到言行一致,诚实守信。对孩子或他人的承诺要认真履行,犯错后要及时承认错误,并认真改正,这样孩子便可从中学习到好的行为。尊重和孩子之间的约定,在向孩子许诺之前一定要三思,答应孩子的事情就一定要做到,不要信口雌黄,不要随便欺骗孩子;其次是不要当着孩子的面对别人说谎,答应别人的事情要尽可能去做,约好的时间一定要准时到,说好的电话一定要打,说好要还的东西一定要还。这些虽然是小事,但优秀的品质就是在小事中慢慢形成的。通过小事的不断积累,可以建立一个人的诚信形象。最后是不要让孩子帮自己说谎。像我的父辈他们就从小教育我要诚实守信,包括我对我的下一辈也是这样的,因为父母是孩子最好的老师。我从小就教育我的孩子们要诚实守信,他们也开了店,我的小儿子在我旁边开了一个修车店,经常有很多人车子坏了,跑到我们这边来修,有的时候一家人在吃饭,饭都顾不得吃就去帮别人修,而且还必须得修好,经常就是我们都吃完了,他还没吃。有的时候发生了一些很紧急的情况,别人车在半路上坏掉了,别人给他打电话,他骑个摩托车就到那里去给别人修车,有的时候在晚上半夜,只要别人打电话他都会到,他答应别人的也一定会做好,所以别人都乐意来找他修车。

"十星"创建活动的基本情况和成功经验
——采访麻家渡镇镇长朱涛

基 本 情 况

题记：2022年7月，调研团队拟采访"十星级文明农户"示范户罗晶晶。但因前期对接工作出现差错，没有约到时间，改为在十星文明创建展览馆与麻家渡镇镇长朱涛同志进行交流。

调研团队：罗家坡村作为"十星"的发源地，当初是因为当地村民依靠绿松石产业快速致富却出现了精神滑坡的现象？

朱涛：对，当时《人民日报》以一篇题为《腰缠万贯的精神乞丐村》的文章披露当时村民的状况。针对暴露出来的问题，政府在经过调查研究后决定开始"十星"创建活动。

调研团队：这个是不同时期"十星级文明户"的牌子吗？

朱涛：对，竹山县坚持与时俱进，常创常新。每个时期十颗星的设置都是不一样的。竹山"十星级文明农户"的内容标准进行了18次调整。这样有两个好处：一是内涵更加丰富，修改后的十颗星无论从星名设置还是标准制定，都充分体现了社会主义核心价值观的要求。二是操作更加简便易行。对每颗星的创建标准进行合并、拆解和新设，细化出每颗星更多可操作的否决条件，对符合社会主义核心价值观的行为进行褒奖，对背弃社会主义核心价值观的行为进行贬罚。牌子上的星都是可以抠下来的，符合条件就贴上去，不符合就拿下来。

调研团队：村民对"十星"创建活动的热情怎么样？

朱涛：高，"十星"创建活动的主体是农民群众，群众参与热情的高低决定着活动的成败，而要激活群众的参与热情，关键在于切实把握新形势下农民群众的心态和思想脉搏，选择一种使广大群众乐意参加的好载体。竹山县委、县政府针对农民的心态，经过反复研究，不断完善形成了以人为本，融经济建设、道德建设、文化建设、个人品德建设为一体的"十星"创建活动。群众的积极参与非常重要，在搞"十星"创建之前，竹山也搞了一些创建活动，但由于缺乏群众的理解和参与，未能达到预期的效果。

调研团队："十星"评选流程是怎么样的呢？

朱涛：每半年进行一次初评，年终进行一次总评。先是自评，老百姓对照每颗星的标准自评，看看自己能得几颗星，然后是群众互评，村里会开院子会，会上每个家庭都发言自己为什么能得这些星，然后由群众判定是否通过，然后就是协会评审，由党员代表、村干部、群众代表组成的队伍进行复审，最后就是张榜公示，给村民上牌。

调研团队："十星"创建活动到今年已经29年了，能持之以恒地坚持下来真是不容易啊，你觉得他保持持久生命力的"密码"是什么？

朱涛：我觉得县委、县政府始终如一的领导至关重要。这29年来，竹山县委班子换了八届，但每届领导人都是始终抓住创建工作不动摇、不放松，坚持方向不变，品牌不变，届届都有新升华，在薪火相传中久久为功才形成了今天的十星文化。

调研团队：能够坚持这么久也说明它很科学。

朱涛：内容科学与否，关系到创建活动的成败。脱贫致富是贫困山区农民群众共同的心声和迫切的愿望。十星创建把"致富星"作为首要星，形成"一星带九星"的局面，把"道德星"作为第二星，形成"一星促九星"的局面。以这两颗星为核心的"十星"创建能满足群众各个方面的需求。

调研团队：你们是如何对十星文化进行宣传的呢？

朱涛：结合主题党日、道德讲堂、"学习强国"学习平台，运用理论宣讲和百姓宣讲等喜闻乐见的形式，深入宣传党的政策方针。平时也会在村里召开"精神脱贫·十星创建"宣讲会、"传承好家风，建设好家庭"主题宣讲，而且我们也会把每颗星的内容编成打油诗、快板书、顺口溜、彩船歌等进行宣传，方便百姓们理解和记忆。

调研团队：平时村里会举办什么活动来丰富村民们的精神世界吗？

朱涛：比如"我们的节日""送戏下乡"锣鼓表演等活动。

调研团队："十星"创建后，村里出现了什么新风气？

朱涛：我们组织乡亲们在移风易俗承诺书上签了字，组织学生开展了读书会活动，还有关爱留守儿童活动。原来村民都喜欢大操大办，现在都是简办，大操大办、奢侈浪费、盲目攀比等不良习气得到遏制。

调研团队：现在"十星"创建已经成为竹山一张响亮的名片，在全国得到了推广。

朱涛：星星之火可以燎原。1994年，"十星"创建活动在全县推广，接着慢慢扩大到全国。"十星"创建在全国各地的发展情况都不错，很多地方都取得了很好的效果。

调研团队：现在还衍生出了"十星级党员"吧？

朱涛：是，"十星级党员"是新时期基层党组织结合自身实际，创造性地探索出的一种党员经常性教育模式。竹山县委从已经成熟的"十星"创建活动中汲取灵感，把"十星"创建引入党员教育和管理工作。从最初的结合党章要求设星，发展到结合岗位实际设星，再到结合群众需求设星，内容不断优化。这也是党员教育机制的一大创新。

调研团队：除了"十星级党员"，还衍生出了其他的吗？

朱涛：当然有，比如"十星级家庭""十星级文明村"等，其实各行各业都可以评"十星"，只是创建标准不同。

调研团队：村民们乐意争星创星的理由是什么呢？

朱涛：首先人人都想得"十星"，利用了村民们的知耻心和虚荣心等心理，调动群众的积极性。村里有句话叫"争得十颗星，荣耀满门庭；丢掉十颗星，无脸见乡亲"，从中就可见大家争星创星的积极性。其次大家在追星的过程中能受教育，提高自己的品德。然后还能增强自己的素质，设置"卫生星""文体星""法纪星"，可以使自己在卫生、审美、法制方面更有素养。还能致富，"十星"创建是以"致富星"作为第一星，政府肯定会想办法让村民们富起来。

调研团队："十星"创建的激励机制都有哪些？

朱涛：有"3+X"激励机制和示范户奖励机制。"3+X"激励机制是在获得"道德星""法纪星""卫生星"三颗星的基础上另外获得其他星，可以获得相应的优惠。例如"3+信用星"可获得信用等级证及相应授信额度。而示范户奖励机制主要是每年评选一些"十星级示范户"，然后给他们颁发奖金。

调研团队：每一年的评选结果都有记录吗？

朱涛：每一年的评选结果都会拿本子记录下来，写满之后也会存放到档案馆。

孝老爱亲、和睦邻里的榜样

——采访"十星级文明农户"示范户王燕

题记：王燕，女，大庙乡里泗沟村村民，于2021年评选为"十星级文明农户"示范户，其先进事迹多体现在"友善星"上。她为人善良大方，从山东远嫁而来的她并没有因为任何原因让自己和家庭成员有过大矛盾，相反她在整个家庭关系网中起着十分重要的作用。

调研团队：您好，您是哪一年被评为"十星级文明户"示范户的？可以分享一下当时的情景吗？

王燕：是在2021年，也没有特别深刻的印象。大家把我当作"友善星"代表，我认为主要还是看平常的为人处世吧。平时我跟邻里之间相处得还是比较融洽的，处事方面都是比较和谐的，在家的时候孝顺长辈，照顾孩子。其他时间如果有空的话还会出去做一些零活补贴家用。

调研团队：您现在的工作是什么呢？

王燕：我现在没有工作，最近这几年就是在家带小孩读书，照顾长辈，可以说是全职妈妈。

调研团队：可以给我们介绍一下您的家庭情况吗？

王燕：我有两个孩子，老大是男孩，今年刚参加了技能高考，考了500多分，后面再读五年可以专升本，被武汉城市职业技术学院录取了。老二是女儿，现在在乡上读初中，因为我们这边都是寄宿制学校，所以她一般都是一个星期回来一次，我负责接送她，星期天的下午送去学校，星期五的中午又去接回来。还有一个侄子需要照顾，他现在一年级也需要去接送。老人的话，有公公婆婆，还有一个老奶奶也就是我婆婆的婆婆，现在主要需要照顾的是老奶奶，她现在90多岁，平时的生活起居都是我来照顾，帮她打理卫生啥的。

调研团队：那真的好辛苦哇，那您的爱人呢？你们是怎么认识的呢？

王燕：我家是山东济南的，当时是我老公去我家那边打工，我也出去干活认识了他,后面就跟他一起来到了这边。我娘家那边还有一个哥哥,刚开始我来这边的时候,家里面是极力反对的,俗话说男儿有泪不轻弹,当时我爸爸说他在家里哭了20多天,但是好在来到这边过得还是比较幸福的。

调研团队:远嫁离家,父母确实会有很多不舍,现在你们家里除了您爱人的收入外,还有其他收入吗?

王燕:有,一是养猪养鸡养兔子贴补点家用。刚开始养兔子,是抱着养着玩的心态,但是兔子繁殖比较快,很快就会生一窝小兔子,如果有人要的话,我也会卖一部分,补贴一下家用,反正在家待着也是待着。我们全胜村有一个公司是做牛肉干的,如果有活的话,我也会去那边做一点零活。二是我们家还有四亩茶园,每年春季都是摘茶的忙季。采摘的茶叶一般是送到茶叶加工厂,价格还行,今年茶叶价格相对来说比往年好一点,能卖到110元一斤。如果雨水不是特别多,天气比较干燥的话,3斤七八两就差不多可以加工一斤干茶,如果雨水比较多的话,就要4斤多一点加工一斤干茶。再加上我们这边的茶叶都是高山茶,泡出来的颜色、茶的味道都比较好,也更加清甜一些。茶采完之后地就闲着了,闲着也是闲着,茶林又不是很高,所以我们就套种,上半年我把茶叶摘掉,摘完以后我又在空行里套种玉米,下半年又能收玉米,这样差不多一年能收两季。

调研团队:您现在真是家里家外都是一把好手啊,您肯定也有压力大的时候,是怎么处理的呢?

王燕:我老公现在是在青海那边打工,他从正月间出去到现在都还没回来,如果说工作好,中间不停或者啥,他可能一年才能回来一次,每年正月间出去,到过年的时候,放假了才能回来。所以说一个人在家,有时候想想还是蛮辛苦的。但这些又不能总是给老公说,他在外面打工也很辛苦,所以对他我一般是只报喜不报忧。有些不顺心的事情就自己消化一下,平时在互联网上也时常看到好多励志短片,好多残疾人身上有残疾,都能创业,或者把自己照顾得很好。何况作为一个正常人,没有啥权利抱怨这些。你只有经过自己的努力,才能让自己的生活过得更好,才能体现你的价值。

调研团队:你远嫁过来是如何处理婆媳关系的?

王燕:婆媳关系的话,我婆婆其实也是个很大度的人,我们夫妻俩跟婆婆之间从来就没吵过架,可以说,我们婆媳二人都属于性格特别直爽的人,但是又明事理，有什么事情我喜欢拿到桌面上来说，我不喜欢放在背后说，你在背后议论人我就感觉不道德，我们两个人可以面对面谈，比如说你对这件事有什么看法，或者是我做得不好，我应该怎么做，怎么才能达到你的要求或者才能做得更好，我跟婆婆他们之间是有啥说啥的那种，不是亲生母女但胜似亲生母女。从来也没有说要第三方来解决问题，都是我们之间自己解决。

调研团队： 好羡慕您和婆婆之间的相处之道啊，家人们之间也确实要及时沟通才能减少矛盾。中国有句老话"远亲不如近邻"，在日子久了，邻里之间也会有一些摩擦，这类矛盾您是如何处理的？

王艳： 就我自己的话，我就是说大事小事不要去斤斤计较，如果说一有大事小事，你就去计较，就容易产生矛盾，一些鸡毛蒜皮的小事，你就不要太在乎，或者别人在背后说你什么的，可听可不听。好的方面你听一下，觉得不好的就不听，没必要因为这些东西去引起太多的矛盾。

调研团队： 您觉得是什么原因让你能处理好各种关系的？

王燕： 我觉得是我娘家的原因吧，山东毕竟是孔子的故乡，受到文化熏陶比较重，平时家里就教导我尊老爱幼，讲究礼仪，从小父母的家教也是管得比较严厉，继承了一些比较好的传统。还有就是来到这边之后受到婆婆的影响比较大，她是老党员，以前也当过几年的村支书，所以在为人处世方面还是有一定的见解的，从她身上学到了很多为人处世的道理。

调研团队： 您平时在忙完农活和家务活后有什么娱乐活动吗？

王燕： 有啊，做完家里的事情后，就会去村委会，在太阳落山的时候，我就带小孩上来打打羽毛球。天黑之后呢，就和邻居朋友一起跳跳广场舞消遣消遣。

调研团队： 这也是劳逸结合啊。最后想问问您，马上就要召开党的二十大了，您对党的二十大有哪些期望？

王燕： 也没有什么期望，现在大家的日子都过得不错，都没有出现说吃不饱穿不暖的问题，我也相信党能带领我们走向更好的明天。如果说有要解决的问题，那就是就业问题，我们这里，年轻人几乎都出去打工了，留下来的都是孩子和老人，很多妇女和我一样只有一个人在家，被迫成为家里的顶梁柱，所以希望这种情况在未来的时间里能不断减少，让我们能有更加幸福美满的家庭。

老吾老以及人之老
——采访"十星级文明农户"示范户方友国

题记：方友国，麻家渡镇牌楼村人，现任牌楼村福利院院长，"十星级文明农户"示范户，其先进事迹多体现在"友善星"创建内容上，曾获得竹山县第二届道德模范称号。2005年，方友国受组织委派担任牌楼村福利院院长。福利院身处大山深处，距离集镇有30多公里。院里又大多是"五保"老人，多为残疾人，开展工作十分困难。面对如此艰巨的任务，方友国一开始也很彷徨，但最终怀着对老人们的友善和爱，他接下了这个任务，并以出色的工作获得了认可。

调研团队：方院长，您好，我们知道您是"友善星"的典型代表，请问评选标准是什么呢？

方友国：要家庭和睦，家庭成员之间要关系融洽，邻里之间要和睦。然后为人要宽容，不能斤斤计较。要尊重别人，不能背后说别人闲话。要友善地对待每一个人。我就是因为在工作中对每一位服务对象的友善，想他们之所想，急他们之所想，为他们排忧解难，周到服务，才被选为"友善户"典型代表的。

调研团队：您在福利院院长的位置上已经辛勤工作了十八年，请问最开始时有没有觉得困难？

方友国：有，我们福利院里基本上是"五保"老人，有的又聋又哑，所以沟通就有困难，他们又不识字，所以我们只有学着去理解他们的沟通方式，我刚开始也是什么都听不懂，不知道他们在说些什么，但是和他们待在一起几个月之后，我就慢慢地能听懂一点。

调研团队：这类群体往往对外界有所排斥，您是怎么走进他们内心的？

方友国：我刚来的时候，他们也不接纳我，但我相信只要我真心对待他们，他们总有一天会接纳我的。人心都是肉长的。我当时也很彷徨，但是我又不忍心丢下他们，而且刚来的时候，政府每年给福利院的资金又少，不够花，福利院向周边村民欠了不少粮食款。但是不管多困难我还是选择留下来照顾他们。

调研团队：那现在政府每年给福利院的资金足够吗？

方又国：足够，从2015年开始就足够了。刚来福利院时，这里的老人穿的衣服都是破破烂烂的，没有一件完整的衣服。我就去收集别人不要的衣服回来给他们穿。所以当时他们穿的衣服都不一样，五花八门的。现在都统一了，自从政府给的资金充裕之后就都统一了。

调研团队：那你们这些衣服是定制的吗？

方友国：是定制的。是当地的贫困户给我们做的。

调研团队：当地工厂招工也是优先考虑贫困户是吗？

方友国：是的。

调研团队：请问福利院的菜是到外面买的吗？

方友国：是的，我们都是到外面买的，我们每个星期还会给老人们发零花钱。每次出去买菜，老人们都会拿钱要我们另外帮他们带些自己要的东西。

调研团队：那他们一般会要求买些什么呢？

方友国：一般就是买些糖、红糖、饼干之类的一些小零食。他们平时没事的时候就会拿出来吃一点。

调研团队：那您会经常回去看看家人吗？您的家人都理解您的工作吗？

方友国：不会回去，放节假日也不会回去。家人们都理解我的工作，他们知道我在这里照顾这些老人。

调研团队：您的孩子们过春节也是来这里过的吗？

方友国：是，春节也在这里过，他们来了之后就一起包饺子，干活。

调研团队：现在福利院一共有多少老人。

方又国：100个左右，都住满了。

调研团队：那要是再有老人想进福利院，您会收留吗？

方友国：必须收留，这是我们的职责，想办法都要收留。现在面临着一个比较棘手的问题——住房太少，我们正在积极争取政策和资金，扩大福利院的规模，改善办院条件。

调研团队：那平时老人们可以出去走走吗？

方友国：不能出去，福利院平时都是封闭式管理，不能出去的，平时也是不允许外人随便进来，我们院里都是"五保"老人，他们出去太危险了，万一走丢了或者发生什么意外可不得了。当年我们院的一个"五保"老人贺荣柱就曾走丢过。当时我们听到这个消息都是惊恐万分,分三路出去找,整整找了十天才在牌楼村和黄栗乡的交界处找到了他。

调研团队：因为疫情防控,我们学校也实行封闭式管理,学生长期待在学校情绪波动很大,福利院里的老人不会感觉无聊吗？

方友国：不会无聊啊,院里有电视可以看,还可以相互之间聊聊天、做做活动,不会感到无聊。你们年轻人活泼好动,老年人一般都偏安静。很多人的身体状况也不允许他们到处走动。

调研团队：老人们的宿舍是怎么管理的呢？

方友国：宿舍里也有寝室长,八人一个宿舍。

调研团队：要是晚上他们有事怎么联系您呢？

方友国：我们24小时都有管理人员值班,每个床位都有一个呼叫器,只要按一下呼叫器,管理人员就会去。

调研团队：政府对福利院都有什么扶持呢？

方友国：政府对福利院的扶持可大了。我刚来的时候,这里都是破旧的老式房子,后来政府出钱帮我们全都换成了新房。政府每年还给我们资金,镇上还建了一个专门的医疗院。

调研团队：现在福利院的管理还有什么困难吗？

方友国：要稳定管理团队,像以前一些管理人员来我们这都干不到几个月就辞职了,嫌这工作重、工资少。我们只好再招个人,但还是这些任务,这些工资,招人比较困。主要是人们不理解我们工作的意义和价值,不愿意加入我们。我想今天你们来了,我也想借这次机会呼吁一下,也希望凭借十星级文明农户示范户的身份呼吁一下,希望更多的人能够加入我们,一起服务于老年人。

调研团队：说到"十星"了,那我们再回过头聊聊"十星"创建吧,您觉得"十星"创建后,乡村有变化吗？

方友国：有,村里的卫生环境越来越好了,人们更加友善了,而且风俗也改变了。现在新风气越来越多了。比如婚丧嫁娶,原来大家都喜欢大操大办,现在都是简办。邻里更加和睦,大家都更加注重自己的道德,说脏话、乱扔垃圾、吵架、打架的行为都明显减少。大家都更加文明了。

调研团队：您对"十星"创建还有什么期望吗？

方友国：期望"十星"创建能继续坚持下去，越办越好，并且希望能有更多的人加入我们福利院的管理。我不懂什么大道理，但我一直记得一句话"老吾老以及人之老，幼吾幼以及人之幼"，关爱老年人，服务老年人，让他们有个幸福的晚年，一直是我的工作宗旨和人生追求。

始终保持一名共产党员和老兵的本色
——采访"十星级文明农户"示范户陈必国

题记：陈必国，溢水镇东川村"十星级文明农户"示范户，其先进事迹多体现在"法纪星"创建内容上。1961年6月出生的陈必国，19岁时参军，在常年低温、风大的青海服役，1984年加入中国共产党。退伍回家后，原先靠种地为生，后来凭借村里为他出具的星级证明，贷款购买了装载机，并劝在外打工的两个儿子回家创业，一个采砂石、一个跑运输，家庭逐渐富裕起来。在这过程中，他遵纪守法，诚信经营，赢得了大家的尊重。他积极参与普法宣传，为法治在乡村的扎根开花结果做出了贡献。他退伍不褪色，时刻保持军人的优良作风，在平凡的生活中、岗位上实现了自身的人生价值。

调研团队：您好，首先请您跟我们聊一聊您发家致富的事迹吧？

陈必国：我退伍之后，平时在家务农，闲暇时靠杀猪赚钱贴补家用，家庭经济比较拮据。实施移民搬迁后，因村民养猪的数量减少，我的手艺逐渐搁浅，家庭经济更加困难。我想咱们一不能等二不能靠，就积极谋划发展新路子。在当时全县实施移民搬迁建设的大环境下，我看到这是个商机，就贷款购买了装载机、大货车、承包大小工程。因干活认真，守法经营，逐渐创出了好名声，两个儿子在我的带动下也回到家里搞运输，生意也越做越大。

调研团队：您刚才提到了搬迁应该是2008年潘口水电站工程搬迁，听说您在其中也发挥了重要作用？

陈必国：重要作用谈不上，发挥了一名党员、一名退伍军人的作用吧！2008年因潘口水电站二期建设，东川村部分村民需要移民搬迁，我家就在搬迁之列。在搬迁过程中，我想咱是受党教育多年的老兵了，要发挥带头作用，就一不讲条件，二不怕困难，第一个实施搬迁，并协助镇村干部做好其他村民的思想工作。当时我逢人就讲，让我们移民，是为了国家大型建设，为了让我们大家都过上好日子，我们要支持配合。通过共同努力，咱村66户村民在6月内顺利实施搬迁。

调研团队：咱们再聊回您的创业史，听说您富裕后积极反哺家乡，为群众作了很多有价值的事情？

陈必国：这不是应该的嘛！大家都是邻居，低头不见抬头见，很多事情就得互相帮衬。2008年，我贷款购买了挖掘机和装载机，招聘村里没有稳定收入的人来做挖掘机机和装载机师傅。这些人普遍没有驾驶挖掘机和装载机的经验，我就会先安排他们免费学习，等学会后让他们上岗。这样可以增加就业机会，带动村里经济发展，让村民们有事做，也加强了大家的沟通和联系，从而使村民之间的情感愈加亲切，我觉得这样挺好的，大家是一个大家庭嘛！在我承包的大小工程中，也是首先考虑雇佣本村的劳动力，尤其是家庭贫困的村民。在开展精准扶贫工作后，作为党员，我也是主动认岗定责，与贫困户结对帮扶，先后带动20余名贫困户实现了脱贫致富。

调研团队：您看您为村民做了这么多事，可我们听说在评选"十星"时，您没有给自己评十星，而是九星，这是为什么呢？

陈必国：这说起来就有意思了，评九星的原因是因为我认为自己家和邻居不够团结，我老娘这个人爱管邻居们的家庭琐事，导致邻居们心里不舒服。第一次听到邻居提出的时候不觉得有什么问题，到第二次邻居又提出了，自己心里就清楚了，老娘爱管闲事的做法确实影响到了邻居，我感到很不好意思，因此就评了九星，留下一星，激励自己去改善邻里关系。

调研团队：那您以后是怎么做的呢？

陈必国：主要是做了一些解释和沟通工作，话说开了，心里的疙瘩解开了！我们在农村，村民会更容易信服说话更有力度的人。这个力度往往体现在哪个姓氏的人多，你是不是有本事的人，这也是农村文化的一种吧！我是陈氏家族最年长的，按照农村的话说，我就是这个村里的老大哥，哪个家里有红白喜事，我都会被请去帮忙，有家庭矛盾我也会去帮忙处理，可谓是大事小事天下事事事关心。现在村里的一些矛盾和纠纷主要是宅基地啊，邻里之间啊。我就通过细致的调解工作化解矛盾，尤其是注重普法宣传，让老百姓知法懂法用法。

调研团队：说到普法了，能够谈谈这方面的情况吗？

陈必国：村委会是全面宣传法律知识的，但是村里面大多数人的文化水平不高，很多百姓都不重视法律知识。因此，就需要党员和干部先带头学，村长先学习,然后村长安排党员干部在村里面搞学习。我们一般是以会议的形式开展学习。因为大家住得比较集中,也容易开会,大家也都愿意开会。每个院落也都有小组,小组开的一般是安全生产的会议,学的也主要是安全法方面的内容。我们还充分运用了法律体验馆,他们学法可以通过法律体验馆,可以从网上的学法平台进行学习。村里面每周还会播放一些有关法律的视频进行学习,号召党员干部和群众去志愿地展开一些政策宣传。我每次都会提前学习政府要求学习的法律知识,然后去给百姓进行宣讲,通过一些实际情况来给他们讲解。村里有时也会有一些矛盾出现,我去调节时,会通过村里传承的礼数和法律知识共同解决,时间久了,百姓对于法律的认识会比较深刻的。法律作为保护我们权益的武器,需要我们每个人都认真了解,能够在受到威胁的时候拿起法律的武器保护自己。

调研团队:好的,最后一个问题,您做这些事是因为您的党员身份吗?

陈必国:怎么说呢?也是也不是!说是,那是因为入党誓言你说了,就要按照誓言去做,时刻提醒自己要去做正确的事,引导自己向着正确方向发展,要注重发挥模范带头作用,要让村民认可你是个党员。我们不是在政府工作的工作人员,但是我们和村民关系是很密切的,这种关系可以比较容易去了解村民家庭情况的。有的老百姓会就自己的经历去谈一些不满的情况,作为党员还需要从百姓家里基本情况出发,去做一些正确的解释和引导作用,帮助老百姓的生活越来越好。说不是呢,是我觉得自己无论是否是党员,都有责任去做一些事情,毕竟是这一方水土养育了我,我有责任去报答她!

能说会道的"土律师"
——采访"十星级文明农户"示范户赵发兵

题记：赵发兵，溢水镇船舱村"十星级文明农户"示范户，其先进事迹多体现在"法纪星"创建内容上，以经营一家小商店为生，运用自己学习的法律知识为村民解决政策上的疑惑，同时他还思想积极，主动申请加入党组织。

调研团队首先在村委会采访了溢水镇船舱村党支部书记柯贤奎。

调研团队：柯支书，您好，请您给我们先介绍一下赵发兵的基本情况吧。

柯贤奎：赵发兵今年47了，原来是腰店村的，后来因为水电站建设，就把户口迁到我们村了。以前我们村属于上庸镇管，因为水电站的建设，2008年就划给溢水镇管。他原来在上庸镇供销社工作，供销社解体之后他自己去经商了，开了一个小百货，卖点日常用品，和我们大家相处得都很和谐。他在思想上比较积极，向村支部提出申请，加入党组织，也受周围的人民支持。

调研团队：那他是什么时候迁来咱们村的呢？入党是大概来村多久的时候？

柯贤奎：他是2010年过来的，2015年加入党组织。

调研团队：您觉得他加入党组织前后有什么变化吗？

柯贤奎：加入党组织之后思想觉悟更高了，而且会与周围的百姓进行友好沟通，并传达一些自己学到的党理论，有些老百姓对一些政策不了解的时候，他作为党员，就会给他们讲解一番。还有他平时看到村里很多上了年纪的人出行不便，也会用自己的车进行接送。

调研团队：刚听您的意思他是还在跑运输吗？

柯贤奎：对，他平时开车跑往返从我们村到溢水镇。

调研团队：有多远啊？

柯贤奎：九公里。

调研团队：那他的家里大概是什么情况呢？

柯贤奎：两个子女都参加工作了，他儿子在公安局上班，女儿在雷古镇民政办上班。

调研团队：那赵发兵评上"十星级文明农户"示范户是哪一年？

柯贤奎：去年评的。（2021年）

调研团队：评选他为"法纪星"典型代表，大家主要是看重什么呢？

柯贤奎：首先是山区的群众普遍素质还是偏低，他有一定的文化基础，思维比较敏捷，思想意识也比较高。还有就是刚才说了他在讲解政府政策上可以发挥作用，加上他对农村的法律还是有一定的了解，他学过一些法律知识，口才也比较好，对于老百姓的一些纠纷，他也可以伸张正义，在调解民事纠纷方面就会请他去帮忙。

调研团队：挺好的，那他就相当于是一个土律师啦！

柯贤奎：基本上是。本来老百姓的法律意识就比较薄弱，需要有这么一个懂法的人去帮助他们。

调研团队：那他会不会收费呢？

柯贤奎：基本上不会，但事情多了，还是会结合具体情况收取一些费用。

调研团队：好的。那我们再聊聊咱们村的"十星"创建情况吧？

柯贤奎：去年我们村被评上民主法治示范村，全镇20个村，只有两个村被选上。所以，我们很珍惜这个荣誉，"十星"评选都是严格按照程序来做。村里评选的时候一般是以院落或村小组为单位进行。因为一个院的农户相互之间比较熟悉，这样评选才有意义。不是对人，而是对户，以户为单位，根据标准进行不记名的互评。互评之后还有一个专门的评选小组对自评和互评结果再进行评选。

调研团队：每年大概评选多少户啊？有没有指标啊？

柯贤奎：按实际情况，具体标准，评出多少是多少，户户必须评到，户户都有星，但星多星少不一样。

调研团队：得了"十星"有什么奖励吗？

柯贤奎：原来有一个政策，贷款有优惠，子女高考可以加分。贷款要有一个信用度，要是评上了"信用星"，贷款就很容易，没评上就很难。

调研团队：有没有什么授牌仪式？

柯贤奎：在群众大会上进行授牌，之前还会敲锣打鼓送过去，现在少一些。

调研团队：现在村民对于评星重不重视，或者说我们的工作力度大不大，有没有形式主义?

柯贤奎：群众重不重视"十星"创建，关键还是看村委会的重视程度和实践能力，如果村委会想搞好的话，村民自然就重视起来了。

调研团队：在基层治理方面，咱们村有什么矛盾吗?

柯贤奎：在精准扶贫期间，我们经常对老百姓走访问户，有些老百姓可能对一些政策和事情不是很理解，心里有一些想法，我们在走访问户的时候就可以聊一聊，还有看看村民存在什么困难，村干部就想办法真心地帮助他们，给他们解决实际困难，所以我们村近五年基本上没什么矛盾。

调研团队：我们采取了哪些措施来推动移风易俗?

柯贤奎：通过制定一些村规民约来改变村民的不良习惯，也是靠支部对于村规民约的实施力度。

调研团队：要是违反了村规民约会怎样?

柯贤奎：就不能享受一些政策，还有不能参加一些公益岗位。

调研团队：公益岗位怎么进行约束?

柯贤奎：公益岗位每年会举办一些公益活动，通过做活动可以得到一些报酬，村里的公益岗位还是少的。

调研团队：好的，谢谢您的分享。对于"十星"评选的创新您有什么期望吗?

柯贤奎："十星"创建促进了乡村振兴，对于基层来说，我还是希望上级对"十星"建设重视一些，比如评星的流程和质量、授牌仪式，还有多出台一些激励措施和优惠政策，充分调动群众的积极性。

跟柯贤奎支书一起在赵发兵家中作采访。

调研团队：您好，被评为"十星级文明农户"示范户时，您的心情怎么样?

赵发兵：心情当然是很高兴啦。1993年"十星"创建之后，就是一个榜样的存在。我能够获得星级牌，自己也感觉很荣幸，当时把它挂在店里，老百姓来买东西，看到后，也替我高兴。

调研团队：那您的生活上有没有变化呢?

赵发兵：我还是和以前一样就看好我的店啊，也没什么大变化，老老实实做事。2013年我女儿当兵回来之后，就在擂古镇政府从事民政方面的工作，儿子也考上了公务员，可能我这个能让他们也长点光吧。

调研团队：您一家都很优秀，您是孩子们的榜样！刚才听了柯书记关于您入党的事情。当初您申请加入党组织的心情是怎样的？

赵发兵：我父母过世得早，从小是我大伯养我，一直到高中毕业。咱们也算是有点文化，看文件也看得明白，可以给乡亲们答疑解惑。想以身作则，想通过自己来使自己的孩子也追求进步，所以提出加入党组织。

调研团队：那您成为正式党员以后都是怎么帮助大家的呢？

赵发兵：老百姓有什么小事，村干部有时候有些私事不在，但有很多人还在等着找村干部，我就跟他们说，我给你们解决，有的时候老百姓之间有了矛盾了，我也尽力给他们说说，调解一下。

调研团队：那在您处理的事情中，有没有遇到过很棘手的纠纷？你对"村霸"怎么看？

赵发兵：那肯定也有不好处理的时候了。一般都是让双方在一起都说说，能和和气气地解决了肯定是最好了。有的时候大家也是一时在气头上不肯低头，这时候就需要有耐性，农村人没有过不去的仇恨，大家祖祖辈辈住在这里，总是有点情面的，有的事多调解几次，有点耐心也就过去了。实在是难以处理的时候只能让村委会出面走程序解决了。至于村霸，哪个地方没有几个"捣蛋鬼"呀，我还是支持先是说服教育吧，用一点法律知识让他懂法不要犯法。

柯贤奎：对于这些问题我们也开会说过，对付村霸，要有机制，和各方配合，发现一起，查处一起，绝不手软；健全村调解委员会、治保会、民兵等组织，壮大农村社会治安力量；深入开展普法教育，增强农民群众法治观念，促进其自觉运用法律武器来维权。

调研团队：现在乡村治理提出"德治、自治与法治相融合"的概念，您有接触过吗？

赵发兵：听过听过。现在咱们国家大力实行乡村振兴，乡村治理也是其中的一部分，构建自治、法治、德治"三治融合"的体系就是重要任务。自治需要一定的激发机制，法治就需要普法用法了，德治嘛，这个是很根本的。

调研团队：您的理解很到位，确实是老百姓中接受法律知识的领头人，也很有自己的想法,难怪大家都爱请教您呢。

赵发兵:没有没有,平时没事就多关注一下,给大家科普科普。

调研团队:最后还有一个问题想要问问您和柯支书,你们对于即将召开的党的二十大有什么期望吗?

柯贤奎:我觉得这个"十星"创建对于乡村振兴,无论鼓励大家去创业,还是提高大家的素质还是有很大的作用的,希望政府能继续把这个事情抓好。

赵发兵:在党的带领下农村老百姓都过上了好日子,也享受到了党的政策优惠,希望未来党和政府对于农村、农民的重视程度只增不减吧。

见义勇为,维护群众生命财产安全
——采访"十星级文明农户"示范户周平

题记:周平,1958年生,中共党员,上庸镇北坝街居委会原支部书记,"十星级文明农户"示范户,其先进事迹多体现在"奉献星"创建内容上。周平曾获得十堰市首届见义勇为道德模范。他时刻想群众之所想,急群众之所急,以自己的实际行动守护群众安全,受到了人民群众的爱戴和赞誉。北坝村是移民安置区"十星级文明农户"创建活动的试点村,对周平的采访对于我们了解"十星"创建活动对于重大工程所产生的价值引导作用,具有重要的作用。

调研团队首先在北坝街居民委员会采访了支部杨先锋,向其了解了老书记周平的情况和北坝街居民委员会开展"十星"创建的基本情况。

调研团队:杨书记,您好!明年是竹山"十星"创建三十周年,我们今天来,一是想了解一下"十星"创建的开展情况,然后就是对获得"十星级文明农户"示范户的周平进行访谈。您能先简单地介绍一下吗?

杨先锋:我先介绍周平吧,他是我们北坝街居民委员会的老干部,他的一生都奉献给了北坝,他年轻的时候当了几年的邮递员,就到处跑着送邮件,之后就在村上当文书和书记,直到六十岁退休。

采访者:周平被评为"十星级文明农户"示范户,就是因为他做了这些事吗?

杨先锋:在村委会做了这些事是一部分,最主要的是他有一些典型事迹,比如说移民搬迁的时候,有一个叫宋兴洲的村民,怎么也不肯搬迁,当时发大水,水都漫到他家门前了,他还不知道,别人喊他跑,他还以为是人家骗他,死活不开门,最后还是周平把门撞开把他背走的。那个地方离洪水可不远,又是特别低的地方,他可是冒着生命危险在救人,要是再晚几分钟,就会被洪水淹了。

采访者:周平作为村支书的日常工作,有没有让您比较敬佩的地方?

杨先锋:那时候当支书是真的不容易,当时我们村有四五百户人家,交通不便，出行完全靠走路。就在这种情况下，他对村上的每一家、每一户的情况都十分了解，不仅仅知道这户人家有几口人，连这家人各自的年龄，小孩读几年级，他都掌握得一清二楚，现在我们要了解某家的人口流动和家庭关系，都会打电话问他。我们这个街被一库水隔成了三片，我们跑一次要过三次河，我现在工作也一年多了，哪怕现在走访靠车跑，我也还没有做到家家户户走访到。他对我们村家家户户的熟悉程度，没有长时间的奔波，是不可能做到的。我以前也陪他走访过村民，去的是龙王滩最里面的堰沟，走了一整天，晚上回来的时候还在老百姓家里过了一夜。哪家有什么困难他都会帮着解决，和群众的关系特别近，老百姓都特别欢迎他，特别是晚上回来的时候没地方去，直接到老百姓家里住，敲门就进，没有一点不熟的感觉。

调研团队：除了与人民群众打成一片，还有其他印象深刻的地方吗？

杨先锋：我再谈两点吧，一是工作的扎实务实，一是对人才的重视。周平老支书那代人工作扎实务实，在落实政策上不打折扣，狠抓落实，迅速行动，上午开完会，不管太阳有多大，下午就开始干，记得有一天他们去看一个工地，还中暑了。像这样的事情还有很多，他总是将群众和集体的利益放在心上，以扎实务实的工作实现和维护着群众的利益，北坝街的党员群众都亲切地称他是"人民群众的贴心人、见义勇为的好干部"。再就是对人才的渴望，他经常给我们念叨自己学历低，电脑等新技术搞不明白，现在工作更复杂了，希望有更多的高学历的年轻人能够到我们村来工作。

调研团队：非常感谢您对周平老支书的介绍，您再介绍一下村里的"十星"创建情况吧？

杨先锋：关于"十星"创建这方面，我们这几年变化是较大的，从最开始的"十星"，到现在的"十星"，经过了18次变化，每次都是根据各个时期的不同中心任务来更改的，现在改得更贴近实际。比如说，现在的"和谐星""奉献心"都是之前没有的，对于社会的综合发展起到了非常重要作用的，前段时间我们这边有个小区，因为疫情临时布控，我们搭了一个简易的棚子，第一天就有很多老百姓来给我们送矿泉水，送水送饭的每天都有，现在村民都自发地体现奉献精神。这就是因为在"星"的宣传提倡中，老百姓们心理受到影响，思想道德自然就提高了。

调研团队：我们的创评工作是怎么开展的？

杨书记：在开展工作方面，我们都是以县级为主，上级方案都列得非常的详细，我们只需要执行就行。一般都是先宣传，然后再通过自评，互评，最后就是评定委员会来评定，之前评定大家都在一起，面对面，在评选表上打钩，现在都可以在手机上完成，在外地打工的也能通过网络参加村里的评选，不仅减少了面对面互相点评中不好意思的情况，还减少了后期统计的压力，使得评定更加客观公正。当然，有些老人不会用手机，对程序不熟，我们也会安排人亲自去教。

调研团队在周平老支书家中对其进行了采访

调研团队：周平老支书，您好，请您给我讲一下您被评为"十星级文明农户"示范户的先进事迹吧？

周平：最早是2004年9月，正值我们田家坝镇换届选举县、镇人大代表之际，一名吕姓村民，是精神病患者，受到刺激在街上用菜刀连伤五人。当时事态严峻，我得到消息后迅速联系了派出所，坐上警车会同两名干警一起赶往事发地。到达现场后，看到他拿着刀到处追着人砍，就什么都没顾，直接冲上去与他搏斗，被他连砍了三刀，后来和民警配合将他彻底制服，保护了村民的生命安全。因为这件事，大家就选我做"十星级文明农户"示范户。

调研团队：您冒着生命危险去阻止吕姓村民的举动，真的让人佩服，听说您在2009年的时候也有过一次类似的经历，您能跟我们讲讲当时的情况吗？

周平：那是2009年5月，全县移民库区清理工作进入攻坚时期，其他干部跟一名周姓移民户做思想工作，都没成功，最后我去，没想到激动的他偷偷藏了刀，我拉他出来的时候没注意，被他袭击，手筋被砍断四根，大腿上被砍了三寸长的一条口子，肩膀上被砍了两寸长的口子，被送到县人民医院抢救到第二天才脱离生命危险，到现在阴雨天时都会疼。

调研团队：那后来是怎么处理周姓移民的呢？

周平：我躺在病床上，县领导前来慰问，我和领导说，让公安机关不要追究周姓移民的责任，只要他同意搬迁就好，一切以顺利完成移民搬迁任务为重。后来他被感动了，同意了搬迁，我们村也顺利地完成了任务。还有件事是在2010年7月，镇内连降三天大雨，晚上8点多的时候，我到河边巡查雨情，发觉水位极不寻常,就紧急组织老北坝街上滞留的群众逃难。老街上有群众31人。一浪能上几步坎子,情况十分危机,我也容不得思考,立刻组织群众往山上跑,然而一名宋姓老人怎么也不肯走,关着门在家睡大觉,还说一些怪话:"干部假殷勤,把我哄出去了,好让小偷偷东西!"我当时急得直冒冷汗,无奈之下将房门撞开,动员他走,但他却不理不睬,也拒绝往高处撤离。情急之下,我不由分说架起他,便往山上跑。要是再慢一点他就会被水冲走。

带动就业,服务桑梓,展示企业家担当
——采访"十星级文明农户"示范户余发文

题记:余发文,官渡镇官渡街人,因患小儿麻痹症致使右腿残疾,让他这辈子只能和双拐相伴,但他身残志坚,乐于助人,现在在官渡街经营三家爱心超市,曾获"十星级文明户"示范户,其先进事迹多体现在"奉献星"创建内容上。

调研团队:您好,我们听闻您获得了"十星级文明农户"示范户,想具体来采访一下您,看您的身体还挂着拐杖,这是怎么一回事啊?

余发文:我从小患了小儿麻痹症,右腿残疾了,这辈子只能和双拐相伴了。

调研团队:虽然您的身体不太方便,但我看您的超市被经营得井井有条啊。您平时都是怎么打理的呢?

余发文:当初我就想,虽然身体残疾,意志不能倒。在当地政府和家人的帮助下,在官渡镇开了第一家爱心超市,虽然面积不大,但各种商品齐全,每天人来人往,生意兴旺。我想的一定要重信誉、讲诚信,在超市里从不卖假货,对大家都热热情情的,当地居民都愿意来我这里来买东西。现在,我已经开了三家超市了,想着不能只是自己富起来,就开始招贫困户来超市就业,50多年来,我觉得我也算实现了自己的人生价值吧。

(一旁的超市员工)鲁艳:在老余的超市工作了已经有十几年了,他人很和善,对我们很好,再加上就在家门口上班,既能照顾家庭,又能挣钱,真不错。

调研团队:您始终以坚强的毅力顽强抗争,在自主创业、自食其力中找到了自我,实现了人生价值,赢得了社会的尊重。您还积极参与扶贫事业,用实际行动回报社会,真让人敬佩!

余发文:我们官渡镇是移民新镇,都是移民过来的。2008年潘口水电站移民,官渡这儿有好多都是从那边移民过来的。起初,我是自己搞了一个扶贫车间,就是编那些手工制品卖。我就组织村上妇女参与进来,给他们提供一些就业

调研团队：那你们起初建立扶贫车间有遇到什么困难吗？

余发文：那肯定是有啊。首先我自己身体残疾，肯定不如正常人方便，但我也不想放弃。刚开始我也没想说是靠政府政策，没有说想要从政府要一些资助，想的是通过自己创企业。后来我不光把企业办起来了，还办得算是漂亮，带动周围人一起，增加他们的收入。这两年因为大多数年轻人都外出务工了，能够留在车间的比较少，用工上有些困难。

调研团队：那咱们车间主要生产什么类型的产品？

余发文：车间主要生产汽车坐垫，还有外套，都是纯手工的，计件算工资可能有点累，机械的，这是个技术活。

调研团队：那您的盈利情况呢？

余发文：当时搞的最火热的是2018年、2019年，那个时候车间里差不多有三十多个人。一个月，每个人2000的工资，你想想算一下也是好几万。我这种创业也没有什么突出的方面，就是机会很好，我抓住了机会，赚了第一桶金。后来我就成为第一个自主创业的官渡镇居民，后来越搞越好，所以说，抓住市场机会是非常重要的。

调研团队：连锁超市是从什么时候开始做的，情况如何？

余发文：连锁超市是2014年开的，应该开得算比较早的。但不瞒你说，我搞得最早的是移动营业厅，因为之前也比较关注移动这一方面，关注这个移动营业厅。超市是在移民之前就有一家，叫仁和超市，现在的三家都是这个名字，是这个本地的超市。超市主要是卖一些食品类、日用百货类，算是百货超市。也算是自己白手起家，自主创业。那时候也没有场地，我用的都是自己的房子，然后再去招一些需要工作岗位的居民，解决一下他们的就业问题。目前有三个超市门面，每个门面大概有两百平方米，最小的一个也有一百多平方米，这三个门面我自己有一个，其他两个是租的。现在移动营业厅也不怎么经营了，主要经营超市。

调研团队：原来是这样的啊！那后来咱们这个车间和超市的发展怎么样呢？

余发文：车间的收入不算高。我们那里熟练的女工在车间做一个月，车间当时是按照件数计算工资的，她们一个月差不多就是两千多吧。他们认为工资比较低，选择在这儿务工，还不如外出打工，在城里边打工。现在可能就是疫情的影响，车间生产的产品确实不好销售，因为我之前去政府询问情况了，跟镇上的领导还反映过这个事情，就是产品不好销售。现在通过促销来销售车间生产的产品。当时车间产业中心也赚了一些钱，支撑着现在开连锁超市，这个是赚钱比较简单点儿。现在车间有时候还在生产，但是基本上不生产。自从去年年底车间就再也没生产过。当然，在疫情中，政府给了我们很多优惠，场地免费，水电按照普通的标准缴，这样花费还是比较低的，还是可以接受的。

调研团队：在新冠疫情防控中，您作为"十星级文明农户"示范户，参与了哪些活动？

余发文：我主要做了物资配送，我搞这个配送优惠也有两种性质。第一个，我作为商家我肯定要把这个事做到位，才能更好地把我们的商品卖出去，也算是做一个宣传。第二个我完全是出于一种志愿，就是大家需要帮助，那我就应该提供帮助。或者我也不加价，这也是一种考虑，也属于经营的需要。通过我提供更好服务，可能大家就会常买我的东西了，那我这个超市以及我在大家眼中更有信誉，所以这个以后可以更好地开拓我的市场，这是从经营和管理方面考虑。当然，我确实是想为大家做好事，我就想去做志愿服务，因为我是企业家，我在这个市场方面或者各方面确实需要有些表现。

调研团队：作为乡村企业家，您的思路确实清晰。最后，马上就要召开党的二十大了，您对党的二十大有什么期望吗？

余发文：作为农村的企业家，希望未来能吸纳更多的老百姓到我这里工作，为农民富裕创造更便利、更直接、更现实的条件。对于二十大吧，希望能够多一些乡村振兴的最新指示。

文教事业要做到久久为功
——采访"十星级文明农户"示范户刘必伦

题记：刘必伦，竹山县深河乡两道村"十星级文明农户"示范户，其先进事迹多体现在"文教星"创建内容上。2020年当选为竹山县人大代表，现任深河乡两道村党支部书记。

调研团队：您好，您是哪一年被评为"十星级文明农户"示范户的？心情怎么样？

刘必伦：2020年到2022年，当时内心很激动，感觉很荣幸，谢谢党和国家的认可和支持。

调研团队：您作为县人大代表，有没有为自己的家乡发展建言献策呢？

刘必伦：有，在2018年的时候，因为工作出色，我被选上了村主任，这时，国家的精准扶贫工作进行得如火如荼，当时咱们村缺乏基础设施，老百姓用水也不足，我们就大力新建饮水工程，铺设管道15千米，解决通组入户7.8千米，安置易迁对象21户，安装太阳能路灯246盏，新建茶园487亩。这样咱们村的基础设施完善了，也有了扶贫产业。

调研团队：在工作量如此巨大的情况下，您的身体状况如何？

刘必伦：在当时我做精准扶贫的时候，身体状况还不错，但是后来，不是国家由于疫情一直在管控嘛，那时候我也带着父老乡亲们学习防疫知识，在村里面进行防疫工作，那时候就生了点病。

调研团队：那您多注意身体，在疫情期间，您主要做了哪些事情呢？

刘必伦：当时我带着村支两委干部吃住在防疫一线，几次路过家门口都没有回家。

调研团队：您不回家，亲人会不开心吗？

刘必伦：家里人会不开心，当时家里人会因为我有时候晚上不回来，妻子也会抱怨几句，但是后来在我的极力劝说下，妻子的心态也发生了转变。

调研团队：在疫情之后，您又做了哪些事去服务乡村呢？

刘必伦：疫情刚过的时候，竹山县重点工程 S454 深河乡到房县巨峪河省级二级路项目经过两道村，施工沿线征用了 100 余亩地，每一处征用地，我们都会亲自测量，依照标准不搞变更，不打擦边，不越红线，最终，在项目需征集土地的四个村子中，我们两道村率先完成征地任务。

调研团队：在平时工作时，您觉得做到哪些才算是一个合格的干部？

刘必伦：我觉得作为一名基层干部，应该做到想群众之所想，解群众之所急，帮群众之所需，忠实履行代表职责和干部责任，实心实意为群众寻福祉，解难题。

调研团队：您工作多少年了呢？

刘必伦：已经超过 20 年了。

调研团队：在这么多年的工作中，当地环境出过问题吗？

刘必伦：有的，我们这里的两道河河流湍急，流经路线长，上游门古寺河，秦口河河床位置高，中游两道河贯穿两道村，下游流向霍河，黄龙库区。每逢暴雨季节，两道河内，枯枝残叶，白色垃圾时常淤塞河道。

调研团队：您是怎么治理环境问题的呢？

刘必伦：我会带领党员、河道保洁员、志愿者，每月 5 号、15 号、25 号，定时清理河道，借用"十星级文明农户"评选载体，突出"环境卫生星"，劝阻农户随意倾倒生活垃圾。并且在村子内招聘责任心强的保洁员，每周清运两次垃圾。如今，两道河内，一年四季清澈见底。

调研团队：我想您开展这些工作，跟您平常注重学习是分不开的，平常是如何提高思想道德素质和科学文化素质的？

刘必伦：我平常会经常学习马列主义科学理论，自己形成一个正确的观念，脚踏实地，不尚空谈，重在行动，从我做起，从现在做起，从点滴的小事做起。怀有一颗感恩之心，回报社会，服务人民，报效祖国。

调研团队：您平常会刷手机去看新闻吗？喜欢什么类型的新闻？

刘必伦：会去刷一些新闻，比较喜欢报道类的新闻，比如通讯、新闻特写、新闻公报、调查报告、专访这一类。

调研团队：那您一定知道党和国家提出要建设创新型国家，对此您了解吗，对于推进创新型国家建设，您有什么建议？

刘必伦：有了解，比如，咱们的智能手机、高铁、水利工程、智能支付等，都是在国际上处于领先地位的科技。至于怎么发展咱们的高科技，我说不出太多的门道，但从我做工作的经验看，主要有三点：一是要有人，党和政府要加大教育投入，培养从事科技创新的人才，二是要有钱，要舍得投入，三是不能着急，搞科技创新不是一天两天的事情，要久久为功，这也是习近平总书记说的。

调研团队：您参加了哪些活动呢？

刘必伦：我们这边的学校搞了一个"科普日"活动，同时给村里的父老乡亲们分发了科普日活动倡议书。在村子里开展科普知识讲座，让大家多多了解这方面的知识。还做了一些变废为宝的科技普及活动。

调研团队：您目前对于教育发展，有哪些建议呢？

刘必伦：我觉得现在的教育还是存在地区之间的差异吧，比如那些发达地区，他们的教育是很棒的，但是在那些偏远地区，还有很多小孩子，经常会上不了学，我觉得党和政府要多多重视这些偏远地区小孩子们受教育问题。

调研团队：您对于中国文化的发展和传播，有什么建议吗？

刘必伦：我觉得中国文化博大精深，现在都在讲全球化，中国化也应该介绍给外国人。我觉得要促进中国文化和世界不同文化的交流。要使国人打心底为中国文化骄傲，同时树立文化传承意识，建立文化传播机制，利用电视、电影等方式，传播文化。我们村里也有很多优秀的传统文化，但苦于没有人传播，还是要在人财物上给予更多的投入，才能更好地传承。

人人称赞的"马婶"

——采访"十星级文明农户"示范户马金枝

题记：马金枝，擂鼓镇枣园村村民，邻居都叫她"马婶"，"十星级文明农户"示范户，其先进事迹多体现在"文教星"创建内容上。2020年，马金枝的家庭被评为竹山"最美文明家庭"。回顾近30年的风雨历程，生活对她而言是残酷的，但她却从没有退缩、低头、后悔，她用她的爱心和勤劳的双手撑起了一个完整幸福的家，用她的热心和友善营造起和睦的邻里关系，用她的热情和乐观和乡亲们共同追求美好新生活。

调研团队：马大婶，您好，我们想了解一下您获得"十星级文明农户"示范户背后的故事。

马金枝：这事情说来就话长了。之前过得很苦的，29年前，我丈夫外出务工没了音信，留下我和5岁的女儿，肚子里还有一个孩子。当时我一边照顾小孩子，一边四处打听消息寻找丈夫。孩子出生后，还是没有消息，我都彻底失望了。后来实在等不来，找不到，就把这个念想慢慢打消了。就只想拼一把劲，把两个孩子带大，让他们健康成长，尽到一个做母亲的责任。

调研团队：您自己把两个孩子拉扯大，一定吃了不少苦。那后来什么时候您认识了现在的丈夫呢？

马金枝：后来，女儿慢慢长大懂事了，小儿子珊珊也六岁了，想着孩子们也不能没有爸爸，就经人介绍认识了现在的丈夫李邦根，我们也算志同道合，他也愿意跟我分担生活的重担，眼看着好日子要来了。（马婶突然开始抹眼泪）

调研团队：是珊珊生病了是吗？您慢慢说。

马金枝：后来发现珊珊走路总是踮着脚尖，有时还摇摇晃晃的，感觉不对劲，带到医院检查，医生说珊珊患上了肌肉假肥大神经萎缩病，只能控制病情无法根治，孩子可能永远无法正常走路。那一刻，我感觉天都塌了。很长一段时间，我的眼泪没有干过，但孩子还小，我不能放弃。想让孩子和其他孩子一样也能正常上学，等珊珊满了七岁，我就把他送入了当地小学读一年级。每天天不亮就起床给他穿衣、洗刷、喂饭、背着孩子上学、放学，整整坚持了六年。刚上初中没几天，珊珊突然摔倒后就再也站不起来了。经过多次治疗，双腿始终绵软无力最终下肢瘫痪。孩子不能上学，精神上也备受打击，为了让孩子走出困境、给孩子创造更好的生活条件，偿还多次治疗后欠下的债务，我开始种烤烟，给别人做饭，只要能挣钱的活，再苦再累都干。白天在外忙一整天，夜里还要起来几次照顾珊珊，还要定点按摩，就这么一直到现在。

调研团队：那现在呢，珊珊恢复得怎么样了？

马金枝：后来孩子的精神状态调节得很好，家里经济的压力也慢慢减轻了，算是熬过来了吧。现在珊珊肌肉也没有出现重复萎缩，都学会用电脑了，能通过电脑沟通外面的世界。

调研团队：太好了！那在此期间，您的亲朋好友、左邻右舍有没有给您们搭把手啊？

马金枝：这么多年经历的风风雨雨中，乡亲朋友们每次在我需要帮助的时候都伸出援手，给我帮忙，我感激不尽，心里一直记得这份恩情，不知道怎么回报他们。

调研团队：俗话说"远亲不如近邻"，可能这就是最生动的体现了吧！

马金枝：那确实是的，后来几年在和邻居们相处中，我们都一直带着这份恩情和邻居们相互帮助、相互关心，遇事相互协商。邻居们遇到红白喜事，我也上门帮忙招呼；遇到疾病、农忙等难事，我也尽量抽出空来，尽自己的最大努力帮助他们。多年来邻里关系亲如弟兄姊妹，共同居住的院子也被称作李家文化大院，受到了大家的称赞。

调研团队：相信您的一片感恩之心一定会让邻里之间的感情越来越深厚的！那您现在的日常工作是什么呢？

马金枝：自 2016 年起，我承包了擂鼓村至县河公路 1.5 公里段环保任务，天天清扫路面，晴天一身汗，雨天一身泥。有时大车经过，路面上撒了很多泥沙，一个人也忙不过来，我丈夫李邦根就帮忙打扫。我们夫妻俩的勤劳肯干也赢得镇村干部群众的信任，现在又担负擂鼓县公路全长 7 公里的监管任务。每天巡回路段督促环卫工人们保质保量完成清运，又完成自己承包路段，保持路面干净整洁。

调研团队：挺好的。生活也是步入了正轨，有了一份稳定的工作和收入来源。那孩子们呢？珊珊现在的身体还好吗？

马金枝：孩子们都挺好的。近两年来，我又租种4亩土地种植优质黄豆、辣椒等无公害农产品，收获后加工成小商品，并注册商标，珊珊就在淘宝上帮我们进行销售，我们一直说一定要讲诚信，不能欺骗顾客，收入也比较好，去年淘宝销售收入达3万余元。今年辣椒上市，我就请了点闲散女劳力加工制作酸辣椒和黄豆酱，在淘宝上销售。

调研团队：好棒啊！搭上新时代网络销售的快车，您家一定会越来越好的。再说说咱们村"十星"创建吧，听说您还做了不少工作呢！

马金枝：村里开展"十星"创评、成立村民自治组织，我也都积极踊跃地参与。坚持从每天挨家挨户检查卫生做起，同时宣传"十星"创建的内容标准，引导更多的村民知道、支持、参与"十星"创评，促推乡风文明。然后，等到村里的十星文化广场建好后，我又带头组织村里的姐妹们成立了枣园红巾帼文化志愿服务队，每晚在枣园四组广场组织各类文化活动，让音响设备转起来，让村民跟着动起来，丰富一下村里的文化生活。你别说啊，后来一部分喜好摸牌赌博的村民也在我们的带动下，融入进来了。

调研团队：现在党和政府在大力推进乡村振兴战略，您做了些什么事情？

马金枝：我们村响应国家的乡村振兴工作，认真推进精准扶贫工作，我也担当起精准扶贫的宣讲员、网格员和监督员，鼓励越来越多的妇女同胞们义务投身到公益事业、护村公路、环境整治中来，我们妇女有力量，我们也能够在国家重大发展中做出我们的贡献。

调研团队：最后想问问您，马上就要召开党的二十大了，您对党的二十大有什么期望吗？

马金枝：首先期盼党的二十大召开，希望为农村农民带来更多红利，希望党能够出台更多惠及农民的好政策，我也会继续团结乡亲们勤劳致富，改善精神面貌，为建设新农村贡献力量。

义薄云天,弱女子撑起苦难的家
——采访"十星级文明农户"示范户王运英

题记:王运英,双台乡罗家村"十星级文明农户"示范户,其先进事迹多体现在"健康星"创建内容上。2001年10月15日,曾被《十堰日报》头版表扬,赞扬其坚强生活的精神及孝顺老人的美德、无私奉献的品德。2020年评,她荣获竹山县第五届道德模范。

调研团队:您好,您是哪一年被评为"十星级文明农户"示范户的?是因为什么评上的?

王运英:也就最近这两年的事。以前赡养老人嘛,后来又帮了几个无家可归的可怜人,他们以前身体都有疾病,我决定帮他们以后,就到大夫那里去开了药拿回来给他们煎,和丈夫两人轮流给他送药治病。

调研团队:我们看到当地媒体上有您的报道,但是事迹都很简略,能请您讲讲您的故事吗?我想肯定比报道中的更加生动。

王运英:可以啊,没问题。那都是20多年前的事情了,1988年的时候我丈夫过世了,村里的人都跟我说让我改嫁,趁还年轻,找个好人家过日子。但那个时候公公婆婆年纪都很大了,身体也不好,根本离不开人照顾,我要是走了,他们就没法生活了。两个老人也担心我走了就没人给他们养老送终。然后我就跟两个老人说:"你们两个老人不要担心,将来我即使改嫁,也会继续照顾你们,如今你们没有其他亲人了,以后我就是你们的女儿,我会照顾你们一辈子。"当时两个女儿还小,一个才两三岁,一个八九岁,我平时要洗衣做饭,还要做农活,平常还要悉心照顾老人和小孩,生活的责任都压到我身上了,咱这也是没办法的,我要是倒了,那我孩子该怎么办呢?咬咬牙,也就坚持下来了,后来和赵远兵结婚了,他也住到了我们这里,和我一起照顾老人小孩。记者第一次到我们这个地方来采访的时候,我们已经生活很多年了,后来有人跟我们说我上报纸了,其实我也搞不太清楚。

调研团队：您改嫁后，赵叔叔一直留在这边和你们一起生活，当时你们是怎么商量的这件事呢？会不会在意别人的一些闲话啊？

王运英：我当时和他说的是，如果结婚的话，我不会过他们那边去，因为不可能带着老人过去，那就只能他到我们家来，因为我是一定要在这边照顾老人的，然后他就同意了。我们就踏踏实实一心一意地过自己的日子，不去管别人是什么想法，时间一长，渐渐地也没人说什么。

调研团队：听说您和爱人后来还帮助了好多人，能仔细给我们讲讲吗？

王运英：当时旁边有个姓艾的石匠，他们在山坡上有一块地，那边我经常过去打猪草。有一天赵远兵在那边挖地，那个石匠就过来说他身体现在越来越不好，估计活不长了，他要是死了，希望我们能帮忙照顾一下他的媳妇和儿子，这两个人智力都有障碍，没人照顾的话，只怕是活不下去。赵远兵回来跟我商量了一下，我就答应了，毕竟人家这样托付，是出于对我们的信任。他死了之后我们就把他的媳妇和儿子接过来照顾。这个女的身体有疾病，眼睛还很不好，我就去大夫那边给他开了药，每天煎给它喝，一天天的，渐渐有了好转，能看清东西了，又过了一段时间，她的病又开始恶化，有一天我干完农活回来，有人告诉我说石匠他媳妇已经死了，回来我们就把她安葬了。

调研团队：这对母子平日里起居饮食怎么解决的呢？

王运英：平常都是我们把饭做好了，给他们送过去，天冷的时候给他们送一些柴火取暖。

调研团队：后来还有一些人呢？他们又是什么情况呢？

王运英：还有一个叫汪思科的，他原本是我们村的，出去了十几年，等老了回来后，户口也丢了，房子也塌了，也没有亲人，然后我们就把他安置在偏房那边了。郭启华，是我们邻居，从零几年的时候就卧病在床，没有人照顾，然后我们就每天轮流照顾他一下。他去世之后也没有人给他安葬，我们就把他安葬了。他还剩了一间屋子，但没有继承人和亲人，村委会的人就跟我们说："他现在过世了，也没有别的亲人，那房子就过户到你们名下吧，你们一家照顾了他这么多年，大家都看在眼里，不会有人说什么。"

调研团队：您一家人一直在无私地帮助他人，家里的经济压力会不会很大？您家中现在的经济来源有哪些呢？

王运英：压力肯定是有的。现在主要是畜牧和种植，我们现在养了几头牛，还有猪，平常还种地，有一些庄稼，我丈夫有时候会出去给别人做些小工，平常也是做农业的。

调研团队：我们再聊聊"十星"创建吧，村里还在持续抓"十星"创建吗？

王运英：还在抓。一年评选两次，上半年选出名单，下半年还要复评资质。

调研团队：评选的时候是由哪些人进行评议呢？

王运英：会评"十星"的时候有一个评星小组，这个小组是由村干部和一些有声望的村民组成。第一次评星前时候先由村民自我评价，自己给自己评星，然后再由村民评价，之后再由评星小组进行核验。

调研团队：这样的话确实更加透明公正一些，毕竟有村民亲自参与其中。那如果村民评星结果有异议的话，村里最后是怎么解决的呢？

王运英：就会找到那人，和他面对面进行交流，先搞清楚双方的意见，然后再就分歧的地方进行谈话，打消对方的疑惑，一般这样都能解决。

调研团队：嗯，最后想问一下，您对"十星"创建还有什么更高期望。

王运英：现在他们已经做得很好了，我希望他们的工作能一如既往地进行下去，让村里的情况越来越好。

条件好了,咱们当然要健康生活
——采访"十星级文明农户"示范户肖莫荣

题记:肖莫荣,深河乡双湾村"十星级文明农户"示范户,其事迹多体现在"健康星"创建内容上。

调研团队:那您是什么时候评为"十星级文明农户"示范户的?

肖莫荣:2021—2022年。

调研团队:您现在多大的年龄呢?身体状况如何?

肖莫荣:六十多了,我不抽烟也不怎么喝酒,平时喝的都是我们这边自己种植的茶,我们这边山里空气质量很好,我每天早上都会做一些锻炼,比如跑跑步,晚上就和大伙一起锻炼身体,有句老话说饭后走一走,活到九十九嘛,所以到现在我的身体也没有犯过什么大毛病。

调研团队:您现在还会做农活吗?

肖莫荣:我前几年参加了一个食用菌种植专业合作社,当时主要是种香菇等食用菌,现在虽然年纪大了,但仍然还种点稻谷和芝麻,自己种点粮食。

调研团队:您每年的生活费用主要有哪些来源?

肖莫荣:我儿子在外面打工,每年都会给我寄一些钱,而且我现在身体也挺好的,就省去了一些医疗等费用,而且即便是就医,政府也给报销医疗费。我还可以自己种地,主要的来源有很多都是自己劳动获得的。

调研团队:嗯,那我们再聊聊"十星"创建吧,您是怎么成为"健康星"的典型代表的。

肖莫荣:因为我个人的身体在我们这年龄段的人中还是很健康的,我希望带动一下村民们和我一样健康生活,每天坚持锻炼身体。我不抽烟,也不怎么喝酒,加上我每年都在干活,身体也挺健康,我平时的生活习惯都比较绿色健康,每年也都去参加体检,还带动亲戚朋友都买了医保,每次也按时缴纳合作医疗保险。除了个人注意,竹山农村人居环境的改善也是我能够保持健康的一个非常重要的原因。比如，现在开展的"厕所革命"，虽然大道理咱不懂，但这个事确实解决了农村粪便常年乱排的问题，改善了环境，提升了村民的文明素养，让我们的生产和生活变得更健康更绿色。

调研团队：嗯，您刚才也提到了农村人居环境整治，那您知道竹山的环境治理理念吗？

肖莫荣：竹山始终坚持习近平总书记提出的"绿水青山就是金山银山"的发展理念，学习借鉴"千万工程"经验，一直把建设生态宜居美丽乡村作为发展的目标。前段时间看新闻，听宣传，咱们竹山已经有了好几个国家级、省级生态村，还是省里的生态文明建设示范县，（调研团队：国家级生态乡镇1个、省级生态乡镇6个、省级生态村50个、市级生态乡镇8个、市级生态村121个，成功创建为省级生态文明建设示范县）这些成绩的取得都是不容易的。从我们自身来看，改变也很大，比如现在污水不乱排了，臭水沟都不见了，水质有了很大提高。垃圾也不乱排乱烧了，都是有垃圾车拉走，集中处理，听说还经过处理，有些循环在利用。种田使用的化肥也越来越绿色，对土壤的伤害也降低了。农作物秸秆也不露天烧了，污染减少了。

调研团队：是的。您刚才也听到了医保，对这个您了解吗？

肖莫荣：有了解过，从2017年起吧，竹山执行新的城乡居民医保制度。新的医保制度很好，一是受益群体更广了，我们村基本上达到了人人参保，二是住院医疗费的报销水平也提高了，大病报销的比例也提高了，具体多少钱我记不清楚，（调研团队：平均提高10%以上，20万元以内的报销90%，比现在提高15%左右，提高了大病最高支付限额，大病救助支付限额从现在的15万元提高到20万元，提高幅度高达25%）但咱们村很多人现在都不怕生病了，身体健康素质也越来越好了。

调研团队：村里平时有没有一些关于健康的活动，您都会参加吗？

肖莫荣：我们这边经常有一些关于健康生活的活动，每次活动我都会叫上家人、邻居积极参加。

调研团队：那您对于我们大学生保持健康的体魄有什么建议？

肖莫荣：我建议你们除了要搞好学习之外，在剩余的时间你们要多去操场活动活动，跑跑步，打打球，锻炼一下身体。毕竟身体是革命的本钱，不能只顾学习而不注意身体，同时也要养成良好的习惯，比如早睡早起，最重要的一点就是不要抽烟，尽量少熬夜，少打电子游戏，假期也可以跟同学们一起出去爬爬山，呼吸一下新鲜的空气，不要老待在寝室，也要注意一下眼睛，我看现在的大学生好多人都戴着眼镜。

调研团队：马上要召开党的二十大了，对此您有何建议？

肖莫荣：希望国家加大对健康产业的扶持力度，增加多种多样的健身器材建设，开展形式多样的健康健身活动，提高大家的健康意识，争取我们都能在党和国家的正确领导下，高质量地生活。我们讲不出多少大道理，就是觉得现在生活好了，咱们就得把健康搞好，好好生活，多看看这盛世中华！

让城里人来这里住民宿、品茶、吃农家菜、赏田园风光是我的心愿
——采访"十星级文明农户"示范户杨东群

题记：杨东群，竹山县城关镇刘家山村"十星级文明农户"示范户，其先进事迹多体现在"生态星"创建内容上，主要从事茶叶种植加工销售。

调研团队：您好，您是哪一年被评为"十星级文明农户"示范户的？当时的心情怎么样？

杨东群：2021年和2022年，两连冠。当时心情特别开心，感谢党和政府的认可。

调研团队：党的十八大以来，习近平总书记提出"绿水青山就是金山银山"，我国生态环境发生了历史性变化，请您结合生产生活实际谈一谈。

杨东群：水清澈了，山绿了，天蓝了，咱们茶园的经营方式也发生了变化，茶叶的品质也提升了，像那些生活垃圾，我们都是把它分类放在垃圾箱里面，生活污水也不乱排乱倒了。

调研团队：那我们的日常做饭，使用的是天然气还是柴火呢？

杨东群：都有用，但用得多的是柴火。

调研团队：那这个柴火是从山上砍下来的还是从哪得到的？

杨东群：都是买的。如果不够的话，我们基本是找那种死的树，然后干了去捡一些当柴火。

调研团队：刚才我们看到有专门的护林员，你们也会参与护林活动吗？

杨东群：会的，尤其是国家现在实行林权制度改革，实行林长制，我们护林的意识也提高了，会参与一些力所能及的护林活动，但主要工作还是由护林员完成。

调研团队：习近平总书记说，山水林田湖草沙是生命共同体，需要一体化保护和修复。那咱们喝的水从哪里取得呢？

杨东群：我们是从山上挖的水，用水管引过来，都是纯天然的，很好喝，每

次也不用烧,没有细菌,很卫生,我们会给游客免费喝这种水,让他们免费品尝纯天然无公害的山泉水,也算是扩大我们水的知名度吧。

调研团队:现在全国都在开展垃圾分类活动,咱们村有这方面的宣传和具体举措吗?

杨东群:有的,现在经常会在家家户户张贴保护环境、注重垃圾分类的小标语和海报,而且还开展了"垃圾分类从我做起"活动,凡是垃圾分类正确的,日常把垃圾丢到垃圾桶里面的人,都会获得一种代币,积累到一定程度,就可以交换日常用品,比如纸巾、面条、米等生活用品。从咱们老百姓从保护环境中实实在在感受到了实惠。其实,咱们老百姓懂政策,也讲究实际,你只要给老百姓解决了实际问题,让老百姓尝到了实惠,老百姓就拥护你。

调研团队:嗯,你说得很对,也很实诚。刚才咱们聊了烧柴问题、饮用水问题、垃圾分类问题,咱们再聊聊用电问题吧。我看咱们这个房子有地暖,这个地暖用电多吗?

杨东群:用电用得多,传统的发电方式还容易造成环境污染,这确实是个大问题。所以,我们也响应国家的号召,思考绿色发电。我们打算在这几座大山上,多放几块太阳能发电板,使用太阳能,然后使用沼气发电,也会考虑风力发电。

调研团队:嗯,您知道"双碳"吗?作为普通群众,您觉得我们应该如何实现"双碳"目标。

杨东群:知道一点点。要多次利用水源,不浪费水,可以用脏水冲厕所、浇花,然后绿色出行,少开私家车,可以骑自行车、多坐公共交通工具。

调研团队:聊了这么久了,我们也观察了很多。我看到咱们村在村容村貌方面已经取得了很大成绩,但似乎也还存在露天焚烧秸秆、公路晒粮、往湖里抛撒垃圾、滥采乱挖野生植物等不良现象,对此,您是如何发挥"生态星"示范户的模范作用,做这部分群众的工作的?

杨东群:我经常挨家挨户去告诉大家,要好好爱护环境,我们现在就要少做一些破坏环境的事情,只有这样,才能让子孙后代过得好,才能让他们过上吃得饱、穿得暖、有钱花的生活。大家也很听我的话。

调研团队:为了发展生产,咱们当地政府采取了哪些措施。

杨东群： 一个是发展民宿，一个是发展茶叶产业。发展民宿，政府发挥了主导作用，政府征得村民同意，筹集资金，把原来的小土房改造成了现在的民宿，但是政府只有使用权，我们有所有权。

调研团队： 现在每个月来这里住宿的人多吗？

杨东群： 现在的话，民宿产业还没发展起来，住宿的人还不多。但我想随着宣传的加大，交通的改善，城郊经济的发展，来我们这里过周末、过假期的人会越来越多，民宿产业会好起来的。

调研团队： 嗯，希望咱们村的民宿产业越来越好。我们再聊聊茶叶产业吧。

杨东群： 我们这里的茶叶很多，大部分是使用机器加工。我简单给你们讲讲这个机器制茶吧！首先把茶叶放进机器，然后控制机器升温，按照步骤操作。炒茶叶是个技术活，不是每个人都能炒得好，很多炒茶叶的人，因为掌握不好火候，要么炒糊了，要么没炒熟。机器炒茶的好处就是你只要设定了温度，它就能够给你完成。现在，人民生活水平提高了，饮茶品位也上去了，想喝好的茶叶，炒得不好的茶叶，你一闻就闻得出来，怪怪的气味，那就算是彻底报废了，一点用处都没有。

调研团队： 看来炒茶是个技术活，那你们平时怎么摘茶叶呢？

杨东群： 我们每天都会顶着一个大太阳去摘茶叶，每个人都会戴上帽子，防止暴晒，摘茶叶是很辛苦的，因为太阳大，所以效率不高。

调研团队： 那你们有没有考虑自动化摘茶叶呢？

杨东群： 考虑过，但是现在资金不足。我们这里的茶叶产业要想做大做强，做成精品，还需要更多政府政策和资金支持，只有这样规模才能上去，质量才能提升。

调研团队： 好的，谢谢您的介绍，马上党就要召开二十大了，对于党的二十大您有什么期望。

杨东群： 一个就是希望乡村振兴战略的政策更多一些，更实一些，给咱老百姓带来更实实在在的好处。一个是希望咱们党更加强大，因为这几年的发展让咱们老百姓深刻感受到了一个真理，只有中国共产党才能带领咱们过上好日子。还有就是，希望借着这股东风，更多的城里人能够来我们这里住宿、吃农家菜、品茶、欣赏田园风光。

在乡村践行绿色发展理念

——采访"十星级文明农户"示范户陈声林

题记：陈声林，麻家渡镇花栗树村"十星级文明农户"示范户，其先进事迹多体现在"生态星"创建内容上。因陈声林在外工作，2022年7月，调研团队对与其相熟的花栗树村村委会工作人员刘丹进行了采访。

调研团队：陈声林被评为"生态星"典型代表，主要是因为什么原因呢？

刘丹：主要是因为他经常参加植树造林活动，爱护花草树木，保护环境。而且由于他家的位置比较好，开展绿色养殖，取得较好的效果。

调研团队：主要养殖什么呢？

刘丹：养殖羊，每年大概有200只羊。

调研团队：他的收入在当地应该算是不错的吧？

刘丹：是的，他在养殖的同时还自家酿造高粱酒，收入比较可观，同时还带动了当地至少4户贫困户脱贫致富。

调研团队：大户带小户，带动村民一起致富，是吗？

刘丹：对，让贫困户帮忙酿酒，提高他们的收入。陈声林在我们村里将绿色发展理念贯彻得比较到位，他从事养殖业都是采用最先进的养殖技术，降低能耗和环境污染，注重品质，追求低碳环保。他在日常生活中也非常注重周围环境，践行绿色生活方式。此外，他还是村里事务的热心人，积极参加公共事业，为村里做一些力所能及的公益事业，尤其是帮扶了几家贫困户，帮助他们根据自身所具有的资源，差异化发展，找到了自己的脱贫之路，赢得了大家的尊重。

调研团队：看来陈声林还是一位带动周围村民致富的典型。我们聊一聊"十星"创建吧，现在还在紧抓"十星"评选吗？

刘丹：还在紧抓，基本上是每半年进行一次初评，年终进行一次总评。

调研团队：如果村民对评选结果有异议怎么办？

刘丹：做好正确解释，同时根据自评和互评的情况和他平时为人处世的方法、家庭收入对他进行综合评价，做相关的解释。

调研团队：评选流程是怎样的呢？

刘丹：先是自评，老百姓对照每颗星的标准自评，看看自己能得几颗星，然后是群众互评，村里会开院子会，会上每个家庭都发言自己为什么能得这些星，然后由群众判定是否通过，然后就是协会评审，由党员代表、村干部、群众代表组成的队伍进行复审，最后就是张榜公示，给村民上牌。

调研团队：挂在牌子上的星是挂一年，还是中途因为其他情况可以摘下来。

刘丹：可以中途摘下来。比如在年终总评的时候，农户得了一颗"法纪星"，但是后来他犯了法，那么就要把他牌上的"法纪星"摘掉。

调研团队：每年政策都在改变，"十星"创建的相关内容也在随之调整吗？

刘丹：会调整，就是因为常创常新，百姓的热情很高，都想得"十星"。如果谁少得了一颗星，他会找我们理论为什么没有得到。现在一些大龄青年在结婚、恋爱方面都将"十星"看得很重。农户到对方家里去，一看门上的十星级牌少一颗星的话，他就会怀疑这家人是不是有什么问题。比如我邻居，他们家女儿找婆家的时候，他们看到对方家里只有九颗星，少了一颗"法纪星"，他们怀疑是不是对方的儿子做了什么违法的事情，所以不想让女儿嫁到他们家。这就很好地反映出村民对"十星"很认同、重视。

调研团队：在"十星"宣传方面，你们做了哪些宣传工作呢？

刘丹：采用对老百姓来说通俗易懂、喜闻乐见的方式进行宣传，比如利用村里的大喇叭和宣传车进行广播，在墙头、桥头、广场等地将"十星"内容展示出来。而且我们还会将"十星"内容编成快板书、顺口溜、彩船调的形式，方便老百姓理解和记忆。

调研团队："十星"创建这些年来，村民的经济收入发生了哪些变化呢？

刘丹：村里建成的工业园、村里集体承包的茶园，还有2019年落户在花栗树村"食用菌地栽木耳"扶贫项目，带动周边了20余户贫困户就近务工。这些产业为村民提供了良好的就业机会，提高了村民们的收入。

调研团队："十星"创建对村民的日常生活有什么改变？

刘丹："十星"创建之前，由于没受过良好教育，村民的素质比较低，不爱护环境，乱扔垃圾。在"十星"创建后，大家的意识明显改善，村里就比较干净。而且原来邻里之间会经常吵架，现在基本上不会吵架，大家都是一起商量解决问题的办法。

调研团队：进行"十星"创建，村里有没有出现什么新风气呢？

刘丹：村民之间也更加团结，礼貌的风气更盛，遇到需要帮助的人都会帮助一下，原来村里红白事都喜欢大操大办，现在都是简办。村里还有劝导大家提倡新风的歌谣。村里还开展了"厕所革命"，农民的生产生活方式变得更加绿色了。再就是，村民们的娱乐活动也更健康了，打牌赌博之类的事情明显减少了。

调研团队：请问您对"十星"创建还有什么期望吗？

刘丹：期望把"十星"创建继续坚持下去，让我们的孩子把这些精神延续下去。秉持"扶贫靠组织、致富靠自己"理念，坚持物质扶贫和精神扶贫"两手抓"，把"十星"创建与精准脱贫相结合，通过"十星"创建提升贫困群众的精气神。

用乡土诗词讴歌新时代、歌颂新文明
——采访"十星级文明农户"示范户陈欣荣

题记：陈欣荣，中共党员，"十星级文明农户"示范户，其先进事迹多体现在"奉献星"创建内容上。现居得胜镇大桥村一组，湖北省诗词学会会员、竹山县诗词楹联学会副会长、稻香诗社社长，本社曾荣获"湖北省诗词工作先进单位"荣誉称号。

调研团队：陈社长，您好，您是哪一年被评为"十星级文明农户"示范户？

陈欣荣：应该是2019年吧，我不在意这些荣誉，就是想为老百姓做点实事，做点有意义的事。

调研团队：嗯，跟我们讲讲您创办稻香诗社的情况吧。

陈欣荣：我原本在镇上开了一家超市，之后，生活状况慢慢富起来了。但是，我想物质上有财富了，精神上的财富也一定要匹配，这样生活才更有意义。我当时也比较喜欢诗词，这几年以超市为聚点，也聚拢了当地不少爱好读诗、作诗的农民、个体户。2016年6月13日，我就开始邀请几名诗友一起研讨诗歌，并发起成立了诗社，宗旨是"以文会友，以诗咏志，继承和发扬中华传统文化，致力于诗词的学习和创作，讴歌新时代，服务新农村，引领新文明"。

调研团队：果然兴趣是最好的老师。那后来呢？

陈欣荣：诗社本叫草根诗社，后来改名为稻香诗社。2017年5月的时候，诗社成员由原有的5个人发展到了10个人，大家手上都积累了一些作品，但是也遇到了一些难题，我们就一起想办法解决。一是没经费，我们就自己掏钱买纸，自己掏钱请人印刷；再一个就是诗社没有固定的活动场所，大家想见面了，就到几名骨干成员家里、门店或庭院聚。一开始，大家写诗和交流多半利用手机，随着诗社成员增多，诗歌的产量也越来越大。后来，我和诗社成员们凑钱，把大家的诗编印成册，封面印上"稻香诗"三个大字，诗社就这样有了自己的刊物。

调研团队：万事开头难，不过好在您和社员一起齐心协力地解决了问题。社员之中有没有让您印象深刻的？

陈欣荣：诗社内刊《稻香诗》责任编辑是姜奎，他连高中都未读完，打工回乡开了一家摩托车专卖店，还经营建材，白天忙生意，晚上就在店里排版、校对、修改、打印，忙诗社事务比做生意更激情满怀。后期产出了好多作品，比如《插秧》《晒谷子》《登山》《乡下人家》《送闺女一中求学》……

调研团队（翻看了部分诗作）：只从诗作的标题就可以看出来，诗社作品关注乡村生活、节气物候和个人心绪，富有浓厚的烟火气和朴实感。你们下一步的发展规划是怎样的？

陈欣荣：这几年一路走来，在当地政府的帮助下，诗社已经从当初的5个人发展到现在的25个人。诗社成员在多个平台包括网络上发表的诗词就有1600首，单印刷的诗集小册子已经有4000多本了，仅去年一年我们诗社的10个骨干在省平台上就发表了228首诗。现在老百姓都富有了，既有物质财富，也必须有精神财富，好多老百姓虽然不会写诗，但喜欢读诗。甚至还有四川的老百姓隔三岔五跑到诗社来学习，来创作，这是个好现象。未来我们想要进一步带动更多的人来诗社创作，扩大队伍，继续招兵买马，继续发挥我们现有的一些潜在的力量，争取把诗社往更好的方向发展。

调研团队：我们相信可以的，在你们创办诗社的过程中，有没有得到当地政府的支持。

陈欣荣：这几年在党委政府的支持下，我们诗社基本上形成了一个小微企业。原来是我们自己掏钱买笔墨纸砚，现在是党委政府买单，印刷这一块也是他们负责。外面来的客人有调研的，有观摩的，这些客人的接待镇上全部负责。甚至有时候我们出席活动，需要镇上支持的时候，镇上会在交通工具和活动经费上给予支持。有了这些党委政府对我们诗社的支持，创作优秀作品的积极性都更高了呢。

调研团队：现在各地都建立了新时代文明实践讲堂（道德讲堂）。咱们竹山在实践中都开展了哪些活动？有什么样的成效？

陈欣荣：我们办诗社就是宣传文明，把诗社发展起来，也是当地政府、文旅部门、宣传部门的期望，是一种正能量事业。我有时去村里学校里宣讲，宣传诗社文化，通过诗社把乡亲们的精神文明素养提升起来。给你们讲一个我们村里的很好的例子，我们村之前有一个人在外打工，年底都能带一笔不错的收入回来，但没有其他健康的娱乐活动，他又喜欢打牌，没几天就把辛苦挣的钱给输光了。后来他加入了诗社，就一门心思地酝酿诗词，学习一些基础知识。有一次他家属跟我说，只要他好好地去写诗，他们家的所有家务活，她一个人做，但就是不能再让他去打牌了，让他一门心思写诗。后来参加的活动多了，慢慢地找到了写诗、读诗的乐趣，他的牌瘾也彻底戒掉了。这应该就是诗词的魅力吧，当然也离不开诗社成员之间的互相鼓励。这本身就是我们诗社对百姓的一种奉献吧！

调研团队：除了读诗、写诗，丰富百姓精神生活，你们还做了哪些体现奉献精神的事情。

陈欣荣：在 2019 年 11 月 7 日，我们稻香诗社和镇直单位年轻干部组成的志愿队来到镇福利院，为老人们送去了食品、粮油、牛奶等慰问品。志愿者还在福利院开展了卫生大扫除，为福利院老人们提供了一个干净的生活环境。福利院工作人员还带着我们参观了福利院的食堂及活动室，我们详细了解老人们的生活、饮食和健康情况。本次"献爱心，送温暖"公益活动是我提议的，社员都纷纷自愿参与，得胜政府也给予大力支持。社员夏启军老师 76 岁仍不忘参加公益活动送温暖；社员杨慧是一名入党积极分子，也是一位家庭主妇，无工作，在家庭不宽裕的情况下还能拿出费用积极参加送温暖活动，令我感动不已。

调研团队：谢谢，党的二十大马上要召开了，您对党的二十大有什么期望？

陈欣荣：首先，我们会搞好宣传，用诗词的形式宣传党的二十大精神。其次，政府的乡村振兴战略，我们也会义不容辞地参与。乡村振兴，不仅是经济意义上的振兴，更有精神层面的振兴，只有在全社会多一些类似于稻香诗社这样的民间文化元素，创作出更多的符合人民大众喜闻乐见的文化产品，才能更好地提升群众的参与感和幸福感，激发乡村活力。

"最美家庭" 传承优良家风

——采访"十星级文明农户"示范户余守华和张道英夫妻

题记：余守华，原双台乡双台村党支部书记，任职期间努力抓好基层党建工作，将党员思想教育活动常态化，并根据实际情况，建立了村民联系制度，促进党员干部和村民的沟通，改善了干群关系，为双台村的"十星"创建和脱贫攻坚打下了坚实的基础。带领村民实施兴村富民规划，建成虎杖种苗基地200亩，成立凤来栖竹叶种植专业合作社，着力打造特色品牌。2015年来，争取扶贫资金300余万元，用于铺路修桥等乡村基础建设，推动村民脱贫致富。

张道英，双台乡双台村人，竹山县首届道德模范。1992年，张道英与余守华结婚后，在家尽心尽力照顾公婆和父母，还收留了一名叫华成意的残疾人及其女儿华先红。尽管自家生活困难，但看见他人遇到困难时，仍尽力帮助。余守华家庭在2020年荣获"最美家庭"荣誉称号。

调研团队：首先恭喜张阿姨、余叔叔被评为"十星级文明户"示范户，这是村民们对你们的认可吧？

余守华：是的，我们的"十星"是全体村民，各位父老乡亲评出来的，是对我们的鼓励。其实，我们做的也是一些微不足道、力所能及的小事。给予我们这样的荣誉是一种认可，也是一种鞭策。

调研团队：听说你们还收养了一个女儿？

余守华：是的，我们收养一个女孩，她从小二年级就没了父母，一直在我们这里，我们视她为女儿。当时她爹走得突然，最后看她没有双亲了，我们怕她一个人可能读不起书，前途会非常渺茫。一点点把她照顾起来，搀扶起来，也没付出啥，无外乎就是叫她别饿到、别冻到，再后叫她好好念点书、读点书，出了社会，哪怕她成不了才，起码她能在社会上立足，我们把我们能帮到的帮到位。

调研团队：您太谦虚了，我们知道你们为她作了很长远的打算。

余守华：最重要的是顾及她的事业，对她的期望值比较高，给她加油打气。

我们村里每一个人都能感觉我们对这个姑娘确实是好，人家也看不出她是外人，也看不出是别人的孩子。一开始来我们家的时候，她总觉得有点不自在，有点放不开。我们一直不逼着她喊爸爸妈妈，并不是说喊你爸爸妈妈，她就孝顺。最后她不喊阿姨，她喊我们叔叔、婶婶。后来也慢慢习惯了，主动地帮我们干家务，融入我们这个家庭中。我们收养一个女儿，两个亲生女儿一开始是排斥的、抵触的，毕竟要分出一部分精力和爱。但后来在我们的教育引导下，随着时间的推移，她们相处得都很好，也懂得了互相照顾。

调研团队：那她现在的发展怎么样呢？

余守华：大学读完了。她最后考了医药学院的麻醉专业。其实她是有机会再深造的，但她说我们供她读书不容易，想早点工作报答我们。她读完本科后，到武汉协和医院做了医生。这个孩子很懂事、很老实。她说你们付出的已经够多了，假设我父母还在，我可能还没这个条件呢，我要孝敬你们。我说到了社会上，要自立，要作一个对社会有用的人。

调研团队：这可能就是爱的传递吧！张道英阿姨是竹山县首届道德模范吧？

余守华：对，这也是县里鼓励鞭策她。

调研团队：我们再聊聊"十星"创建吧，"十星"创建的标准一直在变吗？

余守华：一直在变，现在"十星"创建的内容更加丰富，更加通俗易懂。评选是一年一评。所有人都要参与评选，大家都非常重视这件事情，人都有攀比心理，为什么别人可以搞好，我就搞不好呢？俗话说，人活一张脸，树活一张皮，村民们的参与激情非常高。在脱贫攻坚期间，我们村里有一个小伙子，他女朋友是隔壁县的，当女方家长来男方家里看亲时，发现男方家里十颗星只得了八颗星，而且还是贫困户，最后不答应把女儿嫁给他。可见大家都是非常重视"十星"创建的。我们这里还发生了"哑巴追星"的故事。之前搞"十星"创建，县委组织部负责联系我们村，部长也时常来我们村蹲点。村里的哑巴因为没有得到"十星"，就闹到村委会找部长理论：凭什么别人有十颗星，我只有六颗。最后，组织部部长带队去哑巴家了解情况。哑巴的意思是十颗星可以不要，但是最低不能少于八颗星。因为八颗星以上是好的，以下都是有问题需要整改的。部长详细了解了情况，也帮助哑巴分析了为什么他只得六颗星的原因，并提出了整改措施。哑巴被说服了，也明白了努力方向，奋起直追，下次再评选时，他得了十星。你说哑巴都能追星，我们还有什么不能追、不能争的呢？这也可以看出我们村里大家争星、创星的热情。

调研团队：现在"十星"创建已经成为了竹山的一张响亮名片。

余守华：对啊，现在全国好多地区都有"十星"创建，内容虽有不同，但都是借鉴竹山模式。大家都说这是湖北竹山创建出来的模式，我们都是借鉴学习。

调研团队：我们看到"十星"创建内容与社会主义核心价值观是一致的。

余守华：是的，比如都讲究诚实守信。我是一名基层干部，对待工作从来不瞒上不欺下，做到了诚实守信。大学生也应该这样，无论做什么事，必须把诚实守信放在第一位。人哪怕智商低一点也不要紧，但是为人方面要做好。党和政府经常在我们耳边讲一些正能量的事情，对我们以后做人做事也有好处。包括我自己收养的那个女儿，我基本每个月都要给她打电话嘱咐两句。

调研团队：您以为竹山"十星"创建的经验在哪里？

余守华：说实话，还是地方政府高度重视百姓的生活。想出一系列的措施来促进各行各业的发展，提高百姓的生活水平。这是根本，百姓口袋富起来了，对精神生活的追求就提升了，"十星"创建也就有了持久的动力。

调研团队：这说明"十星"建设是有科学依据的。

余守华：很科学。从每个部门到每个行业再到每个老百姓，"十星"创建的适用性非常广泛，很有意义。这个成果，大家都看得到。

调研团队：而且每个人做好了，整个村的面貌都焕然一新。

余守华：我经常说，千家万户，把每一个小家庭真正搞好了，搞和谐了，那一个村、一个单位或者一个市区自然而然地就都好了。村委会的干部再有能力、再有本事，千千万万的小家庭过不好，那这个地方也治理不好。小家庭搞好了，自然而然大家庭就会好。

调研团队：只要有几个优秀典型，他们可以带动周围的群众。

余守华：前不久，全县在我们这搞了一个清廉村线上会。村委会把村里的"十星级党员"、能人都展示出来，以少数人来教育、影响大多数人。榜样的力量很重要。我们把村里一些在外面比较成功的人的事迹都展示出来。他们在外事业成功，对家乡也是有好处的。

调研团队：刚才我们过来的时候，看到村子里非常干净，道路非常整洁。

余守华：脱贫攻坚之后搞了乡村振兴，整治乡村、美化乡村。现在就是要抓农村嘛，农村要振兴。之前提出一个口号：干部要清廉，村庄要振兴。鉴于目前农村的发展、育人的方式，我认为仍然要持之以恒地搞好"十星"创建。不管是推动实施乡村振兴战略还是建设清廉村庄，必须围绕着"十星"创建内容来抓，只要围绕着"十星"内容把各项任务抓到位，我可以说乡村振兴指日可待。

后　　记

2019年10月，湖北汽车工业学院省级"理论热点面对面"示范点（2023年2月，更名为"理论热点面对面"实践基地）在共建单位竹山县城关镇正式挂牌成立。从那以后，我作为核心成员之一参与了实践基地的建设。在这期间，我对竹山"十星"创建活动产生了浓厚的研究兴趣。这一破解改革开放初期物质文明建设和精神文明建设失衡问题的创新活动，被称为"来自基层的伟大创造"，其典型经验曾得到三任中宣部部长的批示，成为农村精神文明建设的一面旗帜。

为了系统梳理竹山"十星"创建历程，科学总结其经验，在湖北汽车工业学院马克思主义学院、中共竹山县委宣传部的指导下，我组建了"十星"调研团队，整理了"十星"创建的规章制度和政策法规，采访了重大事件亲历者和"十星级文明农户"示范户代表，参观了十星文明创建展览馆，撰写了梳理历程、总结经验的调研报告。调研报告获批湖北省社科基金一般项目（后期资助项目）"理论热点面对面示范点建设"专项（立项号：HBSK2022YB608）。在调研过程中，马克思主义学院院长黄永昌博士给予了调研科学性、规范性指导，时任中共竹山县委宣传部副部长杜余荣、竹山县委文明办、竹山县档案馆给予了文献资料、调研对象等方面的支持。黄纪潘、马保青、孙绪兵、薛芳锦、肖一轩等同事具体参与了调研活动，并对调研采访稿进行了整理。肖一轩、孙绪兵还参与了第五章、第六章初稿的撰写。

在调研过程中，我们意识到竹山"十星"创建不仅是农村精神文明建设"来自基层的伟大创造"，还是农村基层社会治理的伟大创造，是推动社会主义新农村建设、决战脱贫攻坚，继而实施乡村振兴战略的伟大创造。正是因为认识到了三个"伟大创造"的价值，我们对于已经完成的调研报告有意犹未尽之感，逐

后　记

萌生了将其扩容提质为著作的想法。这一想法得到了黄永昌博士、竹山县档案馆（史志研究中心）馆长（主任）杜余荣同志的大力支持，并给予撰写体例、章节布局、行文规范等方面的指导。在他们的指导和帮助下，我对报告进行了重塑性、系统性的扩容提质，到2023年6月终于成稿。在出版过程中，武汉大学出版社的责编给予了行文规范和文字方面的指导和帮助，一并表示感谢。

本著作是湖北省社科基金一般项目（后期资助项目）"来自基层的伟大创造——竹山'十星'创建三十周年调研"（立项号：HBSK2022YB608）的结项成果。本著作得到了湖北汽车工业学院学术专著资助出版基金、竹山县档案馆资助。对于他们的资助，表示衷心的感谢。

因研究水平有限，本书难免有不周之处，还望读者谅解。

刘明辉

2023年8月